高山正也・植松貞夫　監修
現代図書館情報学シリーズ…11

図書・図書館史

[編集] 佃　　一可
　　　 久野　淳一
　　　 佐藤　達生
　　　 鈴木　良雄
　　　 呑海　沙織
　　　 中田　節子
　　　 山田　真美
　　　　　共著

樹村房

監修者の言葉

　わが国に近代的な図書館学が紹介されたのは19世紀末頃と考えられるが，図書館学，図書館情報学が本格的に大学で教育・研究されるのは1950年に成立した図書館法による司書養成制度を受けての1951年からであった。それから数えても，既に半世紀以上の歴史を有する。この間，図書館を取り巻く社会，経済，行政，技術等の環境は大きく変化した。それに応じて，図書館法と図書館法施行規則は逐次改定されてきた。その結果，司書養成科目も1950年の図書館法施行規則以来数度にわたって改変を見ている。

　それは取りも直さず，わが国の健全な民主主義発展の社会的基盤である図書館において，出版物をはじめ，種々の情報資源へのアクセスを保証する最善のサービスを提供するためには，その時々の環境に合わせて図書館を運営し，指導できる有能な司書の存在が不可欠であるとの認識があるからに他ならない。

　2012（平成24）年度から改定・施行される省令科目は，1997年度から2011年度まで実施されてきた科目群を基礎とし，15年間の教育実績をふまえ，その間の図書館環境の変化を勘案し，修正・変更の上，改めたものである。この間に，インターネット利用の日常生活への浸透，電子メールやツイッター，ブログ等の普及，情報流通のグローバル化，電子出版やデジタル化の進展，公的サービス分野での市場化の普及などの変化が社会の各層におよび，結果として図書館活動を取り巻く環境や利用者の読書と情報利用行動等にも大きな構造的な変化をもたらした。この結果，従来からの就職市場の流動化や就業構造の変化等に伴い，司書資格取得者の図書館への就職率が大きく低下したことも率直に認めざるを得ない。

　このような変化や時代的要請を受けて，1997年版の省令科目の全面的な見直しが行われた結果，新たな科目構成と単位数による新省令科目が決定され，変化した図書館を取り巻く環境にも十分適応できるように，司書養成の内容が一新されることとなった。そこで，樹村房の「新・図書館学シリーズ」もその改定に合わせ内容を全面的に改編し，それに合わせて，「現代図書館情報学シリーズ」と改称して新発足することとなった。

「図書館学シリーズ」として発足し，今回「現代図書館情報学シリーズ」と改めた本教科書シリーズは，幸いにして，1981（昭和56）年の創刊以来，樹村房の教科書として抜群の好評を博し，実質的にわが国図書館学，図書館情報学の標準的教科書として版を重ねてきた実績をもつ。これもひとえに，本シリーズをご利用いただいた読者各位からのご意見やお励ましと，執筆者各位の熱意の賜物と考えている。

　監修にあたって心がけたのは，この「現代図書館情報学シリーズ」で司書資格を得た人たちが図書館で働き続ける限り，その職能観の基礎として準拠しうる図書館情報学観を習得してもらえる内容の教科書を作ろうということであった。すなわち，「図書館学は実学である」との理念のもとに，アカデミズムのもつ概念的内容とプロフェッショナリズムのもつ実証的技術論を融合することであった。そのこと自体がかなり大きな課題となるとも想定されたが極力，大学の学部課程での授業を想定し，その枠内に収まるように，その内容の広がりと深さを調整したつもりである。一方で，できる限り，新たな技術や構想等には配慮し，養成される司書が将来志向的な視野を維持できるよう努力したつもりでもある。これに加えて，有能な司書養成のために，樹村房の教科書シリーズでは各巻が単独著者による一定の思想や見方，考え方に偏重した執筆内容となることを防ぐべく，各巻ともに，複数著者による共同執筆の体制をとることで，特定の思想や価値観に偏重することなく，均衡ある著述内容となることをこのシリーズにおいても踏襲している。

　本シリーズにおける我々の目標は決して学術書として新規な理論の展開を図ることではない。司書養成現場における科目担当者と受講者の将来の図書館への理想と情熱が具体化できる教材を目指している。その意味で，本シリーズは単に司書資格取得を目指す学生諸君のみならず，現職の図書館職員の方々や，図書館情報学を大学（院）等で研究する人たちにも役立つ内容をもつことができたと自負している。読者各位からの建設的なご意見やご支援を心からお願い申し上げます。

　　　2011年2月

監 修 者

序　文

　本書は平成21年4月改正の「図書館法施行規則」で示された，大学における司書養成科目（図書館に関する科目）のテキスト「現代図書館情報学シリーズ」の第11巻『図書・図書館史』として編纂されたものである。平成8年改正における「図書・図書館史」の科目のねらいとしては，「図書の形態，印刷，普及，流通に関し歴史的に概説し，併せて図書館の歴史的発展について解説する」としているが，今回の改正では当科目について特段の規定が示されていない。そのため，教育現場においてある程度自由に教授されてもしかるべきとも考えられる。

　しかしながら「図書館情報学」が現場に即した実学であるとはいえ，図書館あるいは情報施設（機関）に携わるものが，図書館の成り立ちに無関心であっては，自己の立つ位置を失うことになる。本書は平成8年改正に示された科目のねらいに加えて，「知識の集積」の変遷に着目して図書館の変遷が理解できるよう構成している。

　人類は言語を持つことによってコミュニケーションを図り，生存に有利な諸条件を獲得した。さらに文字の発明は言葉を記録することを可能にした。ヒトは言葉を用いて脳内の情報を外在化し，文字によってそれを記録し「書」として保存させてきた。ヒトの脳は外在化された脳（記録された言葉）と相互作用することによって脳自身や人間の能力を高め，「文明」を進展させてきた。言語の獲得はヒトに概念作用という認知機能を発達させた。ヒトは抽象的な「概念」を用いて思考しそれを構造化させてモデルをつくり，環境に働きかけ環境を改変させて多くのモノを獲得した。ある時代，ある地域に外在化した言葉が集積され構造化されたモノが「知識」である。また，図書館とはそれが保存・保管されたスペースと考えられる。

　本書の構成は，第Ⅰ編　古代知識の集積と図書館のはじまり，第Ⅱ編　中世社会の思想と図書館，第Ⅲ編　近世図書館思想の広がりとさまざまな図書館，第Ⅳ編　近・現代社会と図書館の四部構成，としている。本書の役割は，日本の図書館の歴史理解が一義的なものであるが，古代・中世・近世・近・現代の

わが国における，「知識」と「図書館」の輸入と国内での発展について，時代背景を含めてできうる限り叙述することに務めた。

したがって，従来の「図書館史」が西洋の図書館史に偏りがちなのを脱却して，古代インド思想と図書館，中国の図書館発達史，イスラム図書館史などの記述を大幅に加えることとなった。各編の概要は以下のとおりである。

第Ⅰ編：知識を集積した図書館は，古代のメソポタミア，エジプト，中国，インドにおいて既に顕著に見られる。西欧社会においては古代アレキサンドリア図書館にその知識を集積させ，中国においては唐時代，三館四庫を築き上げすでに四庫分類という優れた分類法を生み出した。インドでは世界最大のナーランダ大学図書館を設立している。我が国は唐の制度に倣った図書館を設けている。

第Ⅱ編：中世社会は宗教思想が支配し，図書館にも宗教色の強い影響が見られる。西欧では修道院図書館あるいは教会図書館が生まれイスラムにはモスク図書館ができる。中国では宮廷図書館とともに民間に講学と蔵書を備えた書院が生まれる。日本では武家に金沢文庫，足利学校が設立されたが，室町期には僧侶を中心とする五山文化が盛んになった。

第Ⅲ編：16世紀におこった活版印刷の発明はルターの宗教改革をおこし，近世図書館はルネッサンスを経て，王・諸侯のもとで発達する。知識の集積によって『世界書誌』が生みだされ，スコットランドでは『ブリタニカ』が出版され，フランスでは百科全書が著名となる。わが国では幕府・藩の図書館，そして後期には民間に公開図書館の萌芽がみられる。中国では，図書を悉皆集成した永楽大典・四庫全書が編纂され，民間には天一閣などの個人蔵書の発展が見られる。

第Ⅳ編：近・現代は近代国家において図書館は欠くべからざる存在と認識された時代である。各国は競って国家図書館を建設し，わが国は西欧図書館に学んで図書館思想を摂取した。第二次大戦後はアメリカの教育図政策のもとで図書館運営が開始・発展させてきたが，今日では行財政改革・指定管理者・電子図書館・インターネットとの競合など新しい問題に直面している。

2012年4月

編集責任者　佃　一可

図書・図書館史
もくじ

監修者の言葉　iii

序文　v

Ⅰ編■古代知識の集積と図書館のはじまり

1章　知識集積の形・知識の蓄積 ─────────────── 2
 1．ことばと文字の発明 ……………………………………………… 2
  （1）ことばの発見，記憶と記録，記憶の形　2
  （2）メソポタミア原文字期　3
  （3）ことばと記号　3
  （4）記号（原文字）から文字へ　3
 2．古代文明と文字 ………………………………………………… 4
  （1）文字体系の源流　4
  （2）文字体系の展開　5
  （3）文字と記録媒体　7
 3．図書館のはじまり ……………………………………………… 8
  （1）メソポタミアの図書館と古代バビロニア王国寺院図書館　8
  （2）アッシリア帝国アッシュールバニパルの図書館　9
  （3）古代エジプト図書館と『死者の書』　11
 4．古代中国国家と記録保存 …………………………………… 12
  （1）国家の形成と記録保存　12
  （2）史官と典籍収蔵　13

2章　ギリシャ思想と古代ローマの図書館 ─────────── 14
 1．古代ギリシャ世界の理想と図書館 ……………………………… 14
  （1）古代ギリシャ公共図書館　14
  （2）アリストテレスとアリストテレスの図書館　15

2．ヘレニズムと図書館 ·· 16
　　　（1）アレクサンドロスの東方遠征とヘレニズム　16
　　　（2）古代アレクサンドリア図書館　16
　　　（3）『ピナケス』と文献学　17
　　　（4）セラペウム図書館とペルガモン図書館　18
　　3．古代ローマの図書館 ·· 19
　　　（1）古代ローマの図書館と私文庫　19
　　　（2）皇帝の古代公共図書館　21
　　　（3）ローマの大浴場図書館　21
　　　（4）ローマの地方図書館　22
　　　（5）ローマの知識集成：プリニウスの『博物誌』　24
　　4．初期キリスト教と聖書 ·· 24
　　　（1）迫害から国教へ　24
　　　（2）聖書の成立とその構造　25
　　　（3）巻子形態からコデックス（冊子）形態に　25

3章　古代中国の図書館 ─────────────────── 27
　　1．古代中国の図書管理 ·· 27
　　　（1）東周の国家図書館（蔵）と司書（守蔵史）　27
　　　（2）春秋・戦国時代の各国の蔵書　28
　　　（3）秦の文字統一と宮廷蔵書　28
　　　（4）劉邦の情報感覚と漢代図書館　29
　　2．儒教の浸透と書目の形成 ·· 30
　　　（1）武帝の「独尊儒術」と熹平石経　30
　　　（2）劉向・劉歆の国家書目　31
　　　（3）後漢蔵書の再建と図書専門官（秘書監）の設置　31
　　　（4）諸子百家の蔵書と個人蔵書　32
　　3．紙の普及と隋・唐の図書整理 ···································· 33
　　　（1）紙の出現と普及　33
　　　（2）曹操の図書収集と三国時代の蔵書　34

（3）隋煬帝の皇帝図書館（観文殿）　35
　　（4）唐の図書館（三館と四庫）　36
　　（5）民間蔵書の発展　38
　　（6）四部分類法（四庫分類）と「類書」　39

4章　インド・ナーランダ大学図書館と仏教伝播 ―――― 41
　1．バラモン教と口伝の文化 ････････････････････････････････ 41
　　（1）インド最古の知の集積『ヴェーダ』　41
　　（2）カースト制度と口承文学　42
　2．仏教と図書館 ･･･ 43
　　（1）図書館としての仏教寺院　43
　　（2）ナーランダ大学図書館（ダルマグンジュ）　44
　　（3）イスラム軍による焚書と図書館の衰退　45
　3．インド思想の伝播とその影響 ････････････････････････････ 46
　　（1）仏教典籍の伝播と収蔵　46
　　（2）道教典籍の出現　47
　　（3）隋唐時代の仏教蔵書　47
　　（4）道教典籍の増加と宮観蔵書　49

5章　古代日本の図書館 ―――― 50
　1．図書収集のはじまり ････････････････････････････････････ 50
　　（1）紙と文字の伝来　50
　　（2）製紙技法の伝来と識字層の拡大　51
　2．図書の普及と図書寮 ････････････････････････････････････ 52
　　（1）図書普及に関しての聖徳太子の果たした役割　52
　　（2）図書寮の成立　53
　　（3）大学と国学　53
　3．宮中・公家・寺院等の図書活動 ･･････････････････････････ 55
　　（1）奈良時代から平安時代の図書文化の推移　55
　　（2）宮中の文庫と目録のはじまり　56

（3）芸亭と公家の図書活動　57
　　（4）僧侶の図書収集活動　59

Ⅱ編■中世社会の思想と図書館

6章　宗教図書館と大学 ── 62
1．中世の文化と図書館 ── 62
　　（1）中世という時代　62
　　（2）初期の修道院図書館　63
　　（3）キリスト教のアイルランド避難　64
　　（4）フランク王国のカロリング朝ルネッサンス　65
　　（5）東ローマ帝国の図書館と総主教の教会図書館　66
2．中世の大学と図書館 ── 67
　　（1）ヨーロッパ中世後期と都市　67
　　（2）中世の大学と大学発生の形態　68
　　（3）テキストと書籍商　70
　　（4）中世の大学図書館　71
3．イスラム教の誕生とモスク図書館 ── 72
　　（1）口伝によるイスラム教の伝播　72
　　（2）クルアーンの完成とアラビア語の統一　73
　　（3）初期のモスク図書館　74
　　（4）アッバース朝の隆盛と製紙技術の伝来　75
　　（5）モスク図書館と目録　76
　　（6）千夜一夜物語の完成　76

7章　宋・元代の図書館と中世日本の文庫 ── 78
1．印刷技術の黎明と発展 ── 78
　　（1）唐末五代の印刷術　78
　　（2）装丁の変化　78
　　（3）印刷術がもたらしたもの　79

（4）印刷術の普及と活字印刷の発明　*80*
　2．宋代の図書館（館閣）……………………………………………………*81*
　　　（1）宋代の館閣蔵書の成立と利用　*81*
　　　（2）南宋の館閣再建　*82*
　　　（3）遼・金・元の蔵書　*82*
　　　（4）宋・元の民間蔵書家　*83*
　3．朱熹による書院のはじまりと発展 ………………………………………*84*
　　　（1）朱熹の白鹿洞書院と宋代の書院　*84*
　　　（2）元代の書院　*85*
　4．日本中世の図書活動 ………………………………………………………*86*
　　　（1）印刷術の発達と出版事業　*86*
　　　（2）武家による図書活動　*87*
　　　（3）僧侶による図書活動　*89*
　　　（4）朝廷と公家による図書活動　*90*

　　　Ⅲ編■近世図書館思想の広がりとさまざまな図書館
8章　ルネッサンスと図書館思想 ───────────────*94*
　1．ルネッサンスと印刷術 ……………………………………………………*94*
　　　（1）ルネッサンスの萌芽　*94*
　　　（2）大ルネッサンスと人文主義者　*94*
　　　（3）活版印刷術の発明とその影響　*95*
　　　（4）ルターの宗教改革　*96*
　　　（5）ルネッサンス期の図書館　*97*
　　　（6）大学図書館と教皇図書館　*99*
　2．16世紀の図書館 …………………………………………………………*100*
　　　（1）修道院図書館の後退とドイツの図書館　*100*
　　　（2）スペイン大図書館　*101*
　　　（3）フランスの図書館と納本制度　*101*
　　　（4）『世界書誌』の登場　*102*

3．啓蒙期（17-18世紀）の知識と図書館思想 ……………………… 103
　　　（1）ベーコンとデカルト　　103
　　　（2）出版統制と納本制度　　104
　　　（3）ガブリエル・ノーデの図書館思想　　104
　　　（4）ライプニッツの図書館思想　　105
　　　（5）フランス百科全書　　106
　　　（6）大衆読書の時代　　108
　　4．啓蒙期（17-18世紀）の図書館 ……………………………………… 109
　　　（1）フランス王室図書館　　109
　　　（2）『ブリタニカ』の出版　　110
　　　（3）ゲッチンゲン大学図書館　　110
　　　（4）フィラデルフィアの会員制図書館　　110

9章　近世日本の文庫活動 ―――――――――――――――― 112
　　1．新しい印刷術の伝来 …………………………………………………… 112
　　　（1）西洋式活字印刷術と金属活字印刷術の伝来　　112
　　　（2）古活字版の発展　　112
　　2．近世の出版事業と図書 ………………………………………………… 113
　　　（1）江戸時代の図書活動　　113
　　　（2）徳川家康の開版事業と幕府の文庫　　114
　　　（3）大名の文庫　　116
　　　（4）武士の個人文庫　　117
　　　（5）寺社と朝廷公家の文庫　　117
　　3．近代図書館への萌芽 …………………………………………………… 119
　　　（1）教育機関の充実　　119
　　　（2）昌平坂学問所とその文庫　　119
　　　（3）藩校とその文庫　　120
　　　（4）貸本屋の成立と発展　　120
　　　（5）公開図書館としての兆し　　121

10章　明の永楽大典と清の四庫全書 ──────────────123
1．永楽大典と四庫全書 ┄┄┄┄┄┄┄┄┄┄┄┄┄┄┄┄┄┄┄┄┄123
（1）明の図書館事情　*123*
（2）永楽大典　*123*
（3）清代の図書館と四庫全書　*124*
（4）宮廷四閣と江南三閣　*126*
2．明清の民間蔵書と近代化の萌芽 ┄┄┄┄┄┄┄┄┄┄┄┄┄┄127
（1）明の蔵書家と個人図書館（蔵書楼）　*127*
（2）清代の個人蔵書の発展と図書館思想の芽生え　*128*
（3）書院から学堂へ　*129*
3．機械印刷時代の図書と図書館 ┄┄┄┄┄┄┄┄┄┄┄┄┄┄┄*130*
（1）鉛活字印刷術の伝来　*130*
（2）図書出版事業と明朝体　*130*
（3）上海図書館　*131*

Ⅳ編■近・現代社会と図書館

11章　近代社会と図書館 ──────────────────134
1．米国における公立図書館の成立 ┄┄┄┄┄┄┄┄┄┄┄┄┄┄134
（1）図書館法とボストン公立図書館の設置　*134*
（2）米国図書館協会の結成と図書館学校の設置　*135*
（3）1890年以降の図書館とカーネギー　*137*
（4）米国議会図書館の発展　*138*
2．英国における公立図書館の成立 ┄┄┄┄┄┄┄┄┄┄┄┄┄┄139
（1）公立図書館法の制定　*139*
（2）公立図書館の発展　*140*
（3）大英博物館と国立図書館への発展　*141*
3．近代のドイツ・フランス・ロシアの図書館 ┄┄┄┄┄┄┄┄143
（1）近代ドイツの図書館　*143*
（2）近代フランスの図書館　*144*

（3）近代ロシアの図書館　*145*

12章　日本の近代化と図書館 ―― *147*
1. 近代図書館の黎明 …… *147*
    （1）図書館思想の摂取と外国人ライブラリー　*147*
    （2）文部省書籍館の設立と司書職のはじまり　*148*
    （3）各地の書籍館，及び新聞縦覧所・新式貸本屋の出現　*149*
    （4）高等教育機関の図書館　*151*
    （5）国の機関と教育会の図書館　*152*
2. 近代公共図書館の興隆 …… *154*
    （1）帝国図書館の開設　*154*
    （2）図書館令の公布　*155*
    （3）府県立図書館の台頭　*156*
    （4）私立図書館の勃興　*157*
    （5）東京市立図書館，及び大都市図書館の状況　*159*
3. 図書館の振興と苦難 …… *161*
    （1）都市化の進展と専門図書館の出現　*161*
    （2）図書館普及活動と時局　*163*
    （3）戦時下の図書館　*165*

13章　20世紀の図書館 ―― *167*
1. 20世紀の社会と図書館 …… *167*
    （1）20世紀の社会　*167*
    （2）20世紀の知識と図書館　*168*
2. 20世紀の図書館 …… *169*
    （1）イギリスの図書館　*169*
    （2）フランスの図書館　*171*
    （3）ドイツの図書館　*173*
    （4）アメリカの図書館　*175*
    （5）社会主義圏の図書館　*176*

（6）現代のイスラム図書館　*177*
　　　（7）近現代インドの図書館　*178*
　3．国際協力の動き ···*180*
　　　（1）国際書誌学会　*180*
　　　（2）図書館国際協力機関　*181*
　　　（3）ユネスコの公共図書館宣言　*182*

14章　第二次世界大戦後の日本社会の動きと図書館 ──────*183*
　1．占領下の図書館から『市民の図書館』まで ·······································*183*
　　　（1）GHQによる図書館政策　*183*
　　　（2）「図書館法」の制定　*184*
　　　（3）専門図書館とレファレンスサービス　*185*
　　　（4）『中小レポート』と『市民の図書館』　*186*
　2．1970年から1980年代まで：市場化の時代を迎えた公共図書館 ········*187*
　　　（1）高度経済成長と公共図書館　*187*
　　　（2）図書館と出版流通業界　*189*
　　　（3）公共図書館の業務とコンピュータとMARC　*190*
　3．1990年以降：行財政改革と公共図書館 ··*192*
　　　（1）行財政改革と図書館業務のアウトソーシング　*190*
　　　（2）公立図書館の設置責任と執行責任の分化（指定管理者制度
　　　　　の導入）　*194*
　　　（3）学校図書館と公共図書館　*195*
　　　（4）社会資本としての公共図書館　*196*
　4．第二次世界大戦後の大学図書館と学術情報政策 ······························*196*
　　　（1）大学図書館近代化の基盤形成　*196*
　　　（2）学術情報システムの構築　*197*
　　　（3）電子図書館の振興　*198*
　　　（4）学術情報基盤の形成　*199*
　5．第二次世界大戦後の学校図書館 ···*201*
　　　（1）教育改革と新しい学校図書館像の普及　*201*

（2）「学校図書館法」の成立　　202
　（3）資料センターからメディアセンターへ　　203

15章　これからの図書館 ─────────────205
　1．コンピュータと図書館 ……………………………………………………205
　　（1）コンピュータ技術の導入　　205
　　（2）Webアーカイビング　　206
　　（3）Web百科事典　ウィキペディア　　206
　　（4）Web図書館　　207
　2．新しい公共空間 ……………………………………………………………208
　　（1）媒体変化がもたらすもの　　208
　　（2）情報の公共制と図書館　　209
　　（3）変わるモノと変わらないモノ　　211
　　（4）図書館・図書館員の課題　　213

参考文献　　214
さくいん　　217

【本書の執筆分担】
1章	佃　一可	2章	鈴木良雄・佃　一可
3章	佃　一可	4章	山田真美・佃　一可
5章	中田節子	6章	山田真美・鈴木良雄・佃　一可
7章	佃　一可・中田節子	8章	鈴木良雄・佃　一可
9章	中田節子	10章	佃　一可
11章	呑海沙織	12章	久野淳一
13章	佃　一可	14章	呑海沙織・佐藤達生
15章	佃　一可		

I 編
古代知識の集積と図書館のはじまり

1章　知識集積の形・知識の蓄積

1．ことばと文字の発明

(1) ことばの発見，記憶と記録，記憶の形

　人類は霊長目ヒト科（ヒト的生物）ヒト（ホモ）属に属する[1]。この属の特徴は，「道具を使い」「火を使い」「ことばを話せる」ことである。現世人「ホモ・サピエンス・サピエンス」は20万年から15万年前の間に現れ，およそ10万年前に言語を発明し，言語を使うことによってほぼ5万年前，劇的に技術文化を進歩させた。

　ヒトは誕生の地であったアフリカを離れる前，すでに言語能力を身につけていた。喉と口角をコントロールすることによって「ことば」を正確に発音する技術を会得していた。75,000年前頃，人類はアフリカから出て，小アジア・ヨーロッパ，東は極東とオーストラリアへ移住し，ベーリング海峡経由でアメリカに渡り全地球に広がった。

　さらに人類は自然を模倣した絵や図形を用いて認識の範囲を拡げていく。第四氷河期の旧石器時代後期には，クロマニヨン人がスペインのアルタミラや南仏ラスコーの地に洞窟絵画を遺している。絵図を簡略化し，それに特定の音声を結びつけて言語記号が生みだされる。こうした知恵が重なり，初期的な文法が成立する。

1：ヒト属は，300万年ほど前にアウストラロピテクス（南方猿人）と分かれ，200万年前に，道具を使う「ホモ・ハビリス（器用な人）」，150万年前に火を使う「ホモ・エレクトズ（直立人）」に進化した。30万年前に，旧人類「原始ホモ・サピエンス（原始的知ある人）」が登場する。人類がアフリカから拡散したルートは，ナイル渓谷からシナイ半島経由で東地中海に出るルート，エチオピアから紅海に出るルート，また，サハラ砂漠をリビア付近から北上して地中海に出るルートの説も発表されている。

(2) メソポタミア原文字期

　オリエントが新石器時代に入ったのは紀元前8000年頃，メソポタミアでは紀元前6000年頃だといわれる。土器の使用，農耕や家畜の飼育が始まり定住生活が始まる。

　文字の出現は青銅器の発展に深く関わっている。メソポタミア南部で銅が使用されるのは紀元前6000年頃からだが，シナイ半島で発明された青銅器の製造技術は紀元前3500年頃にメソポタミア南部に伝わった。青銅は強力な武器であるとともに，農機具にもなり農業を発展させた。生産物に余剰が出てくると商業が発達し原料を加工する手工業も生まれる。商業と手工業の中心地で都市化が進み，交易が盛んになると交易事項を記録に残すための手段として原文字が生まれた[2]。「原文字期」と呼ばれる紀元前3400～2900年頃まで，南メソポタミアでは農作物や物資を表す象形の原文字が使われ，大規模灌漑(かんがい)施設，城壁都市国家，大規模神殿などが出現する。

(3) ことばと記号

　原文字は図画をもとにした平面記号である。記号は平面図画に限られたわけではなく，紐を使って記号化を試みた結縄(けつじょう)と呼ばれるものもあった。結縄は紐の結び目で数などを記録する方法で，南米ペルーのインカ帝国，中国のミャオ(モン)族，西アフリカやオーストラリア，沖縄の先島地方などで用いられたことが知られている。紐の結び方，結ぶ位置，色などによって人口や生産物を記録するほか，特定の意味を表すこともできた。

　インカ帝国では王や役人は人民の統治に必要な情報（総人口や兵士の数，納税品の量）をこの方法によって記録し，作製およびその解読を行う専門家がいた。

(4) 記号（原文字）から文字へ

　社会の規模が大きく複雑になると，情報のやりとりは口誦(こうしょう)による方法では間

2：原文字には意味は存在するが，対応する「ことば」が確立していない状態をいう。

に合わず,伝達方法・記憶補助方法としての文字が必要になった。

メソポタミアにおける新石器文化発祥の地は北部で,チグリス・ユーフラテス両川の広大な沃土を利用した農耕と,牧畜がその生活を支えた。この文化は,しだいに南下してメソポタミア全土だけではなく,イラン高原の文化やシリア方面の土器文化にも影響を与えていく。ところが,この文化が南部メソポタミアに到達すると一変して高度な金石併用文化を生み出し,象形の原文字(プロトリタレート)を使用するようになる。シュメール人はその原文字を発展させ,言語文字としての楔形文字にまで高めた[3]。シュメールは,紀元前3千年紀後半までに古代楔形文字を成立させたと考えられている。最古の文字は,イラク南部のウルクで発見された計算記録と思われる絵文字と穴の組み合わせで,紀元前3300年頃のものとされる。

2. 古代文明と文字

(1) 文字体系の源流

文字の原型は,マヤ文字やアステカ文字のようなシンボルによる伝達の絵文字である。自然の模写としての絵文字(pictogramまたはpictograph)が表意文字(logogramまたはideograph)に発展した。絵文字から出発した文字は簡略な記号になり,メソポタミアでは楔形文字(cuneiform),エジプトでは聖刻文字(ヒエログリフ,hieroglyph),中国では漢字が生まれる。楔形文字は2,000の絵文字から抽象化され約800字に,さらに約570字へと統一された[4]。

エジプトの聖刻文字は約700語からなるが,表意あるいは表音としての使い方が両用され,神官文字(heratic),簡略体の民衆文字(demotic)を生みだしている。

3:シュメール人は現在の研究成果では言語区分,民族区分とも起源不明である。メソポタミア文明はシュメール人を抜きにしては考えられないが,彼らはどこからか渡来した民族で地名や基礎的な単語をさらに古い文明のものを借りている。

4:楔形文字は非セム系のシュメール人,セム系のアッカド人(バビロニア人とアッシリア人)がともに用いた。

中国の象形文字は紀元前4000年以前に遡る。当初は数が少なかったが、時代が下るにつれて多くなる。絵文字から表意文字、表音文字へ続き、エジプト文字と同じ過程で進展している。漢字は、原始社会の彫りつけ符号や図案から発展したものである。西安半坡仰韶文化遺跡や臨潼の姜寨から出土した陶器には文字の原型と見られる符号が彫られていて、山東省竜山文化遺跡出土の陶器に刻まれたものなどが文字のはじまりと推測されている[5]。

（2）文字体系の展開

文字は絵文字（pictogram）から表語文字（logogram）、表語文字から表音文字（phonograph）へと発展する。表語文字の多くは象形文字に起源を持つ。象形文字がもっぱら具体的な事物しか表せない文字体系であるのに対して、表語文字は、言語の語や形態素のほとんどすべてを表すことができる[6]。このようなことが可能になったのは、別の意味を持つ文字を組み合わせ、より複雑な意味を持つ文字を作り出す手法（会意）や、語の発音を表す記号（声符）と意味範疇を表す記号（義符）を組み合わせて新たな文字をつくり出す手法（形声）を発達させたためである。

表語文字に対し、一つひとつの文字が音素や音節を表し、意味に対応しない文字体系を表音文字という。表語文字が1文字で意味を表すのに対し、表音文字は特定の順序につながって語の発音を表すことで意味を表す。表音文字は音節や音素だけを表す文字である。万葉仮名や平仮名では、漢字の「安」を「あ」の音を表す文字に転用しているのが一例である。

表音文字は表語文字の音を借用して使う。表語文字は複数の音節で発音されることが多いので、借用のときには語頭の子音や音節だけを表すものとみなす。これを頭音法と呼ぶ。たとえば、エジプトヒエログリフで「脚」を表す文字の発音は br だが b の音を表す表音文字として使うのである。

5：伝説では中国での文字の発祥は黄帝の代に倉頡が砂浜の鳥の足跡を参考にして作ったとされる。1991-1992年、山東省濱州市鄒平丁家村で文字が彫り付けられた陶器の塊が出土した。漢字の起源については諸説ある。
6：漢字は表語文字の代表的なもので、1音節が1形態素となる中国語を一文字ずつで表記する。

1-1表 フェニキア文字[7]とアルファベットなど

| 画像 | 文字 | 名前 | 意味 | 発音 | 以下の文字体系で対応する文字 |||||
					ヘブライ文字	アラビア文字	ギリシア文字	ラテン文字	キリル文字
𐤀	𐤀	ʼāleph アレフ	雄牛	ʼ	א	ا	A α	A a	A а
𐤁	𐤁	bēth ベト	家	b	ב	ب	B β	B b	Б б，В в
𐤂	𐤂	gīmel ギメル	ラクダ	g	ג	ج	Γ γ	C c, G g	Г г
𐤃	𐤃	dāleth ダレト	扉	d	ד	د	Δ δ	D d	Д д
𐤄	𐤄	hē ヘー	窓	h	ה	ه	E ε	E e	E e, Є є
𐤅	𐤅	wāw ワウ	鉤	w	ו	و	(F ϝ), Y υ	F f, V v, Y y (U u, W w)	(V v), У у
𐤆	𐤆	zayin ザイン	武器	z	ז	ز	Z ζ	Z z	З з
𐤇	𐤇	ḥēth ケト	柵	ḥ	ח	ح	H η	H h	И и，Й й
𐤈	𐤈	ṭēth テト	車輪	ṭ	ט	ظ, ط	Θ θ		(Ө ө)
𐤉	𐤉	yōdh ヨド	腕	y	י	ي	I ι	I i (J j)	(I i, Ї ї, J j)
𐤊	𐤊	kaph カフ	掌	k	כ	ك	Κ κ	K k	К к
𐤋	𐤋	lāmedh ラメド	突き棒	l	ל	ل	Λ λ	L l	Л л
𐤌	𐤌	mēm メム	水	m	מ	م	M μ	M m	М м
𐤍	𐤍	nun ヌン	魚	n	נ	ن	N ν	N n	Н н
𐤎	𐤎	sāmekh ザメク	魚/柱	s	ס		Ξ ξ, Χ χ	X x	(Ѯ ѯ) Х х
𐤏	𐤏	ʻayin アイン	目	ʻ	ע	ع	O ο	O o	О о
𐤐	𐤐	pē ペー	口	p	פ	ف	Π π	P p	П п
𐤑	𐤑	ṣādē ツァデ	パピルス	ṣ	צ	ص	(Ϻ ϻ)		Ц ц，Ч ч
𐤒	𐤒	qōph コフ	針穴	q	ק	ق	(Ϙ ϙ)	Q q	
𐤓	𐤓	rēš レシュ	頭	r	ר	ر	P ρ	R r	Р р
𐤔	𐤔	šin シン	歯	š	ש	ش	Σ σ	S s	С с，Ш ш
𐤕	𐤕	tāw タウ	印	t	ת	ت	T τ	T t	Т т

7：ウィキペディアの執筆者．"フェニキア文字"．ウィキペディア日本語版．2012-03-31．// ja.wikipedia.org/w/index.php?title=%E3%83%95%E3%82%A7%E3%83%8B%E3%82%AD%E3%82%A2%E6%96%87%E5%AD%97&oldid=41874764，(参照2012-04-03)．

もともと文字を持たなかった言語は，他の言語で使われている表音文字を借用して表記する場合が多い。この場合，元の文字体系では表せない発音があったり，使わない発音を表す文字があったりする。その場合は似た発音の字を変形したり，記号（ダイアクリティカルマークなど）を付けて文字体系を拡張する。たとえば，ラテン文字のCは当初kとgの両方を表したが，2音を区別するためCに鉤を加えてGとした。場合によっては使わない文字をまったく別の音の表記に転用することもある。フェニキア文字は子音のみを表し母音の文字はなかったが，ギリシャ語表記に借用されたときには必要のない字を母音の表記に転用しアルファベットが完成した。

（3）文字と記録媒体

　文字はさまざまな媒体に記録されてきた。文字媒体のはじまり形は石である。最古の法典ハムラビ法典（前18-17世紀）は玄武岩に刻まれ，紀元前2世紀のプトレマイオスⅤ世の記念碑ロゼッタストーンも石刻である。いわゆる世界四大文明とよばれる地域ではメソポタミアが楔形文字を粘土板に，エジプトでは象形文字，ヒエログリフ（聖刻文字）を石材・パピルスに，インダスではインダス文字を石材に，黄河では甲骨文字を甲骨，竹簡，木簡，青銅器に記したことが知られる[8]。

1-1図　ロゼッタ・ストーン
（マージョリー・ケイギル『大英博物館のAからZまで改訂版』THE BRITISH MUSEUM PRESS, 2009, p.272.）

8：青銅器は殷代以前から制作され殷・商時代には，礼器・兵器・生活用具が作られていた。西周時代の青銅器には，所有者などの名前や条約，法令，告示などが鋳造されている。帛書にされたシルクの織物は貴族用の衣料品だったが書写や絵画の材料として使われるようになった。

メソポタミアの粘土板は，書写材料として保存に優れているが，重く，かさ張り，大きいものは作れない。パピルス（papyrus）は今日の紙に近い書写媒体だったが縦・横の繊維を表裏に貼り合わせて作られたもので，両面使用や折り畳みができず，保存に適さなかったが，紀元後7～8世紀，製紙法が発達するまでヨーロッパでの主要な材料だった。プトレマイオス王朝がパピルスを独占するようになると代用として羊皮紙（ようひし，パーチメント）が生まれる。羊皮紙は羊・山羊・牛などの薄い革をなめし，滑石で磨いて作られたもので両面に文字を書くことができパピルスよりも柔かく丈夫であったが高価であった。

　インド，ビルマ，スリランカでは貝多羅葉（ばいたらよう）が用いられた。貝多羅樹は，ヤシ科のオウギヤシで葉の裏に竹筆や鉄筆などの先の尖ったもので文字を書くとその跡が黒く残る性質を利用した。略して貝葉とも呼ばれる。

　中国では甲骨，竹木，青銅，帛書（はくしょ）が用いられた。甲骨文字は亀甲・獣骨などの甲骨に刻まれ，殷の卜占（ぼくせん）では，甲羅や骨などの裏側に小さな穴を穿ち，熱した金属棒を穴に差し込み，できたひび割れの形で占いを行った。竹や木は殷・商時代から書の媒体として使われていたと記録にある。木は長方形の板にして，竹は薄く削ってつないで使った。前者を「方」後者を「策」と呼ぶ。

　紙は中国の四大発明（火薬・羅針盤・印刷技術）の一つに数えられ前漢時代に大麻の繊維を使ってつくられたのが始まりで，後漢時代の105年に蔡倫（サイリン）が技術改良を行い製紙技術の基礎を確立した。この製紙法は8世紀にイスラムに，11～12世紀に地中海に伝わり，14世紀にはヨーロッパに伝播する。

　製紙法が日本に伝わったのは，西暦610年，高句麗（コウクリ）から僧侶曇徴（どんちょう）と法定（ほうじょう）が来朝した時であると日本書紀には記録されている。

3．図書館のはじまり

（1）メソポタミアの図書館と古代バビロニア王国寺院図書館

　文字資料を保管して利用する図書館が生まれたのは，紀元前3000年頃のメソポタミア南部に定着したシュメール人の遺跡に見ることができる。

　紀元前3100年頃，都市国家が発達しはじめ，紀元前2700年頃にはウル，ウル

ク，キシュ，シッパルなど多数の都市国家が成立する。イラク南部のシッパルは太陽神信仰の拠点で，寺院図書館には数千の粘土板本が書架上に分類され，そのままの形で発見されている。蔵書には読書指導や文字教育関係の資料が多数含まれていたことから，隣接する学校の学校図書館であったと推定され，専門写字士が図書館の管理員を兼ねていた[9]。

　シュメール人による都市国家は，やがてセム系民族のアッカド帝国によって制圧され古代メソポタミア最初の統一王朝が誕生する。建国の祖サルゴンⅠ世（在位：2334-2279B.C.頃）が創設した図書館は古代図書館の中で最も著名なもので，美しい司書職印が伝わりルーブル美術館に残っている。図書館運営は高度に洗練され，タブレット（粘土板）には，分類番号と書架上の位置が示され，文献目録には利用者用ガイドが示されている。貸出には著者名・分類番号などを，パピルスに記入することが定められていた。

（2）アッシリア帝国アッシュールバニパルの図書館

　シュメールを征服したアッカド人やバビロニア人，アッシリア人は，シュメール人の残した楔形文字を受け継ぎ，自分たちの言語に合わせて使用した。

　しかし，シュメール語が使われなくなってからもその文字の本来の意味を理解できる書記に受け継がれていった。

　紀元前13世紀のヒッタイト帝国の首都ハットゥサの王宮図書館では，収蔵書の目録がつくられ，粘土板の文書番号，文書のタブレット番号（本でいうページ）配架場所が決められていた。

　楔形文字のタブレット文書を組織的に集め最大の図書館をつくったのは，紀元前7世紀，アッシリアの支配者アッシュールバニパルである。アッシリアの歴代の王たちはもともと図書の収集に熱心であった。紀元前745年即位しメソポタミア全域・シリア・パレスチナを支配したティグラト・ピレセルⅢ世は，歴代の王の碑文をまとめ，その後継者でイスラエル王国（分裂後の北王国）を滅ぼしたサルゴンⅡ世は占卜，碑文に関する図書を収集させた。セナケリブ（scnnacheb）王はアッシリア法典や歴史書，碑文を集め，エサルハドン王も

9：古代バビロニア時代には修道院に類似した施設が作られ，ナディートゥと呼ばれる女性祭司が宗教活動に従事したという。

1-2図　ギルガメシュ叙事詩の粘土板
(L. カッソン著，新海邦治訳『図書館の誕生―古代オリエントからローマへ―』刀水書房，2007，p.16.)

歴史書，神話書の収集を行ったといわれている。

紀元前668-27年に在位したアッシュールバニパルの宮殿跡のティグリス川中流ニネヴェのクユンジクの丘の遺跡からは，楔形文字文書のタブレット（粘土板）の断片約3万点（本来の粘土板総数ではほぼ1万点）が出土した。王室書簡，行政文書，神託文書が発見され，約5千点の文学・科学文書が「図書館」所蔵の文書と考えられる。アッシュールバニパルは自ら文書を読み書きができバビロニア各地の神殿図書館で所蔵する大量のタブレットと木製・象牙製書板を収集し，翻訳あるいは筆写させ書式を定めて整理させた。蔵書として最も多いのは，天変地異や気象現象に関する予兆文書で，シュメール宗教文学や，有名なハムラビ法典（2100B.C.）などの重要な歴史資料のほか，語彙集，呪文や祈祷などの宗教文書，戦争記録・英雄伝説，農業・建築・政治に関する記録等，医術文書，文学文書が収蔵されていた。旧約聖書に出てくる「ノアの箱船」によく似た『ギルガメシュ叙事詩』の存在がよく知られている。

大英博物館の助手ジョージ・スミスによって発見されたこの叙事詩は，何度も複写され古代世界に広く流布しているが，この物語がどのようにしてヘブライ人に伝わったかは不明である。

タブレットには両面に楔形文字が陰刻され標題，頁が刻されている。体系的な分類がなされ，動物の分類はリンネ分類法とほとんど変わらないほど精緻であった。宗教文書は後代のカルデア（新バビロニア）文献へと受け継がれていく。

アッシュールバニパルの図書館は，王室図書館ではあったが発掘された記録

から公開されていた図書館でもあったと推測されている[10]。

（3）古代エジプト図書館と『死者の書』

　アッシリア以前の文字媒体がタブレットであったのに対して，エジプトでは文字はパピルスに記録された。papyrus はペーパー（paper）の語源だが，聖書（bible）あるいは図書館（bibliotheka）ということばもパピルスを意味する biblos を語源とする。パピルスは紙のように滑らかではなく折り畳むことはできず，何枚もつなげて巻物で保存された。湿気に弱くピラミッド内部のものを除いてほとんど残っていない。

　古代エジプトには神殿図書館と王宮図書館とが存在した。神殿図書館には，宗教祭事や行事の記録，神話や伝記などの宗教記録が所蔵され，書写室の書記は写本や造本などに携わっていた。王宮図書館には，政治・裁判・軍事などの公文書や数学・科学・医学などの学術図書が収蔵されていた。

　エジプト文書でよく知られるものに「死者の書（英語綴り：Book of the Dead）」がある。これはドイツのエジプト学者レプシウスが「ツリン・パピルス」という165章からなるパピルス文書を『死者の書』と名付けて1842年に出

1-3図　『死者の書』の一部（セティⅠ世の書記フネフェル）
（マージョリー・ケイギル『大英博物館のAからZまで改訂版』THE BRITISH MUSEUM PRESS，2009，p.61.）

10：「男神ネポと女神タスミット（知識の女神）から真の政府の基礎とは何かを見聞する眼と耳を与えられた，世界とアッシリアの王たるアッシュールバニパルの宮殿。ネポとタスミットの二神は，我が先祖の諸王に，この楔形文字と叡智の神ネポの政見を啓示し給う。我が粘土板にそれを刻し，署名し，配列して，臣下の教育のため我が宮殿に安置するものなり。」の記録がある。

『死者の書』は，柩の中やミイラの両足の間の包帯の中に収められたものが発見される。『書』はもともと神官が葬儀に唱える呪文であったが，死者自らがとえられるようにと一緒に埋葬された。霊魂が肉体を離れ冥府の国に入るまでの過程が，おもに絵とヒエログリフという神聖文字で描かれている。死者は生前の善悪が裁かれる裁判で真実を語ればオシリス神の治める死後の国へ，嘘をつけばアメミットという魂を食べる怪物に食べられる。その関門をパスするようにと死者の告白，懇願，祈りが一人称によって描かれている。

『死者の書』は特定の個人のためにつくられたものばかりではなく，名前を書き入れて使用できるようにした既製品のものもあった。

4．古代中国国家と記録保存

（1）国家の形成と記録保存

中国最初の王朝，夏が出現したのはほぼ紀元前21世紀頃である。紀元前16世紀頃，商（殷）[12]が興り紀元前11世紀には西周が興った。

国を統治するために出された公文書を保管するための蔵書機構は，国家機構の確立とともに生まれ，施設が整備されて専門員が選定される。商時代は神権思想によって統治され，神と王の仲介をし王に天意を伝えるのが卜占師，それを記録保存したのが史官[13]である。卜占師は甲骨を集め磨製加工し卜占に用い，卜占後その過程と結果を甲骨に追加して刻する。相当期間後，予言が当たっていれば文字を補充し甲骨を整理して保存する。史官の中には「作冊」という職があったが，「冊」の文字は不揃いの甲骨を束ねた様子を象形化したものである。「作冊」とは記録を保存する職責を表した。卜占の内容と結果は甲骨に刻

11：「死者の書」は200章近くから成るが全部が揃っているパピルスは現存しない。最古のものは紀元前15世紀中葉まで遡る。
12：殷は都の名，商は王朝名。本書では商で統一する。
13：史官は歴史編纂・文書・記録の任にあたった官職。太史は天文・暦法，また国の法規や宮廷内の諸記録をつかさどった史官で暦官の長でもあった。内史は首都近辺の長官である。

まれたが青銅器に鋳造された場合もある。

（2）史官と典籍収蔵

　西周時代は（1100-800B.C.）は奴隷社会である。暴虐が続いた商の紂王を誅殺し，武王は周王朝を建てて宗法制度を進めた。官僚の史官には「太史」「内史」「做冊」「作冊尹」などの職名がみられる。史官は王の求めに応じて政務のレファレンスを行い歴史を記録し文書を保管し，詔を清書し王命を記録することが重要な任務であった。作冊尹は「作冊内史」「作命内史」とも呼ばれ，典籍を管理し王の詔書を宣詰することが職務であった。「做」と「作」は同義である。

2章　ギリシャ思想と古代ローマの図書館

1．古代ギリシャ世界の理想と図書館

(1) 古代ギリシャ公共図書館

　ギリシャ人は，フェニキア文字を改良して24個程度の少ない文字で，すべての語を表すことができるギリシャ・アルファベット文字をつくった。文字が単純化されたことによって識字能力を持つ人が飛躍的に増え，書籍の取引も行われるようになる。書籍の生産が活発になると，収集する人たちが現れる。アテネ僭主ペイシストラトス，サモス島僭主ポリュクラテス，悲劇詩人エウリピデス，雄弁家デモステネスの私文庫が知られる。

　ギリシャにはプラトンのアカデメイア，イソクラテスの修辞学校，ヒポクラテスの医学校[1]，そしてアリストテレスのリュケイオンなどの学校もできる。ギリシャ哲学を発展させたソクラテスは対話による教育を重視し読書を重んじなかったが，弟子のプラトンやその弟子のアリストテレスは多数の書籍を収集し図書館を設け「読書による学問」を重んじた。アリストテレスのリュケイオンには図書館や博物館の施設が備えられ，公開されてはいなかったものの高度に組織された研究機関であった。

　紀元前5世紀頃のアテネでは三大悲劇作家，アイスキュロス，ソポクレス，エウリピデスなどの演劇が盛んに上演された。ギリシャにおいて演劇は，神に捧げる神聖なパフォーマンスで亜流が禁止された。作品の品質を守るという名目で写本の製作と管理が政府の管理下に置かれるようになり，その役割を担ったのがアテネの公共図書館である。こうして一般市民は図書館でこれらの作品

1：ヒポクラテスの医学校はコス島につくられ，技術（医術）を伝える道具として図書が多用された。

をいつでも閲覧できるようになるが、ギリシャ図書館の公共性とはこのような成り立ちである。

　肉体の発達を重視したギリシャにはギムナシオン（体育館）が存在した。ギムナシオンには図書室が備えられ、身心の健全な発育をめざしたギリシャ人の理想の人間像を見ることができる。これらの施設は市民たちの半ば自発的な寄付行為により支えられていたといわれる。

（2）アリストテレスとアリストテレスの図書館

　アリストテレスは紀元前384年、マケドニア王の侍医の息子としてマケドニアのスタゲイラに生まれる。17歳のときアテネにあるプラトンのアカデメイア学園に入門し、すでに60歳をこえていたプラトンのもとで20年間の研究生活を続ける。紀元前347年にプラトンが死にその後を継いで学頭にと思われたが、プラトンの甥のスペウシッポスが就くとアテネを離れ小アジア、マケドニアに遊学する。マケドニア王フィリッポスⅡ世の招きでレスボス島に渡り、そこで王子アレクサンドロス（後のアレクサンドロス大王）の家庭教師となり弁論術、文学、科学、医学、そして哲学を教えた。

　アレクサンドロスの王位就任後はアテネに戻り、大王の援助の下、駐在していた総督アンティパトロスの力を借りてリュケイオン（Lykeion）学園を創設する。リュケイオンはアテネ中心から見るとアカデメイアのほぼ反対側の郊外に位置し、ここには大きなギムナシオンがあり、若者が集まる場所であった。ソクラテスが親しんだところだとも伝えられる。アリストテレスは散歩をしながら弟子たちと論議を交わすのを日課としたので、アリストテレスの学派は逍遙学派（ペリパトス学派・散歩をする人々）と呼ばれる。

　アリストテレスはリュケイオンに大きな私的図書館（プライベート・ライブラリー）を設置し、さらに当時知られている世界のすべての植物や動物を集めて自然科学博物館を創設した。アリストテレスの「自然学」という術語はここから生まれる。アレクサンドロス大王は征服地のあらゆる動植物をアリストテレスに送るよう命じ、また158に及ぶ国々から憲法を収集した。収集された書物は系統づけて整理され、その整理法は次代のアレキサンドリア図書館に影響を与えたといわれる。アリストテレスの知識は、プラトン以前のギリシャ世界

を発展させ，アレクサンドロス大王の遠征地という広い世界の情報をもとに組み立てられている。

リュケイオンは隆盛を極めたが，アレクサンドロス大王の急死によってアリストテレスはアテネから追われる。母方の故郷であるカルキスに身を寄せたところで病に倒れ，紀元前322年に死亡している。

2．ヘレニズムと図書館

（1）アレクサンドロスの東方遠征とヘレニズム

ギリシャの北方にあったマケドニアは，ギリシャがポリス間で指導権争いをしている間にフィリッポスII世（在位：359-336B.C.）によって一大強国に発展した。フィリッポスが暗殺され，20歳のアレクサンドロスは王位を継ぐやいなや対ペルシャ戦最高司令官になって東方遠征を始める。メソポタミアの入口イッソスでペルシャとの初戦を飾った後，フェニキアを攻略しエジプトに入る。紀元前331年，アルベラの戦いでペルシャ軍を破り，ダレイオスIII世は誅殺されペルシャは滅亡する。インドに紀元前326年侵入したところで，東方遠征は終わる。軍はマケドニアに帰すが，アレクサンドロスはバビロンにとどまるが突然33歳でこの世を去ってしまう。アレクサンドロスは征服した領土にアレクサンドリアという名前の都市を70以上建設し，ギリシャ兵を住まわせギリシャ風の文化を広めてギリシャ文明とオリエント文明の融合を図った。ヘレニズムとは「ギリシャ風の」という意味である。ヘレニズム時代というのはギリシャ人が支配者であった時代でもある。死後，後継争いの戦争が起こり，帝国は3つの国（マケドニア，ギリシャはアンティゴノス朝マケドニア，旧領はセレウコス朝シリア，エジプトはプトレマイオス朝エジプト）に分かれた。

（2）古代アレクサンドリア図書館

ヘレニズムの文化はオリエント色が混じってはいるが，本質的にはギリシャの言語による芸術，学問である。アレクサンドリアに図書館が建てられたのは紀元前323年，エジプトを統治したプトレマイオス王朝によってであった。

王朝顧問であった逍遙学派のデメトリオスは，プトレマイオス王朝の威光を示すために学術文化センターとして博物館と図書館を建設することをプトレマイオスⅠ世ソーテール（Ptolemaios I Soter，在位：323-285B.C.）に進言した[2]。プトレマイオスⅠ世は，首都アレクサンドリアをヘレニズム世界の中心とするため王立研究所（ムセイオン）を設立し，大図書館を併設する計画を立てた。次のプトレマイオスⅡ世も，豊かな財力を背景に強引ともいえる手段で蔵書を手に入れた。港に停泊中の船が書籍を積載していれば有無をいわさず没収させたり，ギリシャの図書館の蔵書を高額の証拠金を払って借り受け結局は返却しないというような方法で，70万巻を超える書物を揃えたといわれる。

　ムセイオンはムーサイ（英語ではミューズ，科学と芸術を司る9柱の女神たち）を礼拝するための神殿を意味し，建物は初期ヘレニズム様式で廊に石柱が並び，図書館にはエジプト，アッシリア，ギリシャ，ペルシャ，インドなどから集められた学術図書が200室の書庫に収容されるという壮大な規模であった。図書館は，学者や文筆家など適切な資格を持っていれば誰にでも門戸は開かれていた。当時の図書はパピルス製で，プトレマイオス朝はパピルスを独占して富を獲得した。多くのギリシャ人学者を招き，知識人に免税特権を与えて保護し，アレキサンドリアに集まったエウクレイデス，ストラトン，エラトステネス，アルキメデスなどの知識人・文化人はアレキサンドリア図書館で学術に没頭できる環境が与えられた。ムセイオンではミューズとアポロンを祭る祭典が行われ，講義やシンポジウムが催された。

　図書館にはファラオから給与が支給された多くの職員が雇われ，併設されていた職能学校で書写生の訓練を受け写本づくりや造本，販売を担当した。また職員は，薬草園（植物園）のような仕事にも従事し本草学を盛んにし，今日の図書館，公文書館，博物館に相当した機能を持っていた。

（3）『ピナケス』と文献学

　蔵書は利用しやすいように資料の整理や組織化が行われ，図書受入記録，登録簿，蔵書目録がつくられた。目録には，写本の履歴・著者・校訂者・巻表

2：学術文化センターの先駆としては，紀元前6世紀のアテネの僭主ペイシストラトスが開設した学術図書館が知られる。

示・原典が記され，さらに利用者用に主だった著作を解説し，作者の紹介が記された目録，解題書誌があったといわれている。これはアリストテレスの個人図書館の整理法をもとに文献学者カリマコス（Callimachus）がつくった『ピナケス』（Pinakes，目録）で120巻あったといわれるが現存はしていない。『ピナケス』の分類は，詩文と散文に大別され，詩文は叙事詩人，叙情詩人に分け，散文は法律，哲学，修辞学，史学，医学，雑篇などに分類した上でさらに細分化し，それぞれの著作を著者順に配列している[3]。

　コレクションを形成するためには，既存の文献を集めるほか写本をつくり，さらに外国語の原本をギリシャ語に翻訳することも重要な仕事だった。プトレマイオスⅡ世が70名に及ぶ学者を呼び寄せ，ヘブライ語の聖書をギリシャ語に翻訳させたという記録もある。いわゆる「七十人聖書（旧約）」と呼ばれるものである。

　アレクサンドリア図書館の館長には著名な学者が配された。初代館長ゼノドトス（Zenodotos）第6代館長アリスタルコス（Aristarchos）はいずれも著名なホメロス学者であり，第2代館長アポロニウス（Apollonios）は詩人・文法学者，第3代館長エラトステネス（Eratosthenes）は文献学者であり第4代館長アリストファネス（Aristophanes）も碩学で大辞典『レクシス』を編纂した。古代写本は異本が多くテキストを校合して正確定本を作り上げる作業が不可欠で，アレクサンドリアの図書館では文献学者によるテキストクリティークが活発に行われ，情報の収集，保存，生産，加工，組織化，提供という図書館機能の原型が形づくられた。

（4）セラペウム図書館とペルガモン図書館

　プトレマイオスⅢ世（在位：246-222B.C.）の時にはアレキサンドリア図書館はすべての資料を収容しきれなくなり，分館としてラコティス地区のセラピス神の神殿（セラペイオン）に神殿図書館が造られた。アレクサンドリア図書館は紀元前49年にシーザーのローマ軍により破壊されたといわれるが，それ以降，このセラペウム図書館が中心館として機能した[4]。アントニウスが女王クレオパ

3：この時代には著作に標題が付けられるという習慣はまだない。
4：アレクサンドリア図書館がいつまで存続したかについては異説が多い。

トラにペルガモン図書館の蔵書20万巻を贈与したという話は有名であるが，その蔵書はこの図書館に収容されたと考えられる。しかしテオドシウス帝の391年，キリスト教の暴徒によりアレクサンドリアの図書館は完全に姿を消す。

アレクサンドリア図書館と並び称されたのが，小アジアのペルガモン図書館である。ペルガモン王国（241-133B.C.）の都（現トルコのベルガマ）に建設され，アッタロス朝第2代国王エウメネスⅡ世（Eumenes II, 在位：197-159B.C.）及び第3代アッタロスⅡ世によって創設された。彼らは，アレクサンドリア図書館に対抗して図書を収集し，最盛期には蔵書20万巻を所蔵した。アレクサンドリア図書館長であった書誌学者アリストファネスを迎えようと画策したが，エジプト側に知られアリストファネスは投獄され，パピルス紙の輸出も禁じられてしまう。ペルガモンは替わりとなる書写材料の開発を余儀なくされ，獣皮を加工した良質の羊皮紙 (parchment) が開発されることになった。

2-1図　ペルガモン遺跡のペルガモン図書館（撮影：佃　一可）

3．古代ローマの図書館

（1）古代ローマの図書館と私文庫

紀元前8世紀以降，ギリシャ人はイタリア半島南部に進出しアルファベットをエトルリア人に伝える。エトルリアのすぐ南に居住していたローマ人は，エトルリア語アルファベットをラテン語アルファベットに改良する。

古代ローマは紀元前753年に建国され，476年に西ローマ帝国が滅亡するが，その最盛期は紀元前3世紀から紀元1世紀である。オクタヴィアヌスがアウグストゥスを名乗るまでの共和制時代は軍人と政治家が，古代ローマ後期のパクス・ロマーナの帝政時代は皇帝と官吏が社会の主役であった。

　紀元前2世紀頃，ローマ人の上流社会はギリシャ文化が華やかで，ギリシャ語を学びギリシャ文学に熱中し，ギリシャ語著作物のコレクションを作りあげることがステータスだった。古典の写本を制作する書籍業も生まれ，個人図書館も存在した。記録に残るローマの図書館の始まりは将軍のスッラ（L.C.Sulla, 138-78B.C.）やルクルスが戦利品で得た写本を所蔵した図書館である。

　スッラの戦利品にはアリストテレスの大蔵書が含まれる。この蔵書はアリストテレスの没後，ペルガモンに暮していた無名の一族に相続されたが，相続者は王の没収をおそれて地中に隠した。代が変った後，書物愛好家アペリコンに売却され，アテネに運ばれたところでスッラに押収された。スッラの死後，蔵書群は息子のファウストゥスに引き継がれる。蔵書は傷みがひどかったが，ギリシャ人学者テユランニオンによって整理され，利用に耐える形に復元された。

　ルクルスの図書館蔵書は，小アジア北部で得た戦利品である。ルクルスは郊外の豪邸に図書館を建設した。図書館はペルガモン図書館をモデルとして設計され，書庫と閲覧スペースの柱廊や談話室が設けられていた。ルクルスはこの図書館を身内の者や友人だけでなくローマ在住のギリシャ人学者にも利用できるよう開放したという。

　終身独裁官であったスッラに刃向かい冷遇された文人キケロ（M.T.Cicero, 106-43B.C.）やその友人アッティクス（Atticus, 109-32B.C.）の図書館，哲学者セネカ（L.A.Seneca, 1B.C.-A.D.65），博学者ヴァロ（M.T.Varro, 116-27B.C.）の図書館は自身の学問・研究の蓄積によって築きあげられたものだった。

　キケロや友人のアッティクスの図書館は，ギリシャ人奴隷によって管理された。キケロは多数の著作を残すがその写本の工房となったのが図書館で，ギリシャ人奴隷は高度に訓練され，写本作りに熟達し，蔵書の巻物を整理・補修し，目録を最新のものに整える仕事を行った。

（2）皇帝の古代公共図書館

　カエサルは「ヘレニズム世界とローマ世界に君臨する象徴として，ギリシャ語書籍とラテン語書籍の大図書館」の建設を計画した。紀元前47年，『図書館について』を著わしたマルクス・ヴァロをローマ公立図書館長に任命したが，紀元前44年に暗殺され大プロジェクトは停止された。紀元前37年，カエサルの遺志を継ぎ自由神殿に図書館を設置したのは将軍ポリオ（G.A.Pollio，76-5B.C.）である。ポリオは，アリリアからの戦利品の図書をもとにしてローマの最初の公共図書館をつくった。

　アウグストゥスが初代皇帝となると，彼は新しい公共施設建設に着手し，前28年にパラティヌスの丘のアポロン神殿を造り，その神殿に隣接して，ローマで2番目の図書館を建てた。「アポロン神殿の図書館」あるいは「パラティヌス図書館」と呼ばれる図書館である。数年後，彼は3番目の公共図書館を建てる。この図書館は後継者と期待していた甥の追悼としてつくられ，その母の名をとり「オクタウィア図書館」と名付けられた。

　ローマ時代の蔵書はギリシャ語・ラテン語の言語別に分かれて配架され，パラティヌス図書館の場合には，二つの同じ形の部屋が並んでいた。

　その後，歴代の皇帝は次々に図書館を設立した。ティベリウス帝，ウェスパシアヌス帝も図書館をつくり，トラヤヌス帝（Trajanus，在位：98-117）はトラヤヌス記念柱が立つウルピア大会堂を建設し，両側に互いに向かい合わせてギリシャ語，ラテン語の図書館を設立した。ローマ以外にも図書館がつくられ，ハドリアヌス帝（Hadrianus，在位：117-138）はアテネに図書館をつくっている。

（3）ローマの大浴場図書館

　古代ローマでは，調査研究を目的としたものではなくトラヤヌス図書館のような，ポピュラーな図書館も存在した。公共浴場に設けられた図書館がそれである。109年に完成したトラヤヌス浴場の遺跡には図書館の部分が残っている。浴場には温浴室やサウナ，プール，マッサージ室，庭園や競技を行う中庭，会合のための部屋，詩の講義室などと，図書館が設けられていた。図書館は巨大

な複合施設を間仕切る壁に，ギリシャ語とラテン語の図書室が東西に分かれて向い合うように設けられていた。ローマ人は入浴施設の利用だけでなく，それぞれの目的で利用した。浴場図書館は，主に娯楽として本に向かう人びとを対象としている。350年頃のローマには，図書館のついた浴場が30近く記録されている。

　ローマの図書館には図書館総裁（procurator bibliothecarum）の職が設置され，総裁は全図書館の財務・運営管理業務を扱っていた。ティベリウスの治世からウェスパシアヌスまで総裁は皇帝事務官出身の解放奴隷が任に着いたが，ウェスパシアヌス以降は，社会の上層階級出身の者に変わり，現場は皇帝事務官のスタッフが行っていた。そのスタッフを率いるのは司書（bibriothecarius）で，その下にギリシャ語区画かラテン語区画に分かれて配置される「図書館職員」（a bibriotheca）がいて，その大部分は写字士だった。同時代の著作物は，蔵書のほとんどは著者の寄贈によるもので，著者は自分の作品の写しを友人や著述家仲間やパトロンや個人図書館の所有者たちに贈呈することで著作の流布を図った。それは読書界への加入の印だけでなく，ステータスの証明であった。図書館は著者たちの贈り先のリストに加えられ，贈られてきた著作は蔵書に受け入れられた。図書館の開館時間はローマ世界における通常の労働時間である夜明けから正午ごろまでであった。

（4）ローマの地方図書館

　ポンペイの遺跡はローマ人の日常生活に関する有力な情報源である。ポンペイの図書館遺跡の碑文によれば，図書館の運営費は行政府の財源からではなく裕福な寄贈者たちの寄付によって賄われていた。またコムム（現コモ）の出身であった小プリニウスは，故郷に図書館を寄贈しその維持のため10万セステルティウス（40万ドル相当）の基金を設立した。またハドリアヌス帝の義母マティディアはスエッサ・アウルンカに，ウオルシニイでは住民が図書館を寄贈して創設したことが知られる。繁栄を享受していた時期には多くの権力者達がその力を誇示するためにローマ型の図書館を主要な都市に建設した。

　アッタロス家がアレクサンドリアに対抗してつくったペルガモン図書館は紀元前１世紀にローマの管理下に入る。アッタロス家が図書館を設けたのは，自

らの文化的イメージを高めるためで，アッタロス家が消滅したとき存在理由も財源も失われた。

ペルガモンにはハドリアヌス時代に，目的の異なる図書館ができたという記録がある。郊外のアスクレビオス神の聖所にある保健療養センターには患者の散歩用柱廊，劇場などの施設があり，そこにフラウィア・メリティネという女性が図書館をつくった。

アテネには2世紀初め，ギリシャ様式とローマ様式の二つの図書館が生まれた。ギリシャ様式のものは市民のパンタイノスの寄贈によって建てられ，ローマ様式の図書館は皇帝ハドリアヌスの寄贈で建てられた。

アテネにハドリアヌス図書館が寄贈されたのと同時期，小アジア西海岸の主要な海港であったエフェソス市に小規模ながら壮麗な図書館ができあがる。この市はローマ属州の総督の所在地であり，建造者は総督のティベリウス・ユリウス・アクイラ・ポレマエアヌスで，父親である前総統を記念して建造し市へ寄贈したものである。今日復元された図書館のファサードの美しい姿は訪問者たちに感銘を与える。前総督の遺体が地下室の石棺のなかにあり，ここは図書館であると同時に霊廟でもあった。

その他，ローマ帝国の西半分に図書館が存在したといわれるところで確証が

2-2図 エフェソス遺跡のケルスス図書館（撮影：佃 一可）

あるのは二か所，チュニジアのカルタゴとアルジェリアのティムガドにすぎない。

（5）ローマの知識集成：プリニウスの『博物誌』

　ローマ帝国の版図が拡大されるにつれ情報も増加する。ローマの知識を集大成したものにプリニウスの『博物誌』（Naturalis Historia）がある。プリニウスは1世紀ローマの博物学者・政治家で，同書は著作者約100人の2,000タイトルのなかから2万件の事項を抽出し記述したものである。全37巻からなり地理学，天文学，動植物や鉱物などあらゆる知識が集大成され百科事典の最初のものであり，ガリアと呼ばれた西ヨーロッパの記述も知られるが，巨人，狼人間など荒唐無稽な内容も含まれていて科学的な書とは言い難いものである。ルネッサンス期には活版印刷で刊行され，知識人たちに愛読された書物である。

4．初期キリスト教と聖書

（1）迫害から国教へ

　紀元1世紀から3世紀までの間，セム族の宗教ユダヤ教を母体に新興宗教として出発したキリスト教は，ローマ帝国内でディアスポラ[5]を中心に広がり，皇帝崇拝を拒んだことからローマは弾圧を加えた。初期キリスト教の最大の学者オリゲネス（Origenes，185？-255）はギリシャ哲学を学んでアレクサンドリアにディダスカレイオンというキリスト教学校を開設した。その後，パレスティナのカエサレアに移転しキリスト教文庫を開いた。249年，デキウス帝によって獄に投じられ，皇帝の死によって解放されるがまもなく没する。代表的著作『諸原理について』では，聖書のことばを比喩的に解釈する手法をとっている。

　度重なる弾圧にも屈せずキリスト教は広まり，周辺諸国で国教化されていく。301年にはアルメニア王国が，350年にはアクスム王国（現在のエチオピア）が

5：国家や民俗居住地を離れて暮らす国民や民族集団やコミュニティ。

国教化する。313年コンスタンティヌスⅠ世とリキニウス帝はミラノ勅令を発して，キリスト教を他のすべての宗教と共に公認し，さらに380年テオドシウス帝はキリスト教をローマ帝国の国教と定めた。

（2）聖書の成立とその構造

キリスト教は『聖書』に基づく啓示宗教とされるが，『聖書』の中身は66通の収集書簡である。そのうち旧約聖書は紀元前1500年から紀元前500年の間に書かれた39書簡で，紀元前450年頃ラーバイ（ユダヤ人の教師）たちの審議会で神（エロヒム：Elohim）の聖典として認められた。旧約聖書の原文はアラム語を含んだヘブライ語で書かれ，新約聖書はギリシャ語で書かれている。最初の旧約聖書はモーゼによって記録され律法の書とされた。1000年の間に他の部分が補われ，紀元前250年初期にギリシャ語に翻訳（70人訳聖書）されたとき，今日の章立てにまとめられた。新約聖書はイエスの死後，弟子たちによって紀元40年頃から紀元90年頃までの間に書かれた27書簡からなる。新約聖書の成立の契機となったのは，異端とされたマルキオン（Marcion）が2世紀にルカ伝とパウロの書簡を合わせて聖書をつくったことによる。これに対抗して正統派がまとめたものが今日の新約聖書のもとになる。397年カルタゴ宗教会議で正典とされた。

（3）巻子形態からコデックス（冊子）形態に

聖書が書物の発展に与えた影響は大きい。西欧社会で書物の形態が巻子からコデックス（冊子）形態に変わったのは聖書のおかげともいえる[6]。2世紀まで図書館の蔵書は大多数が巻子のパピルス製で，皮革紙は少数であった。

古代ローマ人たちは薄い木の板に蠟を塗り，筆記用具として繰り返して用い，さらに必要に応じて何枚かを革紐などで綴じた形がコデックスの原型である。記録上著作の配布・提供にコデックスがはじめて用いられたのは，1世紀の後

6：コデックスには表紙の背にタイトルをつけて探しやすくできるという利点があった。書名を付けるという習慣が定着するのは中世以降のもので，古代の書物は冒頭の数語をとって書名とした。これをインキピットという。古代アメリカ文明でもコデックスが用いられた。アメリカのコデックスの素材はいちじくの木の樹皮を漂白して作られていた。

2-3図 パン屋夫婦(コデックスの原型。ポンペイの遺跡から出土,ナポリ考古学博物館蔵。夫がパピルスを持ち,婦人がコデックスを持つ)

半である。

2世紀はじめの頃のキリスト教徒たちはパピルスを冊子状にまとめたコデックスの形式を好んで用いていたことが知られている。聖職者たちは,聖書を手引書として利用したが,巻子よりも冊子体の方がはるかに便利であった。平面的で場所をとらず,表にも裏に書け,表紙で中を保護でき,持ち運びが楽などの利点があったが,キリスト教徒にとって何よりも重宝だったのは特定の箇所が探しやすく,開いて読みやすい,ということであった。キリスト教信仰が広がるにつれてコデックスは書物の形として広がり,国教に定められた4世紀頃には巻子本に代わって主流になった。初期のコデックスはパピルスを綴じていたが,徐々に羊皮紙にとって代わられた。羊皮紙はパピルスより高価だが,丈夫なところが好まれた。

3章　古代中国の図書館

1．古代中国の図書管理

（1）東周の国家図書館（蔵）と司書（守蔵史）

　紀元前770年西周が滅び，平王(ヘイオウ)は洛陽に遷都して東周を建て春秋時代（−前476）が始まる。春秋時代は奴隷制社会から封建性への過渡期で，鉄器の使用，牛耕の普及，水利灌漑の改良によって農業生産が向上する。周は諸侯に土地を与え，諸侯は周に献納(けんのう)をして領地で勢力を強める「封建制度」ができあがった。社会変動は没落貴族や小土地所有者出身の「士」という階層を生みだし，諸侯は勢力を伸ばすため有能な「士」を招聘(しょうへい)したので学芸文化が地方に伝播し，各国の蔵書が豊かになった。この時代，「士」のなかから諸子百家と呼ばれる思想家たちが登場し，中国思想の基礎がつくられる。諸子百家の中で後世に最も強い影響を与えたのが孔子である。

　東周では西周の史官の制度に加えて図書を保存する「蔵室」(ゾウシツ)という図書室が存在した[1]。道教の始祖である老子は「守蔵室の史」と呼ばれる「司書」で，蔵室の典籍を活用して道徳に関する教えをまとめて「道徳経」を著した。孔子は『春秋』編纂の際，人の行動規範である「礼」をまとめるため老子を訪ね教示を受けたという逸話が「庄子・天道編」に記されている。

1：周の王室のほか諸侯の国でも資料を収集，保存する史官が設置された。史官の職名について，魯には「克」「固」「左丘明」(サキュウメイ)「掌悪臣」(ショウアクシン)「闕名者」(ケツメイシャ)，晋には「伯魘」(ハク)「辛有二子」(シンユウニシ)「史趙」(チョウ)「史亀」(シキ)「董狐」(トウコ)「屠黍」(トショ)「史蘇」(シソ)「史墨」(シボク)「闕名者」，楚には「倚相」(キソウ)「史皇」がある。鄭，斉，宋などにも，史官が設置された記録がある。

（2）春秋・戦国時代の各国の蔵書

現在の山東省の「魯」には左丘明という史官が現れた。彼は魯に限らず他国の文献も広く収集し、豊富な蔵書は諸侯の模範とされた。

中国最大の思想家、孔子（前551-479）は図書収蔵家としても著名である。孔子は文献学者としての側面を持ち、弟子に対する体系的な教育のために正確な文献を必要とした。孔子が商・周時代の典籍を整理編纂したことは中国文化発展史において大きな意義がある。

楚は現在の湖北・湖南省を中心とした国で、荘王（ソウオウ）（在位：前613-591）の時、晋を破って勢力を伸ばした。周の皇族や高官たちは楚を頼って南に移住したので、文化が南方に移動したという。

春秋時代が終わって斉、楚、燕、秦、韓、趙、魏が同時に存立する戦国時代（前475-221）に入る。各国は厳しい思想統制を行ったが、特に秦の宰相商鞅は法家思想に基づく国政改革を進め、反対派を弾圧して「詩」「書」の古典を焼き払った。

（3）秦の文字統一と宮廷蔵書

紀元前221年、秦始皇帝は中国を統一し中央集権国家を打ち立てる。郡県制を進め道路を整備し、度量衡・貨幣・法律を統一した。李斯の建議により「小篆（文字）」を制定する[2]。始皇帝は自分を讃える「始皇七刻石」の銘文を小篆で刻ませ国内6か所に建立してその権力を誇示した。

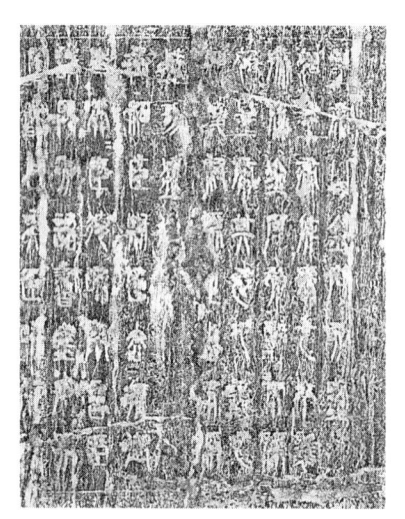

秦が統一の過程で収奪した大量の図書は、咸陽宮（カンヨウキュウ）の「明堂」（メイドウ）に集められ石

3-1図 秦 琅琊台刻石の一部（小篆）
（『書に千秋の歴史あり―中国書法発展史』国立古宮博物院、2000、p.16.）

2：小篆に対して大篆とは秦以前の籀文をいい秦以前の文字は総じて、古文と呼ばれる。漢になると、文字を書きやすいように簡略化した隷書が流行した。隷書を、今文という。

造の「石室」（蔵書室）に金匱と呼ばれる縁が金（銅）製の書架に納められた[3]。図書の正本は御史大夫（副丞相）によって管理され，律令の副本は「少府」という役所の専門官が管理した。秦代の御史には法律や暦法に精通した張蒼が知られる。

　秦が専制政治を進める過程で「焚書坑儒」が起こった。淳于越が古典文献をもとにして政治を批判した（前213）ことから，挾書律が下された[4]。医学・占術・農業以外の書物の民間所有を禁じ，『詩』『書』，『百家の語』（諸子百家の著作）は，博士官のみが収蔵することとされ，史官が所蔵していた他国の歴史書や個人が所蔵していた書籍の多くは焼き払われた。法令については私学が禁止された。さらに翌年「坑儒」が起こる。始皇帝の独裁を非難した咸陽の方士や儒者460人余りが生き埋めにされた。しかし秦代蔵書の最も大きな損失は，秦末動乱である。紀元前206年，咸陽に攻め入った楚王項羽は宮殿を焼き払い，その火が3か月間も燃え続け秦の主な蔵書はみな焼失してしまったという。

（4）劉邦の情報感覚と漢代図書館

　秦の恐怖政治は陳勝・呉広の反乱で倒され，項羽と劉邦の争いの後，漢の劉邦が全国を統一する。劉邦は高祖となり比較的温和な統治を行い思想統制をゆるめた。秦の咸陽が落城した際，諸将が金銀を争奪する時，劉邦は蕭何（？-前193）に命じて秦の丞相府の律令文書を押収したという。関所，戸籍などの情報は，後日の政務に役立った。都を長安（今の西安）に定めると，劉邦は蕭何を重用して大規模な図書の収集を始め，民間に私蔵されていた図書を献上させた[5]。

　宮殿の北に石渠閣，天禄閣，麒麟閣の図書館を整備し，宮廷内には延閣，広内，秘室などの図書室を設けた。宮廷外では礼制，歴史書編纂，学問教育を行う太常，太史，博士などが書物を所蔵した。御史大夫（副丞相）の補佐として

3：秦代の蔵書機構は単なる所蔵機関ではなく教育機能を持っていた可能性がある。
4：「挾書之律」は191年漢の恵帝の時代に廃止されるまで続く。
5：『漢書』芸文志によれば，前漢時代の宮中の蔵書の総量は13,269巻（篇）で，異本と残本を加えると33,090巻あった。『漢書』は，後漢の班固が著した歴史書。芸文志は，宮廷所蔵の図書について記した篇。後の正史（王朝に認定された歴史書）もこれに倣い，芸文志あるいは経籍志を加えるようになった。これを史志目録という。

御史中丞を置き図書管理を専任させ，蘭台（御史の役所）にも蔵書を持たせた。

　石渠閣には秦の旧蔵図書が保存され，後に文化学術活動の拠点となり，宣帝による「五経」の定本を定める会議もここで行われた。天禄閣と麒麟閣には書と画が所蔵され，劉向・楊雄の校訂活動は天禄閣で行われた。

2．儒教の浸透と書目の形成

（1）武帝の「独尊儒術」と熹平石経

　紀元前140年，董仲舒は儒学を国家教学にするよう武帝に進言した。武帝は，その一部を認め，官学の法家に儒学を加えて郡国に太学を設置し五経博士を置いた。しかし，それぞれの博士は自分の専門とする「経」に関することのみを教授し，他の領域には干渉しなかったので儒学全体の統一がとれなかった[6]。また儒書は散逸したものも多く，残ったものも竹簡の紐が切れバラバラになっているものが多く，当時の宮廷が所蔵していた蔵書では正本を定めることはできなかった。武帝は民間に流布していた儒書の収集を命じ，整理して蔵書を補完させ今文に統一させた。太学の教育は今文のテキストによって行われたが，民間には先秦時代の古文で書かれたテキストが残っていた。このため今文学派と古文学派の論争が長く続き，経ごとに解釈の異なるそれぞれの家の学（家学）が乱立した[7]。

　そこで紀元前51年宣帝が石渠閣会議を，後漢では章帝が79年白虎観会議を開いて諸家の解釈の調整を図ろうとする。

　175年後漢の霊帝は経書の解釈の統一とその敷衍化を目的として，太学門外に経書の石刻碑を建てた。これがと熹平石経と呼ばれるものである。『詩経』『書

6：武帝の時代には国教化は未熟でおよそ100年後の元帝の治世で儒教の国教化が進められた。
7：有名な古文文献は二つある。一つは秦の博士伏生が，済南の家の壁の中に隠した『尚書』である。漢の文帝の時代に伏生により献上された。簡策の大半は甚だしく損失し，28篇を残すのみであった。今文に書き改められ『尚書』と呼ばれる。もう一つは，孔子九代目の孔鮒が『尚書』『礼記』『論語』『孝経』などを孔子旧宅の壁に埋めて隠匿したもので，漢の武帝時代，魯の恭王が王宮を拡張しようと孔子旧宅を壊した時，発見された。大篆で書かれ『尚書』より16篇多く，古文『尚書』と呼ばれる。

経』『易経』『儀礼』『春秋』『論語』を校訂して統一した正本を石刻したもので，完成に8年かかった。書聖として知られた蔡邕が石碑の上に朱書きして石工に彫らせ，完成した経文を写す参観者の車が列をなしたという。熹平石経は今文で書かれ現在でもわずかに残石がある[8]。

（2）劉向(リュウキョウ)・劉歆(リュウキン)の国家書目

漢の成帝（前32-7）は陳農に全国に散在した図書を幅広く収集させる一方，劉向に命じて，経書とその注釈書，諸子百家の書，詩賦などの整理を命じた[9]。劉向は一巻完了ごとに，題目・解題をつけ目録を皇帝に提出した。劉向没後は子の劉歆(リュウキン)がこれを継続して初めての国家書目『別録』・『七略』を完成させる。さらに劉向は，宮廷蔵書の「叙録」（解題）をまとめ，六芸・諸子・詩賦・兵書・術数・方技の六類に分類して『別録』と命名した。叙録には，編目・校書の経過・撰者の伝歴・書名の意味・著作の由来・書物の内容と批判・偽書の分別・学派や評価などが記されている[10]。

紀元前5年，劉歆は『別録』を簡素化し図書の分類総目録『七略』を編纂する。「七略」の意味は輯略(シュウリャク)（総序），六芸略（経書），諸子略（各学派），詩賦略(シフリャク)（文学），兵書略（軍事），術数略（天文占卜），方技略（医薬）の7分類を表し，輯略を除けば実際には6分類である。6分類は，38の小分類と603の細類に分かれ，類ごとに序が記されている[11]。

（3）後漢蔵書の再建と図書専門官（秘書監）の設置

政権を簒奪して新を建国した（8年）王莽(オウモウ)は，周代を理想とした治世を行おうとした。しかし施策は現実性に乏しくたちまち破綻し，赤眉の乱が勃発して

8：「玉版図籍」玉石を媒体として文字を刻し永久保存のための正本である。この時代の公文書の媒体はほとんど竹簡や木策である。
9：正本は厳重に保存され漏洩・盗視，削除などの行為は死刑とされた。
10：劉向は蔵書を部類に分け担当専門員をつけた。兵法は歩兵校尉任宏(コウイ ジンコウ)，卜占は穆太史令尹咸(ボクタイ シ レイインカン)，医薬は侍医李柱国(ジイ リチュウコク)に校訂させ自らは詩賦(シフ)を担当した。
11：後世の四部分類と比較すると，「六芸略」が「経部」，「諸子部」が「子部」，「詩賦略」が「集部」に相当する。また，「兵書略」「術数略」「方技略」は兵家類や術家類に入れ「子部」に含まれる。また劉向・劉歆の分類では四部分類の「史部」がまだ独立していない。

15年で滅びる。滅亡時には宮殿も蔵書も焼け,僅かに残った宮廷蔵書は光武帝劉秀（リュウシュウ）が洛陽に運んだ。動乱時,学者は山奥や辺境に避難したが光武帝の中興が始まると典籍を持って都に戻ってきた。

後漢時代,図書は蘭台,東観に保管され,古文書は仁寿閣の「石室」に保存された。その他,宣明殿や辟雍（ヘキヨウ）（皇族の読書室），鴻都（コウト）（洛陽の鴻都門に設置された国立大学）などにも図書室がみられる。東観は「老子の蔵室,道家の蓬莱山」と褒めたたえられたといわれる。

前漢時代,蔵書管理は御史大夫の職務の一部であったが,159年,後漢桓帝は図書を管理する専門官として秘書監を設置した。秘書監は太常に属して部下には校書郎が配属され,蘭台令史,東観郎などの職官が設けられ,図書の整理・校訂事業を継続した[12]。

漢代の蔵書官吏には二つの主な役割があった。第一は皇帝の政務へのレファレンスである。劉向は「戦国策」の叙録に「戦国時代,遊士たちが仕えた国に提出した策謀を集めたもの」と解題し「有識者が時機に合わせて提出した奇策で,国の危機を切り抜けた策でいずれも参考にする価値がある」と推奨している。

第二は史書編纂の資料提供である。前漢時代の司馬遷,後漢時代の班固など優れた歴史家は政府の蔵書を閲覧して歴史書を著すことができた。

（4）諸子百家の蔵書と個人蔵書

春秋・戦国時代の諸子百家には弟子育成,他説との論戦あるいは諸侯説得のために蔵書が必要であった。

名家に属した恵施（ケイシ）（前370-310頃）は車5台分の書物を持ち,博愛主義を説いた墨子（ボクシ）（前450-390頃）は3台分の書物を車に積んで諸国を遊説したという。六国合従策を説いた蘇秦（ソシン）（？-前317頃）は不遇時代,故郷で数10箱の蔵書に埋もれて暮らしていた。秦にとって都合の悪かった「詩」「書」の典籍や諸侯の史書は焚書で抹殺されたが,秦滅亡後に出現したのは「士」たちが隠し持っていたからである。

12：明帝は班固・賈逵（カキ）に東観の典籍を校訂させ,安帝は蔡倫を主任として劉珍・馬融に,順帝は伏無忌（フクムキ）・黄景に,霊帝は,蔡邕（サイユウ）にこの任にあたらせた。この成果が熹平石経に繋がった。

漢代になると，地方の王族に愛書家が現れる。淮南子を編纂させた港南王劉安（前179-122）や河間献王劉徳（？-前129）が有名で劉徳は先秦時代の「周官」「尚書」「礼」「礼記」「孟子」「老子」の古い典籍を所蔵していたという。

　191年恵帝が「挟書之律」を廃止して個人の蔵書は合法になった。博士官や宮廷官吏も，学術研究用に自分の蔵書を持つことができるようになった。劉向の「別録」には校訂の際，大臣の個人蔵書を参考にしたことが記されている。劉向・劉歆父子や班固・蔡邕は学者の蔵書家として知られる。前漢時代の蔵書家はほとんどが王族や史官あるいは典籍を校訂する官吏であったが，後漢になると書生も蔵書を持つようになる。蔵書は相互貸借で書写され，贈呈も行われはじめた。後漢の蔡邕は，はじめて１万巻近い蔵書を持った蔵書家であり，魏の曹操が蔡文姫に蔡邕の蔵書について尋ねたところ，蔡文姫は亡父から四千巻あまりの書籍を引き継いだと答えたという。経済や文化の発展に伴って書籍に対する需要が増え，書物を専門に売買する「書肆」（書店）が出現したのは前漢末期である。

　農民蜂起が相次いで社会が動乱する後漢末期には，漢王朝の蔵書はほとんどが失われる。190年，献帝（在位：189-220）が長安に遷都するとき，絹本は破られ車の幕にされ小さなものは袋にされた。王允が残りを運んだがその量は車70台くらいしかなく，しかも途中で半分が捨てられてしまった。

3．紙の普及と隋・唐の図書整理

（1）紙の出現と普及

　蔡倫は紙の発明者として知られるが，紙は蔡倫独自の発明ではなく，「絮」と呼ばれる粗末な不織布の製造方法を応用したものである。「絮」の原料は絹糸や真綿の屑繊維である。現在発見されている最も古い紙は紀元前２世紀のものである。1986年に天水市放馬灘の文帝または景帝（前180-141）と推定される墓の埋葬者の胸部から発見された長さ5.6cm，幅2.5cmの放馬灘紙が最古の紙であって，これには地図を思わせる描線がある。

　紙以前に使われていた書写材料は木簡や竹簡，絹などである。簡策は軽便で

はあったが保存には適さず，絹は高価で大量に使用することはできなかった。和帝は宮中御用品製造所の長官だった蔡倫に書写材料の研究を命じ，蔡倫は絮の製造方法と素材を改良して書写に耐える紙を和帝に献上した[13]。

魏晋南北朝時代の図書は，簡策・帛書・紙が並行して用いられる。魏の文帝曹丕は，自らの詩文を帛書と紙書に書き，帛書を呉の孫権，紙書を孫権腹心の張昭(チョウショウ)に贈ったという記録がある。2～3世紀の出土物には，紙はごく稀で簡牘(カンドク)が多いが，4世紀以後は紙書が主になってくる。

公文書での簡牘使用を廃し，紙に統一したのは404年，楚の桓玄(カンゲン)である。

（2）曹操の図書収集と三国時代の蔵書

三国時代は戦乱が相次ぎ，各国は有能の「士」を集めて国力を高めようとした。魏の曹操（155-220）は図書についての関心が深く袁術の全蔵書を取り上げるなど，戦争の最中にも図書収集に力を入れた。呂布(ロフ)を滅ぼした時，曹操は降伏者に物資を分け与えたが，車一杯物資を詰め込もうとする者が多い中，袁渙(エンカン)は書籍数百巻を望み僅かの食料を望んだだけだった。書物を重視する曹操は大いに袁渙を信頼し，建国後は袁渙を重用して天下の書物を集めさせた。

曹操は秘書閣・中閣・外閣を建て，秘書令（監）に図書を専門に管理させ，その下に秘書丞・秘書郎・校書郎などの職を置いた[14]。

文帝曹丕（在位：220-226）は，文学と歴史に関心が深く王象を秘書監に任命して諸子の経典に関する「皇覧(コウラン)」という類書を編集させた。明帝の時には秘書監鄭黙(テイモク)が蔵書目録「中経(チュウケイ)」を編集した。

魏の高官だった司馬炎（在位：265-290）は，魏から禅譲され晋（西晋）を建て魏の蔵書を受け継いだ。魏・蜀・呉の三国の図書をはじめ各地から多くの書物を献上させて秘閣・蘭台・崇文院(スウブンイン)・石渠閣に収集し，張華(チョウカ)らに「中経新簿」という目録を作らせた[15]。

13：製法は，樹皮・麻クズ・魚網の植物繊維を用い，これらを石臼で砕き陶土や滑石粉などを混ぜて水中に入れ簀で漉い上げ，乾かして作るという方法である。
14：蜀の劉備と呉の孫権も図書の収集に努め，東観を建てた。
15：西晋の蔵書は四部分類で，経部・諸子・史書，詩文集，計29,945巻あった。（『隋書』経籍志）秘書監を設け，その下に秘書丞．秘書郎・著作郎などの官職が設けられた。

3章　古代中国の図書館　｜　35

　290年恵帝は秘書と中書の職能を分け秘書監を独立部門としたが，ほどなく「八王の乱」が発生し社会が乱れて図書も散逸してしまった。316年，長安を匈奴劉曜(リュウヨウ)に奪われ晋は滅亡する。北方は少数民族の政権が相次いで出現し，五胡十六国時代に入る。司馬睿(シバエイ)は建康（今の南京）に遷都し東晋を建てたが，典籍は3,014巻しか残っていなかった。中原の地は失ったが南下した東晋の社会環境は安定する。紙が普及するにつれ蔵書が増強され，373年孝武帝の時には36,000巻に回復している[16]。

　420年東晋に代わって宋が建国される。それ以降，建康に都を置いた斉・梁・陳の四王朝を南朝と呼ぶ。北方では北魏が台頭し北周，北斉と続いて北朝と呼ぶ。南朝には，大量の図書が北からの移住者によって運ばれた。南朝四朝は秘閣に図書を収蔵し秘書省が管理した[17]。

　北朝の北魏（386-534）は洛陽に遷都して漢文化を吸収し，書物の欠損を調査して『魏闕書目録(ギケツショ)』を編纂する。北魏は各地に書物の献納を命じたり南朝の斉から図書を借用し複写して秘府の蔵書を強化したが，北魏が東西に分裂すると蔵書は散逸し，さらに東魏は北斉に，西魏は北周に倒され蔵書は衰退してしまう。

（3）隋煬帝の皇帝図書館（観文殿(カンブンデン)）

　589年，中国を統一した隋は均田法(キンデンホウ)・租庸調(ソヨウチョウ)を制度化して社会を安定させ，黄河と長江をつなぐ大運河を建設して南北の流通を促進した。官僚任用制度を科挙に改め，皇帝権力を絶対的なものとする一方，教育・文化にも力を入れた。製紙・装丁技術を発展させて書籍の数も質も上げ，隋の政府蔵書を豊かにした。文帝は牛弘(ギュウコウ)（545-610）の進言により，書一巻につき絹一匹の報償をつけて全国から書籍を集め，定本を校訂したのち原書は持主に返還する，という方法で

16：東晋の蔵書は宋に伝わり，秘書監の謝霊運は秘閣蔵書14,582巻の目録を編集する。また秘書丞の殷淳(インジュン)は四部目録を編集する。斉は宋を継承し沈約・王亮などが目録を作っている。

17：梁の文帝蕭衍(ショウエン)は仏教の信奉者で「華林園」に2万巻以上の仏教経典を収め，その他は「文徳殿」に収蔵した。元帝は愛書癖がこうじ滅亡時，所蔵の古今図書14万巻を焼却する（554年）。
　陳の蔵書数は少ないが，「寿安殿四部目録」「秘書閣図書法書目録」「徳教殿四部目録」「承香殿五経史記目録」の蔵書目録が編集されている。

収書を図り，さらに各地に専任官を派遣して良書を探索させた。

南朝から得た蔵書は紙・墨・書法の質が優れず，文帝は京兆韋霈(ケイチョウイハイ)や南陽杜などの書家に清書させ，蔵書数は3万巻余りに増加した[18]。

煬帝は，1点につき50部の副本を作らせ，質・量によって三つのランクに分け上等は紅色の瑠璃軸，中等は紺色の瑠璃軸，下等は漆の軸で識別した。東都洛陽の宮廷には観文殿という図書館が建てられ，母屋の両側に東廂西廂が建ち，東には甲（経部）乙（史部），西には丙（子部）丁（集部）が納められた。観文殿の背後の「妙楷台(ミョウカイダイ)」には古書を，「宝台」には古画を保存し「両道場」には仏教と道教の典籍を保存した。

皇帝の書斎は観文殿に14間つくられ，窓・扉・床・本棚すべてが豪華に装飾されていた。3間ずつ幕で隔てられ，仙人の人形が飾られ，侍従たちが香炉を持って先導し皇帝が書斎に入って床の仕掛けを踏むと，仙人が舞い幕が上がり，書斎と本棚の扉が自動的に開閉されるような仕掛けになっていた。

西京の嘉則殿(カソクデン)には図書37万巻が保存されたが，重複を除くと実際は3万7千巻で，東都の修文殿にも保存された。蔵書は隋末期，煬帝(ヨウダイ)が江都（今の揚州）に逃げる途中，船が沈没してほとんどが失われ，また修文殿の蔵書は唐の高祖が長安まで運ばせようとしたが三門峡で船が転覆し約8,000巻しか残らなかった。

（4）唐の図書館（三館と四庫）

618年，唐は世界で最も強大な帝国であった。「五経正義」を発布して思想統制は強めるが文学芸術は栄えて唐詩文化が花開いた。

唐代には秘書・尚書・門下・中書・殿中・内侍の六省が設置され，殿中・内侍は宮廷の事務，尚書・門下・中書は国政の中枢で政策立案・執行を担当した。「国の蔵書管理」は政務と同様に重要視され，図書を管理した秘書省の長官である秘書監は三品，次官の秘書少監は四品の地位で3省に準じた待遇であった。

18：文帝時代，秘書省の職員は，秘書監1名，秘書丞1名，秘書郎4名，校書郎12名，正字4名が置かれその下に著作曹，太史書が置かれた。煬帝の時代になると官職が増設されて政務のレファレンスをする儒林郎が10名。史書作成を担当する文林郎20名。他に校書郎40名，楷書郎20名が加えられた。

秘書監には魏徴・虞世南・顔師古など，後世に名を馳せる名士が選ばれている。

秘書省は五品の秘書丞の下に秘書郎（六品）4名が分担して図書を管理し，校書郎8名が書物を校訂し，典書8名が四庫の書物の収蔵と出納を担当した。秘書郎は従六品上，校書郎は正九品下で，地位は低かったが，皇帝に接触する機会も多く，張説・張九齢・白居易などの名臣がここから抜擢されている。

蔵書は弘文館・史館・集賢殿書院の三館や崇文館・司経局などに収められている[19]。弘文館は門下省に属し20万巻の典籍を所蔵し，皇族・貴族（散官一品・京官三品以上）の子弟を集めて政事や礼儀を学習させた[20]。史館は史書を編纂する機関で秘書省の管轄だったが太宗は独立させ，国史・実録・起居注などを収蔵した[21]。

皇帝の蔵書を保管した集賢殿書院は洛陽と長安の両京に存在した。宰相は「学士兼知院事」を兼職して集賢殿書院の責任者となり，修撰・校理などの官が設けられ，書写する書手と表装をする書直も置かれた[22]。登録された図書は両京に一部ずつ保存され，2セットとも経史子集の四部に分類され四庫書と呼ばれた。益州（四川）の麻紙を使い，経庫は白い象牙軸，黄色の帯で縛り紅の札に総序，類序・各書の解題が記され，史庫は，青象牙軸・白帯・緑札，子庫は，紫檀軸・紫帯・碧札，集庫は，緑軸・朱帯・白札で分類されていた。

学士は，古今の図書整理・国の重要図書の校訂・詔書作成・散逸図書の発掘・賢人の発掘が役務で，集賢殿書院は他の図書館の活動支援も行った[23]。

唐代の図書館には類書編纂と儒教解釈の統一という業務がある。622年欧陽詢と裴矩は「芸文類聚」という類書を編纂する。類書とは百科事典の一種だが，唐代のものは漢詩作成のための用語集として使われ，同書は100巻，経・史・

19：崇文館・司経局は太子東宮に属し太子をはじめとする皇族の学習用である。校署2，典書2，塾紙匠3，装本匠5，筆匠3が配置された。
20：弘文館は昭文館・修文館とも呼ばれる。
21：魏徴を総括責任者として「梁書」「陳書」を要姚思廉に，「北斉書」を李百薬，「周書」を令狐徳棻，「隋書」を魏徴に編纂させた。
22：学士，知院事，副知院事，判院，押院中使・侍読学士・修撰・校理・校書・正字などの官吏が置かれ図書を制作する楷書手・熟紙匠・筆匠・装丁師なども置かれた。
23：731年集賢殿書院四庫の蔵書数は経庫13752巻，史庫26820巻，子庫21548巻，集庫17960巻合計8万巻が記録されている。

百家及び詩詞などから構成されていた[24]。他に高士廉の「文思博要」「三教珠英」が有名で1,200巻の膨大なものである。

　太宗皇帝は顔師古が校訂した儒典を「五経正義」と名づけて註釈を統一した。また，科挙制度の教材を定め，漢末の「熹平石経」のように国子監に「開成石経」と呼ばれる石碑を立てた。

　唐代の蔵書も，755年の安史の乱や唐末の混乱でほとんどが灰塵に帰してしまう。叛乱軍は東都・西京とも宮殿・役所を焼き払い，安史の乱後，粛宗・代宗は一冊の書に対し官職一つ，資料一編に絹十匹，千銭で一巻の典籍を購入，などの施策を講じたが成功はしなかった。唐末の農民蜂起では宮殿・寺・役所の書籍がすべて焼き払われてしまう。

（5）民間蔵書の発展

　個人蔵書は紙の普及とともに発展する。紙は前漢時代に発明されたが，技術は急速には普及せず使用は限られていた。東晋末の時，桓玄（楚初代皇帝在位：403-404）が公文書は紙を専用するように命じたことにより紙の使用が一段と広まり，紙の供給が伸びて個人蔵書も増えていく。

　三国時代，魏の哲学者王弼の蔵書は10,000巻以上，蔡邕の数千巻を贈られた王粲も蔵書家として有名であった。蜀では劉備に仕えた向朗が最も有名な蔵書家で80歳を過ぎても自ら書物を校訂してやまなかったといわれる。西晋の張華の晩年は不遇で財産はなかったが典籍は家に入り切れないほど多く，西晋の范蔚の家には方々から蔵書の閲覧に訪れ，范蔚は衣食をも提供して客をもてなしたという。

　南北朝時代，社会は安定しなかったにもかかわらず多くの典籍が伝わっている。それは，紙の普及が写本を容易にし，副本が多く作られるようになったためである。梁の武帝は詩書を好んだことから，それにならって諸王は豊富な蔵

24：「類書」は時代によって編集目的が異なるが，1）皇帝の御覧に供するもの（「修文殿御覧」「太平御覧」など），2）文人が詩文を作る際に詩語や典故を見つけだす用に供するもの（「初学記」など），3）文人が科挙の試験を受けるための用に供するもの（「玉海」など）がある。初唐の欧陽詢『芸文類聚』，虞世南『北堂書鈔』，徐堅『初学記』は2）の色彩の強い類書である。

書を所蔵した[25]。学者たちもこの影響を受け，任昉は１万巻余り，沈約は２万巻，「七録」を編纂した阮孝緒も蔵書家として名を馳せた。

唐代になって政局が安定し経済が豊かになると，西京長安と東都洛陽に，万巻以上の蔵書家が増えてくる。多くは秘書省，史館の官吏であったが，著作のために蔵書を増やした文学者や詩人たちがでてくる。

唐の初期には，魏徴や顔師古のような高官，高宗から玄宗までの時期には韋述・呉兢などの歴史家，憲宗・文宗の時代は柳宗元，白居易などの文人系の蔵書家が出現する。

唐代の個人蔵書は質・量ともに向上する。韋述は書を２万巻，すべて自分で校訂し上質の墨で清書して，秘書省も及ばないほどの草書・隷書の法帖・逸書・図譜を揃えた。顔師古は古書画，器物，法帖まで数多く所蔵した。

また装丁材料の普及により，個人的なそれぞれの好みの装丁ができるようになる。柳公綽・柳仲郢は蔵書一点につき必ず三部を作り，上等は書庫に，中等は日常の閲覧用，下等は子どもの勉強用に使い，李泌は経類は紅札，史類は緑札，子類は青札，集は白札で標識したという。

この頃，民間の蔵書家の中には私設図書館である蔵書楼を建設するものが出はじめた。また，蔵書印を押す習慣が蔵書家の中に始まる。太宗は自分の珍蔵を誇り自ら「貞観」と書いた文字を，「貞」「観」と１文字ずつ彫って，玄宗は「開元」の印を彫らせ，また「集賢院印」「秘閣印」「弘文館印」などの蔵書印も使用させた。

宮廷蔵書は限られた身分や職位の人しか利用できなかったが，個人蔵書家の中には蔵書を公開する人も出はじめる。江州（今の江西省徳安県）の陳氏は，東佳書堂を作り，所蔵する4,000巻の書物を貸出・閲覧に供した。

（6）四部分類法（四庫分類）と「類書」

四部分類は３世紀に，西晋の荀勗が編纂した『中経新簿』で書物を甲乙丙丁の四部に分類したのが始まりである。紙書の出現によって歴史書と文学書が急増し，漢代の６分類では対応しきれなくなったため劉歆の６分類のうち，六芸

25：昭明太子蕭統は，東宮に３万巻所蔵し，元帝蕭繹は，皇帝になる前に，寧遠将軍，会稽太守，荊州刺史と歴任した際，40年をかけて８万巻を収集した。

略を甲部とし，諸子略・兵書略・術数略・方技略を乙部にまとめ，歴史書のために丙部を新設し，詩賦略を丁部とした。歴史書は，もとは六芸略の春秋の小類に置かれていたものを部に昇格させたのである。

　その後，7世紀，初唐の『隋書』「経籍志」により，経・史・子・集の四部分類法が完成する。四部分類法は，中国古典の主要な分類法となり，学術の発展にしたがって展開されて今日まで用いられている[26]。

26：『隋書』「経籍志」の概念を以下に示す。
　　経部……儒教の経典および注釈等。訓詁学（文字解釈）・易・書・詩・礼・楽・春秋・論語（付・爾雅・五経給養）・孝経・小学・讖緯の10類。
　　史部……歴史・地理等。正史・古史・雑史・覇史・起居注・旧事・職官・儀注・刑法・雑伝・地理・譜系・簿録の13類。
　　子部……諸子百家等。天文学・暦学・医学・薬学等・儒・道・法・名・墨・縦横・雑家・農家・小説家・兵法・天文・暦数・五行・医方の14類。
　　集部……文学作品，文芸評論。楚辞・別集・総集の3類。
　　付属……道経（経戒・餌服・符籙・房中）と仏経（経・律・論）。
　　　経籍志（けいせきし）は，中国の紀伝体歴史書における構成要素の一つで図書目録のことをいう。名称は異なるが，『漢書』に始まる「芸文志」と内容的には一致する。

4章 インド・ナーランダ大学図書館と仏教伝播

1．バラモン教と口伝の文化

（1）インド最古の知の集積『ヴェーダ』

　古代インドは，現在のインドにパキスタン，ネパール，ブータン，バングラデシュなどを加えた広大な地域であった。紀元前26世紀から紀元前18世紀頃にかけてインダス文明が栄え，インダス文字が考案された。「インド」「ヒンドゥー教」「ヒンディー語」の語源は，インダス川を意味する「スィンドゥ（Sindhu）」にある。

　インド文化が大きなターニングポイントを迎えるのは紀元前15世紀頃，ペルシャ（現在のイラン）のアーリア人がインドへの大規模な移住を開始した時である。アーリア人は先住民と戦いながら次第に勢力を広げてガンジス川沿いに東へ進出し，やがて『ヴェーダ（Vedas）』と総称されるおびただしい数のテキスト群を残すこととなる。

　知識を意味する『ヴェーダ』はインド最古のテキストで，古代サンスクリット語でつづられている。成立時期については諸説あるものの，紀元前1500年頃から紀元前500年頃の約1,000年をかけて徐々に完成したと考えられる。近代的な意味での作者は不詳で，神が複数の聖者に伝えたものとされている。古代インドにはこのように「神から伝えられた」という形をとった作者未詳の書物が少なくない。『ヴェーダ』にはインド人の伝統的な生活規範のほとんどすべてが網羅されていると言っても過言ではない。人々はこれを「神の教え」として捉え，その内容を遵守しながら一生を過ごした。21世紀の今もなお，『ヴェーダ』の教えはインド人の暮らしに大なり小なり影響を及ぼしている。

　ここで注意しなければならないことは，『ヴェーダ』が古代インドを代表す

る知の集積ではあるものの，現在の私たちが考える「本／テキスト」の体裁をもともとはとっていなかったという事実である。前述したとおり，インドには古代文字があった。にもかかわらず膨大な量の『ヴェーダ』は，文字に頼らずもっぱら「口伝」という方法で継承された。

　一般的に『ヴェーダ』は『リグ・ヴェーダ』『サーマ・ヴェーダ』『ヤジュル・ヴェーダ』『アタルヴァ・ヴェーダ』の4部門から成るヴェーダ・サンヒターと，それらの附属文献を総合したもので，たとえば『リグ・ヴェーダ』だけを見ても全10巻，合わせて1,028編の賛歌から成る。そのように桁外れな量にのぼる知識が，文字に書かれぬまま一言一句暗記され，師から弟子へ，父から息子へと音声のみによって語り継がれた。このことは伝統的なインド世界における「知の伝承」の大きな特徴と言えるだろう。

（2）カースト制度と口承文学

　『ヴェーダ』を根本経典とする宗教は，今日，一般にバラモン教（Brahmanism）の名前で知られている。バラモン教は数千年にわたって広大なインドの各地に伝わる民間信仰や土着の神々を次々に取り込んでは巨大化し，現在のヒンドゥー教（Hinduism）となった。その意味でバラモン教は，実質的には古代ヒンドゥー教と呼ぶべき性質の教えである。

　バラモンは，インド社会において長く最高階級にあった司祭（僧侶）を意味する。バラモン教には俗に「カースト（caste）」の名で知られる特殊な身分制度があった。人々はバラモン，クシャトリア，ヴァイシャ，シュードラの四つのヴァルナ（種姓）に分けられ，ヴァルナはさらにジャーティー（出自）と呼ばれるおびただしい数の階層に分けられた。これらは職業選択や婚姻などの決定に際して排他的かつ決定的な影響力を持つ社会システムであった。

　この厳格な身分制度の中で，最上位のバラモン階級に生を受けた男子にはヴェーダの学習と教授が，第二位のクシャトリア階級と第三位のヴァイシャ階級に生を受けた男子には『ヴェーダ』の学習が義務づけられた。これに対し最下位カーストであるシュードラ階級の男子は上位3カーストの人々に奉仕するこ

とのみを人生の目的と定義され,『ヴェーダ』の学習や読経などは禁じられた[1]。すなわち『ヴェーダ』は一部の人々だけによって共有されるべき知識であり,インド社会全体に公開された情報ではなかったのである。

このような情報を伝達する場合,口伝が最も適切な方法の一つであることは論をまたないであろう。なぜならば,情報をひとたび文字に表せば部外者に漏洩する恐れがある。敵対者による焚書の危険もある。さらに『ヴェーダ』には少しでも発音を間違えれば効力を失うと信じられた真言(呪文)が多く含まれていたため,口伝以外には好ましい伝授方法が存在しなかったともいえる。以上のような理由から『ヴェーダ』を文字に変換することは長くタブーとされ,14世紀後半の南インドで初めて文字に書き表されるまで約3,000年の長きにわたって人間の記憶力だけを頼りに口伝され続けた[2]。

2. 仏教と図書館

(1) 図書館としての仏教寺院

バラモン教の教えが厳格な身分制度のもと,限定された人々の間で伝承されていったのに対し,紀元前5世紀に北インドのガンジス川中流域でゴータマ・シッダールタ (*ca.*463-383B.C.,生没年には諸説あり) が興した仏教においては,知の伝達はよりオープンなものとなった。カースト制度が強く否定されたことで出自による差別が減少し,より多くの人々に学習の機会がもたらされた。

しかし初期においては仏教の教えも,基本的には記憶と暗唱によって伝えられた。その際,上座部仏教ではパーリ語が,大乗仏教ではサンスクリット語が用いられた。釈迦の死後数百年の間に,弟子たちは四度にわたって結集(けつじゅう)と呼ばれる大規模な仏教会議を催し,広い地域に散逸した仏の教えに間違いや異説が生じぬよう話し合いを持っている。結集を通じて聖典の編纂作業が行われ,釈迦の死から数えて数百年後,仏教の教えはようやく文字で体系的に記録されることとなった。その後,経典は多くの言語に訳され,写経僧ら

---

1 : Srimad Bhagavatam (Canto 7, Chapter 11, Verse 24) 他。
2 : コーサンビー. インド古代史. 岩波書店, 1966.

の手で書き写されてさらにアジアの広い地域へと広まっていった。

　インドの図書館の萌芽は，こうした仏教の発展と深く関係している。特に紀元前3世紀にアショーカ王が仏教に改宗したことで，教団は手厚く保護され，各地に多くの僧院（出家僧らが寮で共同生活を営みながら仏教を学び修行する場所）が建立されて大きな発展をみた。僧院内には経典などを保管するための建物（経堂）が併設されるようになった。これが今日の図書館の原型の一つといえる。

　初期の代表的な仏教図書館としては，ナーランダ僧院の附属図書館やヴィクラマシラー僧院の附属図書館が挙げられる。両者は仏教の生地であるインド北東部のガンジス川沿いに設置された。このほかにもインド各地に数多くの僧院とその附属図書館がつくられた。

（2）ナーランダ大学図書館（ダルマグンジュ）

　数ある僧院の中で最も注目すべきは，今日「ナーランダ大学」の名で知られるナーランダの僧院であろう。ここはインド最古の大学であると同時に，世界最古の大学の一つでもある。インド北東部のガンジス川流域に開かれた同大学は427年から1197年までの770年間にわたって栄えた（ただし，年号には他の説もあり）。

　最盛期のナーランダ大学にはアジア各地から集まった1万人を越える学生が学び，教師数は1,500人とも2,000人ともいわれる。海外からの留学生も多く，7世紀前半には玄奘三蔵が，7世紀後半には義浄三蔵が数年から10年にわたって同大学で学んだ。日本では龍樹または龍猛の名で知られるナーガールジュナが教壇に立ったとの伝承もある[3]。また，近隣の200以上の村がナーランダ大学の経営を財政面で支援したことが記録されており，この一帯が一種の学園都市の様相を呈していたことが想像できる[4]。玄奘三蔵によればナーランダ大学の入学試験は口頭で専門知識を問うもので，受験生10人のうち合格者は2～3人という厳しいものであった。具体的には，大学の敷地に入るために必ず通らなければならない南門に試験官が構えており，入学希望者がやって来るとその場で

3：Nalanda Digital Library, National Institute of Technology.
4：Yarnall, T.F. The Tibtan Tanjur: Historic Translation Intitative.

口頭試験を行う。これに合格できない者は文字通り門前払いであったという[5]。

　ナーランダ大学図書館は「ダルマグンジュ（Dharmagunj）」（真実の山）または「ダルマガンジャ（Dharmaganja）」（真実の宝）と呼ばれ，その広さ，蔵書の充実のいずれも画期的なものであった。メインとなる図書館だけでも3棟あって，それぞれの建物は「ラトナサガラ（Ratnasagara）」（宝石の大洋），「ラトゥノダディ（Ratnodadhi）」（宝石の海），「ラトナランジャカ（Ratnarañjaka）」（宝石で飾られたもの）と名づけられた。その中で最も大きな図書館は9階建てであった。

　ナーランダ大学図書館の蔵書数については諸説あるが，500万冊あるいはそれ以上であったと考えられる。利用者は教師や学生ら研究者に限られた。館内には仏教経典のみならず文法学，論理学，文学，哲学，占星術，天文学，医学その他多くの分野にわたる膨大な数のテキストが置かれていたことから，インドでは当時すでに何らかの図書分類法が編み出されていたと推測される[6]。

　8世紀末までには，ナーランダ大学をモデルにヴィクラマシラー（Vikramashila），オダンタプーラ（Odantapura），ソーマプーラ（Somapura），ジャガッダラ（Jagaddala），ヴァジュラサナ（Vajrasana）など数多くの僧院形式の大学とその附属図書館が作られた。しかもそれぞれの大学が横の繋がりを持って画期的な教育システムを構築していたことは特筆に値する[7]。

（3）イスラム軍による焚書と図書館の衰退

　10世紀後半から，インドは主にテュルク系イスラム勢力の侵攻を受けるようになった。偶像崇拝を嫌うイスラム軍はヒンドゥー教，仏教，ジャイナ教など宗教を問わず，神仏像を見つけ次第ただちに破壊した。12世紀初頭にはバクティヤール・ハルジー（Bakhtiyar Khaliji）率いるイスラム軍がビハールに侵攻し，数多くの寺院や僧院が壊滅させられた。ナーランダ大学も激しい攻撃を受

5：Ranasinghe, R.H.I.S. The memories of Chinese Buddhist Scholars in connection with Nalanda Monastic International University in India in the 7th century AD.
6：Bhatt, R.K. History and Development of Libraries in India.
7：前掲注4参照。

け，図書館の蔵書は焚書に遭った。蔵書の多さゆえに，イスラム軍はそのすべてを完全に焼き尽くすまでに 3 か月以上を要したと伝えられる。

　他の大学も同様の攻撃にさらされた。最後の砦であったヴィクラマシラー大学が1203年に破壊されたことで，約1,700年にわたって連綿と続いたインド仏教は実質的に崩壊した。生き残った僧侶らが図書館から経典を持ち出し，命からがらチベットやネパールに運んだとの記録もあるが，燃え盛る炎の前ではまさに焼け石に水であった。

　北インドで支配的となったイスラム勢力は，その後次第に南インドへも勢力を伸ばし，イスラム教による支配は全インドへと拡大していった。支配者達はみずからの宮殿内にプライベートな図書室を設け，個人的に楽しんだ。ところが，この時期のインドに大学図書館などのアカデミックな図書館が存在したという記録はない。唯一残された記録としては，南インドのビダール大学附属図書館に約3,000冊の蔵書があったとの記述がある。しかし，時の為政者であったムガル帝国第 6 代皇帝アウラングゼーブ（1618-1707）は，それらの蔵書をそっくりデリーの宮殿に持ち帰りみずからのコレクションの一部としてしまった[8]。こうして仏教全盛の時代から一転，中世のインドは図書館不在の時代を迎えたのである。

3．インド思想の伝播とその影響

（1）仏教典籍の伝播と収蔵

　中国に伝播した最初の仏教経典は，紀元前 2 年に大月氏王の使節伊存が口授した浮屠経である。仏教経典は後漢の頃から大量に訳されはじめた。安息国の太子であった安世高は148年に来朝し，約20年滞在して仏教経典35部，計41巻を漢訳した。

　仏教経典の翻訳は当初西域出身の僧侶によって行われたが，西域に行った最初の中国僧は三国時代の朱士行で，于闐（ホータン市）で「二万五千頌般若

8：R.K. Bhatt. "Academic Libraries in India: A Historical Study", http://crl.du.ac.in/ical09/papers/index_files/ical-10_180_494_2_RV.pdf，（参照2012-2-13）.

経」の原典を得て，弟子の弗如檀(フニョダン)に将来させた。

東晋時代までは，翻訳は短い経典が多かった。東晋以降は長編の経典も翻訳されるようになり内容も系統だったものに変わりはじめる。僧侶の伝記も現れはじめ，梁の釈慧皎(シャクケイコウ)の「高僧伝」には漢末から梁初までの257人の史実が記録されている。

寺院造営の始まりは後漢の晩期からである。寺院は経典を翻訳し，教義を伝授し，経典を保存したところで，襄陽(ジョウヨウ)(今の襄陽市(2010年市改称))の白馬寺，檀渓寺，定林寺が知られる。経蔵目録もつくられるようになり，劉勰(リュウキョウ)は『定林寺経蔵目録』を成立させる。定林寺は百済に影響を与えたといわれる。

(2) 道教典籍の出現

道教は仏教の伝播に触発されて生まれた漢民族の土着宗教で，中国古来の巫術・不老長生を求める神仙思想を基盤とする。141年，張陵(チョウリョウ)が四川省鶴鳴山(カクメイザン)で老子を開祖とする五斗米道を創立して教団が形づくられた。経典は「老子五千文」(「道徳真経」)である。道教は仙人となることが究極の目的で，早期の道教書は煉丹術と符図の説がほとんどである。

陸修静(リクシュウセイ)は467年，経・方薬・図符など1,228巻の道教経典全集「三洞」を編纂した。570年，北周玄都観(ゲントカン)は道教を権威づけるため「玄都経目」を献上するが内容は信用性に欠け，仏教との論争のために教典の数を誇張したものだった[9]。

宋・斉の時代になると祭祀や法要を行う道観が多くなり，斉の興世観，梁の華陽上下観，朱陽観，北周の玄都観，通道観などに多くの道書が収集された。

(3) 隋唐時代の仏教蔵書

隋の時代に入ると仏教は全盛期を迎える[10]。大乗八宗，小乗二宗が完成し経典翻訳は長安大興善寺と洛陽上林園の「訳経館」に統一された。

唐代の訳経は玄奘三蔵が最も有名である。玄奘は629年に西域へ向かい，645年長安に帰国，梵語経典520笈，657部を持ち帰った。初めは弘福寺で，のちに

9：晋代に葛洪(カッコウ)が著した「抱朴子・遐覧編(ボウボクシ・カランヘン)」には道教の書籍1,298巻が記載され，道経・紀・図・符の部類に編集されている。

10：隋代に訳された経論と伝記は計64部，301巻にのぼる。

新たに造られた大慈恩寺の翻経院に移り，西明寺，晩期は玉華宮に移住する。19年間で，大乗・小乗・律・論の75部，1,335巻を訳した[11]。玄奘没後は義浄，不空が翻訳を継続する[12]。

唐代寺院の蔵書はよく整備され，仏教以外の典籍も所蔵されている[13]。西明寺に所蔵された経典は5,000巻を超え，廬山東林寺には10,000巻が収蔵されていた。白居易が創建した龍門の香山寺の蔵書は5,270巻，六蔵に分けて保存されていた。経蔵はいわば仏教寺院の図書館で，開館と閉館時間が決められ，借出しが記録されている。

845年，廃仏運動いわゆる法難が起こる。寺院4,600か所あまりが廃寺になり，長安・洛陽の二京には4か寺のみ，各州の州都では1寺のみにされ，還俗させられた僧尼は260,500人に及んだ。仏典はよく「法難」（廃仏）にあって消滅させられた。予防のために，仏教徒は山奥の洞窟の壁に経典を彫り付けた。六世紀の後半から彫られた山東泰山経石峪の「金剛経」や，河北武安北向堂山の「維摩詰経」が有名である。房山雲居寺の石刻仏経は隋代から彫られはじめ，1,000年にわたって15,000枚の石に1,000部余りの経典が刻まれている。

火事や紛失を防ぐため密室に秘蔵される場合もある。敦煌石窟がその例である。

11：唐代の訳経場に九種類の官職が置かれた。
　(1) 訳主……翻訳の主任官。梵語と中国語に精通し貝多羅経の原文を読上げ意味を解釈する。
　(2) 筆受（綴文）……記録。複数
　(3) 度語（傳語）……中国語が分からない訳主の場合の通訳。
　(4) 証梵本……読上げた内容を梵語と対照して，校訂する。
　(5) 潤文……訳文の文辞を潤色する。
　(6) 証義……訳文の内容をチェックして，相違の有無を審査する。
　(7) 梵唄……正式な翻訳活動を行う前の宗教儀式を司会する。
　(8) 校勘……完成した訳文を校訂して，完全させる。
　(9) 監護大使……訳経活動を監督し朝廷に上奏する朝廷の高官。
12：空海の師，恵果は不空の直系で空海は不空の生まれ変わりだと信じられたという。
13：隋唐時代になると僧侶の著作も増える。唐代の釈道宣「広弘明集」は佛教詩文全集で130余人作品を収録。「続高僧伝」30巻を著す。隋代の費長房「歴代三宝記」15巻，唐代の釈智升「開元釈教録」20巻は著名な仏経目録。また唐代に仏教類書「法苑珠林」100巻が出現する。

（4）道教典籍の増加と宮観蔵書

　隋は道教を庇護して天長観，清虚観，清都観，至徳観など道観の造営に力を入れた。唐の歴代皇帝も道教を信仰する人が多く，玄宗は老子に玄元皇帝の尊号を追贈して敬った。老子・荘子・列子・文子の著作を「四子真経」として崇め，道教専門の科挙を行って「士」を選抜した。741年，西京及び各州には玄元皇帝廟が建てられ，祭事が行われ経典を所蔵するようになった[14]。

14：743年に玄元廟は紫極宮（ゲンゲンビョウ／シキョクグウ）と改名され長安の玄元廟は太清宮，洛陽は太微宮（タイビグウ）となる。

5章　古代日本の図書館

1．図書収集のはじまり

(1) 紙と文字の伝来

a．文字の伝来

　日本には漢字が伝わるまで，文章となるような固有の文字はなかった。日本の図書文化および図書館的要素を含んだものの成立は，大陸から文字と紙が伝わり，それらを利用したところから始まるといえる。

　わが国のことが文字で記録されたものとしては，1世紀の中頃に倭の奴国王が後漢から受けた金印，2世紀末から3世紀にかけての『魏志倭人伝』の記録がある。4世紀末から5世紀の初めには百済から阿直岐，王仁らが渡来し文字による文化が伝えられた。この頃から日本人も，漢字を使用することを始めたと考えられる。

　5世紀の『宋書』に，倭王武が送ったとされる上表文には漢文が使用されている。このことから，この頃になると渡来人だけでなく日本の支配者階級のなかにも，文字を使うものが現れたと推察される。また『日本書紀』には，百済から『論語』や『千字文』が朝廷に献上された記録がある。

b．大和政権による文字文化の導入

　図書が伝わってもそれを情報として定着させるには，収集した図書をさまざまな活動に利用し，それらを広めることができるまでに成長した政権の存在が不可欠である。

　4世紀に大和地方の首長たちが勢力を伸ばしたことから始まった大和政権は，その後九州から東北まで力を広げ，文化面においても日本各地にまで影響を与えることとなる。特に6世紀に大陸の仏教文化を受け入れたことで，図書およ

び図書館的な要素は拡大していく。首長たちは自らを大王と称し，5世紀には「倭の五王」が中国の南朝と交流を持っている。6世紀に入ると筑紫で磐井の乱が起こり，それを平定した大和政権はより強固な政権となる。統治の範囲も拡大するにつれ図書の必要性も増え，文書技術が求められる時代になった。

（2）製紙技法の伝来と識字層の拡大

a．製紙技法の渡来と奨励

　図書が日本に定着した要因のひとつに，製紙技法の伝来がある。これは紙の書物が日本にもたらされたよりも遅い時期であった。

　『日本書紀』の推古天皇18(610)年によると，日本に製紙方法を伝えたのは高句麗から渡来した僧侶の曇徴と法定とある。製紙の重要性をいち早く認識したのは，聖徳太子であった。仏教を重んじた聖徳太子は写経に用いる大量の紙を確保するため，わが国在来の楮の栽培を奨励し，製紙技術を普及させ日本の和紙産業の礎を築いた。

　現存する，わが国で漉かれた年代の明らかな最古の紙は，正倉院に伝わる702(大宝2)年の美濃・筑前・豊前の戸籍用紙で，また，正倉院に保管された奈良時代の文書には，紙名や和紙名が数多く記され，当時でも約20の地区で紙漉きが行われていたことがわかる[1]。

b．仏教の伝来による識字層の拡大

　6世紀，7世紀の律令制国家への移行とともに図書の収集も序々に進む。その図書を文化として軌道に載せたのは，6世紀半ばにわが国にもたらされた仏教であった。仏教は人心を掌握する手段として保護育成され，天皇や貴族そして僧侶の間でまず定着し，識字層も広がっていく。

　敏達天皇6(577)年頃から寺院の建立が始まり，仏教に関する書物を，情報として集める必要性が生まれる。初めに集められた書籍の多くは，中国や朝鮮半島のもので，経典を普及させるため，まずは仏典の書写が盛んとなり紙の増産も必要となる。

　『日本書紀』天武天皇2(673)年によると，5千巻以上にもなる一切経の写経

1：日本に朝鮮から製紙の方法が渡ってきた最古の記録は610年だが，それ以前にも紙漉きが行われていたという伝説が福井県今立町などにある。

は飛鳥の川原寺で初めて行われたと記録されている。本格的に写経が行われるようになったのは奈良時代に入ってからで，官営の写経所，地方では大宰府などで一切経の書写が行われた。一切経と600巻の大般若経が184部書き写され，ほかの写経も入れると，奈良時代には10万巻以上の仏典が書写されたであろうといわれる。

2．図書の普及と図書寮

（1）図書普及に関しての聖徳太子の果たした役割

a．聖徳太子による中央集権体制の確立

聖徳太子は推古天皇の摂政として，蘇我氏の協力のもとで仏教や儒学から学んだ学問や文化を積極的に政治に生かそうとした。その姿勢は，推古11(603)年の冠位十二階や推古12(604)年の憲法十七条の制定にもみられる。さらに大陸からの情報も，積極的に受入れるだけでなく，日本から隋へ遣隋使を送り，最新の大陸文化を直接体得できる機会をつくった。

b．聖徳太子の図書普及活動

聖徳太子は仏教と漢学や儒学を主とした二つの大きな柱として，国の理念を築いた。推古15(607)年に建立した法隆寺を，別名学問寺と称したことからも伺えるように，国づくりにおける教育の重要性を太子は認識していた。

太子は自ら，法華，勝鬘（しょうまん），維摩の経典の注釈書『三経義疏』8巻を編んだとされる。わが国の図書の始まりは，推古19(611)年から推古23(615)年にかけてつくられたこの図書であるともいわれる。

この頃には編纂事業のために，大陸から多数の書籍が集められ，本格的な文字の読み書きに使用されるようになっていたことが推定される。仏典を書写して造られた大量の写経は，法隆寺や各寺院に造られた経蔵に納められた。経蔵には櫃（ひつ）にいれた経巻を壁面にしまう壁蔵と，中心に建てた柱に面作りし，その引き出しに経を納め，それを回転させることができる輪蔵の二形式があった。

（2）図書寮の成立

a．大宝律令の成立

　仏典が広く流通する一方で，国の律令整備も進められた。そのための漢籍も集められ，大宝元（701）年に律令国家の基礎となる大宝律令が完成した。国家の蔵書を管理するいわば国立図書館の役割を担った図書寮は，中務省の6寮のなかに位置づけられた。中務省は律令制における八省のひとつで，天皇の補佐や，詔勅の宣下や叙位など，朝廷に関する職務の全般を担った。そのため長官の中務卿（正四位上相当）は重要ポストとされ，平安時代以降は四品以上の親王から任命される最重要な省とされた。

b．図書寮（国家図書館）の役割

　図書寮の職掌は蔵書管理のほか，儒教・仏教の経典，仏像なども管理し管理事務を補助するため書物を書写する写書手や書物の装丁を行う装潢手が配置された。図書寮の第二の職掌は紙・墨・筆などの製造を行うことである。のちの図書寮の業務はこれが中心となる。図書寮の付属機関である別所として紙屋院が設けられ，朝廷で使われる紙や筆，墨の製造を行っていた。正倉院文書神亀5（728）年によると，ここで作られた紙は紙屋紙と呼ばれ品部の紙戸が実務にあたっていた。延喜式には，年間2万枚の紙を漉いて内蔵寮に納めることになっている。

　『養老令』では撰史事業も職掌に挙げているが，実際にはその都度，撰国史所が設けられ，撰史に必要な公文書・記録類は内記や外記が収集していた。図書の管理は平安時代になると御書所などの機関に実権を奪われ形骸化する。

c．図書の借覧と文書の保存

　図書寮で集められた図書は，貴族や宮廷の官人への貸出を許可していた。

　文書の保管は図書寮ではなく，太政官所属の文殿で行われていた。いわゆる文書館の役割を果たしていたと思われる。

（3）大学と国学

a．大学の教科

　大宝律令により人材養成のための教育機関として，大学と国学が制定された。

首都に大学，地方に国学をおき，わが国初の高等教育が始まる。大学の学生は400名，初めは五位以上の家の師弟，年は10歳以上とされていた。後には六位以下の師弟も入学を許可している。

　初期の大学教育は唐の制度に倣って儒学を研究・教授する学科（明経道）[2]を中心とし，律令を教える明法道と算術を教える算道が実務教科としてこれを補う構造であったが，次第に学問の中心は歴史（主に中国史）を教授する紀伝道に移行する。中国正史の知識は公文書作成や政治学の一種として重んじられたからである。天平7（735）年に中国に遣唐使として渡った吉備真備が帰国し中国正史をまとまった形（吉備大臣三史櫃）で持ち帰ると，これを契機に文章博士が歴史をも合わせて講義することになる。中国正史は紀伝体で書かれていたことから，「紀伝」が歴史（学）の代名詞となった。紀伝道は漢文学の学科である文章道と統合して歴史・漢文学の両方を教える学科となり，学科は「紀伝道」博士は「文章博士」の呼称が用いられた[3]。

b．国学（地方教育機関）の設置

　大宝律令によって，大学とともに地方には官人育成のために国学の設置が定められた。国学は国府の所在地に設けられ，国司の管理のもとに教育が行われた。大宰府に設置された府学もほぼ同一のものである。生徒には官人候補者の学生と医師候補者の医生がいて，その数は国の規模によって異なり大国50名，上国40名，中国30名，下国20名の定員で入学資格は郡司の子弟のうち13～16歳の聡明な者とされたが，庶民の子弟の入学を許した場合もある。教育課程は中央の大学寮・典薬寮とほぼ同じ内容で，卒業者は試験によって官人に登用され大学寮や典薬寮に入る資格を得た。757年には制度改革によって学生が講経生・傅生・医生・針生・天文生・陰陽生・暦算生に細分化された。教官として国毎に国博士・国医師を各1名ずつ置くことが定められていた。

2：「道」という概念は時代によって異なるが古代は「学」の意味である。
3：養老令には1.教官資格，2.大学・国学の学生資格，3.釋奠（「しゃくてん」とも），4.学内秩序，5.教科書の儒教経典，6.授業注釈書，7.選択科目，8.授業態度，9.教授法，10.教官評価法，11.官人採用試験の受験要件，12.官人採用試験の特例，13.算道，14.国司・郡司が国学の教官を務める場合，15.書・算道の試験，16.休暇，17.儀式・礼儀，18.学生の生活態度，19.服喪，20.特別休暇，21.退学，22.学生の儀式見学が規定されている。

地方の国学には図書が足りなかった様子がみられる。国学のなかでも府学と称された大宰府にあっても、『続日本紀』神護景雲3(789)年に大宰府より朝廷に教科書とする史記、漢書、三国志の正本が欲しいと願いを出し、それらを賜ったという記事が残されている。

3. 宮中・公家・寺院等の図書活動

(1) 奈良時代から平安時代の図書文化の推移

a. 奈良時代の図書文化と百万塔陀羅尼経印刷

和銅3(710)年に平城京への遷都が行われ、奈良時代が始まる。養老2(718)年藤原不比等により養老律令も成立した。奈良時代の図書活動はおもに、律令国家を支えるための法律、仏教を浸透させるための写経や印刷、史書が中心で、このころの図書文化の担い手は、多くの情報を必要する天皇を中心にした貴族階級と、手厚く保護を受けていた僧侶たちであった。

奈良時代は写経が盛んに行われる一方で、木版印刷も行われた。百万塔陀羅尼は称徳天皇により6年の月日をかけて完成した。『続日本紀』には百万塔の作成を計画したとあるが、書写より早くできる印刷を使ったのは、不穏な社会状況を鎮め恵美押勝の乱後の戦死者を弔うためには、迅速に大量に生産をする必要性があったと想像される。

100万巻印刷された陀羅尼は100万の小塔に納められ、10万基ずつが大安寺、元興寺、法隆寺、東大寺、西大寺、興福寺、薬師寺、四天王寺、川原寺、崇福寺の十大寺に奉納された。法隆寺に納められた4万数千基のほか、博物館や個人所蔵のものが伝来している。

b. 勅撰漢詩集と勅撰和歌集

延暦13(794)年に桓武天皇により平安京に遷都され、その後398年間という長きにわたり平安時代が続く。律令政治の変質とともに貴族・官人社会に漢詩などの文学文章の作成が流行する。特に嵯峨天皇は文学を重んじて『凌雲集』『経国集』『文華秀麗集』の三勅撰漢詩集を編纂し、官制においても文章博士を筆頭の従五位下に引き上げ貴族相当の位階とした。9世紀半ばには日本固有の

仮名文字が成立し，さらに遣唐使が廃止されると10世紀11世紀には『源氏物語』など日本が世界に誇る国文学が生まれる。勅撰和歌集の編纂なども行われた。勅撰集とは天皇や上皇の命で編纂されたり，天皇などが記したもののうち公式なものをいう。有名なものとして，延喜5（905）年成立の「古今和歌集」，永享11（1439）年成立の「新古今和歌集」がある。

平安時代における政治体制は，律令制度に変質，藤原氏による摂関政治，院政の成立，平氏の全盛と滅亡で終わる。政治と宗教は分離され，仏教は国家擁護から離れ，貴族階級から庶民までの信仰の対象となる。平安時代になると貴族と僧侶の関係が変化したことにより，図書文化は貴族階級が中心となっていくこととなる。

c．冊子本の出現

平安時代になると，奈良時代から続いた巻子本（かんすぼん）に加えて冊子本が登場する。巻子本の不便さから考えられたのが巻き物を折たたんだ折本である。さらに利便さからできたのが一枚一枚を重ね合わせた冊子本で，冊子が出はじめた当初は，公式な書物には使われず，私的書物の製本方法であった。日本では『三十帖策子（さっし）』という弘法大師入唐時（804-806）の記録がある。冊子の形式による書物は，11世紀末より多くなる。

（2）宮中の文庫と目録のはじまり

a．官庁文庫と宮中文庫

文殿（ふどの）とは書庫のことである。公式文書や政治に関する図面，記録，典籍などを収蔵し管理した。天皇は文殿と別に，宮中に文庫を持ち，蔵人所（くろうどどころ）や御書所などに納めていた。

b．嵯峨天皇の冷然院と嵯峨院

天皇のなかでも特に嵯峨天皇（785-842）は，文化人として著名で書の達人として，空海と橘逸勢（たちばなのはやなり）と並ぶ「三筆」の一人に数えられている。自らの作品をおさめた詩文集『経国集』全20巻をはじめとし，編纂事業にも力を注ぎ図書の収集に熱心で，冷然院（のち冷泉院）と嵯峨院（のち大覚寺）という独自の文庫を持っていた。

貞観17（875）年宮中の大火により冷然院は焼失し，多くの貴重な書籍が失わ

れた。9世紀末に成立した日本最古の漢籍目録『日本国見在書目録』には，嵯峨天皇の蔵書の一部が紹介されている。なおこの目録に記載されている全漢籍の数は1,586部，16,734巻と数えられている（漢籍1,579部，16,790巻の説あり）。

c．目録のはじまり

『日本国見在書目録』の分類は最古の輸入漢籍の目録，『隋書』経籍志を踏襲して「経」「史」「子」「集」の四つに分けた「四部分類」を採用している。

寺院や行政では早くから業務の必要性に応じて目録が作成されたが，唐に留学した「入唐八僧」（最澄，空海，恵運，円行，常暁，宗叡（「しゅうえい」とも），円仁，円珍）と呼ばれる僧侶達が，帰国した際に持ち帰った書物の将来目録（請来目録）が知られている。

現代の図書目録の初めにあたるものとして，藤原佐世が勅命により作成した『日本国見在書目録』，藤原通憲が個人蔵書を記した『通憲入道蔵書目録』，滋野井実冬説がある『本朝書籍目録』などが知られている。

もう一つは日記や文書を内容ごとに索引化した，藤原実資の『小右記』の『小記目録』という目録が存在している。12世紀には東大寺寛信が文書目録を作成した際の記録が今日も残されている。

（2）芸亭と公家の図書活動

a．芸亭の理想と弘文院

石上宅嗣（729-781）の芸亭は，日本でもっとも古い公開図書館である[4]。芸亭は奈良時代末に始まり，『続日本紀』編纂の頃（797）まで存続していたとされる。宅嗣は大納言まで出世した高級官僚だったが，一方で『万葉集』に歌が残されている文化人でもあり，仏教の信仰も篤かった。

『続日本紀』天応元(781)年6月の宅嗣の死亡記事には，私邸を阿閦寺として改造し芸亭と称する図書館を築き好学の徒に自由に公開したことが記され，さらに芸亭の創設経緯を記した宅嗣の以下の文が転載されている。

「私が家を寄付して寺として仏教への信仰を深めてから久しくなる。内典

4：829年空海が綜芸種智院を設置した際の「綜芸種智院式」には，先駆者として吉備真備の「二教院」と石上宅嗣の「芸亭院」を挙げ，芸亭の現状を「始めありて終りなく，人去って跡あれたり」と記している。

（仏教経典）を理解しやすくするため，外書（儒教など他の分野の本）も併せて置く。ここは寺なので修行を妨げることは何事も禁じる。私と同じ志をもつ人は，瑣末な事を論じることなく，自分の欲望を捨て，後進の人達は世俗の苦労を超越して悟りの境地を開いて欲しい。」

この図書館で勉学に励んだ賀陽豊年(かやのとよとし)（751-815）は，優れた学者・詩人となり文章博士に出世した。

弘文院は『日本後記』延暦18(799)年に，和気清麻呂(わけのきよまろ)の子息で大学別当（大学頭）であった和気広世が，父・清麻呂の遺志を継いで大学寮の南側にあった私邸を弘文院として内外の経書，数千巻を集め，また墾田40町を寄付して学問料を支給したと記されている。内外の経書とあるところから，この蔵書は仏教書とそれ以外の書と考えられ弘文院も芸亭と同じく，蔵書が一般公開されていた図書館と推測される。

b．菅原道真の影響力

菅原道真（845-903）は，文章博士という学問の象徴的存在でもあり，右大臣としても政治にも関与するという，文道ともに最高権威を手にすることができた。

菅原家は代々文章博士の要職につき教育に力を注いだが，道真は宇多天皇の支持のもと藤原氏の専横に対抗し，唐の衰退を見て遣唐使の派遣を廃止するなど国家の重要な方針に参与した。大学寮のなかに文章院を設立し，その管理をまかされ，自身は自分の文庫として紅梅殿を持っていた。政敵藤原時平の政略により転落し，配所の大宰府で亡くなるという劇的な運命だったが，のちに学問の神としてあがめられ影響力は今に続く。文神として祭られている京都の北野天満宮には，1131年に書籍が奉納された記録があり，ちなみに江戸期には道真にちなんで北野天満宮文庫がつくられた。

c．藤原頼長の読書記録と藤原通憲の蔵書目録

藤原頼長（1120-1156）は読書家として知られ，その日記『台記』に読書記録を残した。いつの時期に何をどのように読み，その読書の効果はどうだったのかなどがわかる頼長の読書記録は，貴重な史料である。

『台記』には，天養2(1144)年に文庫を建てたことが記され，所蔵図書の目録作成も行い，全経，史書，雑説，本朝に分類したとあるが，現在，実物の目

録は存在しない。

　藤原通憲は頼長と同様に学問ができ，約1万巻の蔵書を所蔵していた。実際の書籍は失われたが，そのことは『通憲入道蔵書目録』として残され今に伝えられる。頼長は保元の乱（1156）で，通憲は平冶の乱（1159）で戦死し，その蔵書類が後の世に伝わることはなかった。

d．その他の公家文庫

　図書の収集は，上級貴族であり文化人でもあった公家の間でも，行われるようになった。文章博士の日野資業(すけなり)（988-1070）が永承年間（1051）に日野薬師（法界寺）に再興した法界寺文庫，学問の家柄で代々文章博士を輩出した大江家代々の収集した書籍や記録が，大江匡房(おおえのまさふさ)（1041-1111）により千草文倉として設けられた。大江家は学問の家柄で何代にも渡り文章博士を輩出している。この文庫は，大江家のものであることから江家文庫ともよばれている。数万巻におよぶ書籍類は，仁平3（1153）年京都の大火により全滅した。

（4）僧侶の図書収集活動

a．寺院文庫と経蔵

　奈良時代に盛んだった仏典の書写は，役人や僧侶が行う場合だけでなく，僧侶でない人々が信仰のために行うこともあった。これらの写経が納められた場所が，寺院の経蔵である。経典だけでなく僧侶の教養としてそれ以外の学問も必要となり，これらを収蔵するための寺院文庫も作られた。

　奈良・平安時代の有名な経蔵として，東大寺，興福寺，延暦寺，東寺，中尊寺，石山寺，醍醐寺，宇治平等院，仁和寺，金剛峰寺など挙げられる。

　奈良時代から行われていた官営の写経所の代わりを，僧侶や写経専門のものが行うようになる。11世紀末からは実用的な印刷が発展したことにより，摺経(すりきょう)が仏典の教科書として用いられる。

b．空海の知識と公開図書館（綜芸種智院）

　9世紀の初めになると，最澄の天台宗，空海の真言宗という二大宗派が生まれた。この時代は学問を学ぼうとしても，身分の低いものにはその機会がなかった。また大学や国学は儒教を中心にし，寺院は仏教というように学ぶ分野も分かれていた。当時すでに石上宅嗣の芸亭は消滅していた。

空海は身分や貧富に関係なく，思想や学芸などさまざまな学問を総合的に学べる学校として，天長5 (829) 年に，綜芸種智院を設置する。藤原三守より施与された左京九条二坊の2町余の敷地に設立された。天長5年付『性霊集』巻十「綜芸種智院式并序」にはその主旨が記され，運営を実現するため，天皇，貴族，仏教諸宗の高僧など，広く一般に支持と協力を呼びかけている。「綜芸種智」とは，各種の学芸を学び大日如来の仏智を広めるという意味である。儒教を顕，仏教を密の顕密二教とし道教を加えて三教一体の思想を教育原理として教授された。

　しかし空海の死後，資金の不足，後継者が育たないこと，教団の路線転換，構想実現の難しさなど困難がともなった結果，廃校となったとされる。その売却益は，東寺の真言僧育成財源確保のための寺田購入にあてられる。一般的には綜芸種智院の存続期間は，天長5 (829) 年から承和12 (845) 年頃までとされている。

II 編
中世社会の思想と図書館

6章　宗教図書館と大学

1．中世の文化と図書館

（1）中世という時代

　4世紀末，ローマ帝国は東西に分かれ，東はコンスタンティノープル，西はラヴェンナあるいはミラノに首都がおかれる。キリスト教はその両国で人々の精神を支配する宗教となった。やがてイスラム世界が勃興してヨーロッパには三つの文明圏が存在するようになる。

　キリスト教世界では聖書の解釈研究，聖なるものの本質議論，異端批判が繰り返される。このような著作はこれまでの図書館にはなじまず，礼拝堂，神学校，修道院などにキリスト教独自の図書館が生まれることとなる。

　東のビザンチン帝国が15世紀まで続いたのに対し，西の帝国は短命だった。

　5世紀から6世紀にかけてゴート族，ヴァンダル族などが侵入する。イタリアが東ゴート族の支配下に入ると旧来の図書館は消え去る。最盛期100万を越えたローマの人口は6世紀の終わりに3万にまで激減し，図書館を維持する財源も利用者も存在しなくなってしまった。

　東の帝国は1453年トルコに占領されるまで存続する。324年，コンスタンティヌス大帝はコンスタンティノープルを首都とし，皇帝の宮廷と総主教の公邸を建設し政治・文化の中心地とした[1]。

　古代から中世へと変わる文化的節目となったのは6世紀，象徴的な年は529年である。古代のアカデメイアが閉鎖され，ベネディクトはモンテ・カッシーノに修道院を開く。東方のビザンチン世界，イスラムのアラブ世界では古代の

1：総主教はコンスタンティノープルのほかにアンティオキア，イエルサレム，アレクサンドリアに計4人が存在した。

知識を維持継承していたのに対して、西欧圏には承継されず、キリスト教による中世社会をつくり出していく。

ガリアと呼ばれた北ヨーロッパ一帯がカール大帝（シャルルマーニュ）により統一されたのは9世紀、カールはカロリング朝ルネッサンスを進め、12世紀には都市の勃興を背景に大学が誕生する。

（2）初期の修道院図書館

修道院は、キリスト教を中心とする新しい西欧の精神的世界を形成する場になっていく。4世紀初め、エジプト人パコミウスは、南エジプトの砂漠で最初の修道院共同体を設立する。自己の魂を救うために苦行を行う修道士の共同体であり、女子の共同体も加わりエジプト全土からビザンチン帝国の全域に修道院が広がっていく。パコミウスは日常の生活規範を定め、識字教育と読書を重んじたが、これら修道院で所蔵する図書は100冊程度の神学的作品だけに限られていた。

パコミウスの読書重視の生活習慣は、ベネディクト派の修道院に受け継がれる。ベネディクトは、529年、ローマとナポリの中間地にモンテ・カッシーノを設立し修道院での読書生活を規定したが[2]、この蔵書も各修道士に供給できる程度で、聖書とその他の基本的な宗教書に限定されていた。

ベネディクトがモンテ・カッシーノを設立してからほどなく、カッシオドルスが別系統の修道院を創設する。カッシオドルスはもともと東ゴート族のイタリア政府高官で優れた政策論家、政治家、知識人、そして著作者であった。ローマ教皇アガペトゥスⅠ世のもとで、キリスト教の教育施設をつくろうとしたが果たせず、6世紀の中頃、公的生活を棄て南イタリアにヴィヴァリウム修道院を設けた。この修道院では宗教的な知識だけでなく学問と文学を加え、あらゆる面の知的関心事を追求する修道生活を理想とし、図書館に必要な蔵書の多くを、北アフリカから購入した。当時は、価値の低い作業と考えられていた写

2：修道士たちは四旬節から十月までは第四時から第六時まで、十月から四旬節までは、第二時まで読書にあてる。四旬節の始めに、修道士は図書館からその年読むべき本を受けとり、それを四旬節の終りまでに読了しなければならない。また、日曜日には、宗務以外の時間は読書にあてなければならない。

字活動を重視して，写本の転写とその収集管理を修道院生活の基本とする生活モデルをつくった。またキリスト教文献の案内書として『聖俗学問指南』を著し，聖書，聖書注釈，歴史書，教父たちの著書，自由学芸，論理学など約300を越える文献についての解説書を著した。

　カッシオドルスと同時代のスペインでは，ローマカトリックに改宗した西ゴート王国が比較的安定した世界を形成した。セビリア司教を勤めたイシドール（Isidro de Sevilla, ca.560-636）はキリスト教の世界観からみた古代学術百科を集大成して『語源考』を著わす。

　修道院の蔵書は依然として小規模で，9世紀から11世紀にかけて平均2～300冊であったが，カッシオドルスの『聖俗学問指南』とイシドールの『語源考』は共に修道院図書館の蔵書収集の基本図書であった。

（3）キリスト教のアイルランド避難

　ゲルマン諸族の大移動により西欧社会は混乱し，キリスト教はヨーロッパのはずれ，アイルランドにその避難場所を得ることになる。アイルランドにおいて，キリスト教はケルトの民族性や自然信仰と融合する形で平和的に広がり，一人の殉教者も出なかった。修道院はさらに発展し，聖ケヴィンによって建てられたグレンダロッホや，聖キアランのクロンマクノイズ修道院は学問・文化の中心となった。「書写」と「図書コレクションづくり」が継続され，他の地域ではほとんど消滅してしまったキリスト教文明がアイルランドで保存された。アイルランドの「ケルズの書」「ダロウの書」，スコットランドの「リンディスファーンの修道院の書」として伝わるものは初期キリスト教写本の逸品である。

　フランク族によってようやく全ガリアが統一され，動乱から安定の時代に入ると，多くのアイルランド人聖職者たちは大陸に赴き修道院や教会を設立するようになる。キリスト教・ギリシャの思想の逆輸入である。そして，9世紀のカロリング王朝ルネッサンスにもアイルランドキリスト教は大きな影響を与えた[3]。

3：聖コルンバヌス（St.Columbanus, 543-615）は6世紀末から7世紀初頭にフランスのアンヌグレイ，リエクスイユやイタリアのボッビオに，またその弟子はスイスのザンクト・ガレンに修道院を建設した。また8世紀ドイツのフルダに聖ボニファティウス（St. Bonifatius, 672-754）によって建設された修道院も知られる。

（4）フランク王国のカロリング朝ルネッサンス

　フランク王国はゲルマン系フランク人サリー支族の王国である。西ローマ帝国の没落後，5世紀から9世紀にかけて西ヨーロッパ最大の国家となり，その領土は現在のフランス・イタリア北部・ドイツ西部・オランダ・ベルギー・ルクセンブルク及びスロベニアに及んだ。首都はパリである。

　小ピピンの後にカロリング朝を継承したカール大帝（シャルルマーニュ・フランク王，768-814）は，800年，ローマ教皇から戴冠を受けて形式的に西ローマ帝国を再興し，ローマ文化を復興させ宮廷図書館という新たな型の図書館を創始した。これをカロリング朝ルネッサンス（Carolingian Renaissance）という。

　カールはゲルマン民族の慣習や伝統とは別の原理，すなわち政治と宗教が密接に関連するキリスト教的な理想政治をめざして領土内に教区を設定した。聖職者の資質を高めるため，イングランドから神学者アルクインを招くなど各地から人材を集め，特に古典研究を進めラテン語教育を盛んにした。

　アルクインは自由学芸7科を設定して学制改革を行う。自由学芸は，5世紀の修辞学者マルティアヌス・カペラ（Martianus Capella）が創始したもので，ことばに関する3科（文法，修辞学，弁証法）と事象に関する4科（算術，幾何学，音楽，天文学）からなり，以降ヨーロッパ中世の教養基礎科目として定着する。

　さらにカール大帝は，従来の大文字によるラテン書記法を改革し，新たにカロリング小字体を定めて字体を統一した。これにより書写が簡便となり著述と書写が促進され，さまざまな文献がコデックス形態に書き直される。書写媒体はパピルスから羊皮紙に変わり，各地の修道院でラテン語文献の筆写が盛んに行われる。カロリング朝の文化振興はカール大帝後も継続され，多数のギリシャ語文献をラテン語に翻訳したリウゲナや歴史家のヒンクマールなどが輩出することとなった。

　コデックスは，4世紀末ごろから一般化しはじめた。巻物と違い今日の書物のようにページと折り丁を持つ形態で，欄外注など新しい記録方法が生まれる。巻物は音読が主だったのに対し，コデックスは黙読を主とした。また黙読が一

般化するのは西ヨーロッパでは，13世紀頃だといわれる。

（5）東ローマ帝国の図書館と総主教の教会図書館

a．東ローマ帝国の図書館

　東ローマ帝国の首都コンスタンティノープルには，注目に値する三つの図書館があった。一つはキリスト教を公認（313）したコンスタンティヌス帝（Constantinus，在位：324-37）が設立した帝室図書館で，聖書，教義解釈書，礼拝用テキスト，祈祷書(きとうしょ)などキリスト教関係の図書を中心に収集が始められ，最盛期には10万点を超す蔵書であった。475年のバシリスクスの反乱で多くを消失したが直ちに復元されている。聖ソフィア聖堂の建立で有名なユスティニアヌス帝（Justinianus，在位：527-565）は『ローマ法大全』を完成させ法学体系の基礎を築くが，法典編纂はこの図書館の蔵書によるところが大きいといわれる。また，12世紀の学者ツェツェス（J.Tzetzes）の辞書編纂にもこの図書館資料が活用されている。帝室図書館は王家と官吏に利用され，トルコによって占領されるまで存続した。

　二つめは，帝室図書館のほかにミカエルⅢ世の時マグナウラ宮殿内に設置された「メガ・ディダスカリオン（「帝国大学」）」の図書館がある。大学では数学者レオーンや後にコンスタンティノポリス総主教となったフォティオスらが教授を務め，古代ギリシャ文化の研究を進めギリシャ語写本を所蔵した。修道院の改革者テオドロス（Theodoros，759-826）はこの図書館の蔵書により開眼したといわれる。

　三つめは，総大主教フォティオス（Photios，820-891）が創始した総司教図書館である。フォティオスは文法や詩，修辞学や哲学，医学，あらゆる学問に通じ，古典280種の抄録『千書』*Myrobiblion* を著している。

b．総主教の教会図書館

　3世紀の初め，イェルサレムの主教アレクサンドロスが設立した聖墳墓教会図書館には聖職者の書簡が大量に集められた。エウセビオスの「教会史」はこの資料をもとにして書かれている。

　3世紀の後半には，カエサレアに3万冊を越える図書館が出現する。アレキサンドリアを追われたオリゲネスはカエサレアに移って学校を開き，その後を

継いだパンフィルス（Pamphilus, ?-309）が設立した神学校の付属図書館は，高品質かつ広範囲な蔵書であったという。パンフィルスは自らの書写室を持ち図書館で保存するもののほか，貸出用あるいは他施設への寄贈用写本をつくって図書普及活動に尽力した。エウセビウス（Eusebius, ca.263-339）やヒエリニムスなどの名高い聖書学者たちもこの恩恵に浴したという[4]。

ローマの教会にあった蔵書は著しく貧弱だった。定例的な活動のために用いる聖餐式の手引書，朗読師が用いる聖典の写本が蔵書のすべてであった。

ダマスス I 世（在位：363-384）は，サン・ロレンツォ教会に開設した公文書室をラテラノ宮に移し規模を拡大し，聖書や手引書のほか神学や異端書までも含むような蔵書を築いたが全体としてはキリスト教的なものだった。ローマ教会図書館は後代に引き継がれるが，異教文化に強い嫌悪を示すグレゴリウス I 世（在位：590-604）のような教皇も出て，キリスト教に反したものはしばしば排除されてしまう[5]。

2．中世の大学と図書館

（1）ヨーロッパ中世後期と都市

中世の封建社会は12世紀に完成する。農耕技術の進展により大規模な開墾が進み，三圃式農業が行われて生産力が向上し人口が増加する。その結果，農村共同体が生まれ封建領主が形成される。

封建社会の仕組みが固まってくると定期市が開かれ，農村共同体と農産物の増大を背景に定期市は都市に発展していく。「都市」の多くは教会や君主・諸侯・領主の城塞をベースに発展し，当初の交易範囲は周辺に限られていた。

一方，アッバース朝時代のイスラム商人は，優れた船を開発して地中海に進出しシチリア島やイベリア半島に拠点を築く。アフリカ・中東の農産物や日用

4：カエサレアの図書館は614年のペルシャ軍の進駐で滅んだと考えられている。
5：初期キリスト教には信仰の実体をギリシャ哲学によって解明しようとした聖職者たちがいた。4世紀以降では聖アウグスティヌス（A.Augustinus, 354-430）や聖ヒエロニムス（S.E.Hieronymus, ca.340-420）が私文庫を持っていた。

品を大量にヨーロッパに輸出すると、ヨーロッパ圏の農業・商工業は一時的に衰退した。しかし、十字軍の遠征やイベリア半島でのレコンキスタ運動によってイスラム商人の活動が衰退すると、イタリア半島のヴェネチア、ジェノヴァ、ピサなどの地中海沿岸都市が地中海交易で繁栄をする。

一方、北ヨーロッパの北ドイツ（リューベック、ハンブルク、ブレーメン）や北欧、ライン川河口のフランドル地方、イギリスのロンドンでは羊毛や海産物などの交易が盛んになり繁栄を築いていく。

西ローマ帝国が滅亡すると西欧の学問は停滞する。領主の権力や都市の規模が小さくなったため、体系的な学問は必要とされず、古代ギリシャ・ローマ時代の知識はもっぱらイスラム圏やビザンチン（東ローマ）帝国にのみ受け継がれることなった。

12世紀になってイスラム圏との交易が活発化すると、珍しい産物とともに古代写本が運ばれてくる。ギリシャの原書ではなくアラビア語版をへてラテン語に翻訳されたものだったが、アリストテレスの哲学やユークリッドの数学、ヒポクラテスの医学等の著作やローマ法が含まれ、イスラムの科学思想が輸入される。特にローマ法は、教皇派と皇帝派との激化する抗争の中で自陣を正当化する根拠として研究された。また、アルクインの自由学芸7科に触発され芽生えた知的好奇心は、さらにその枠を広げた。シャルトル派のユマニストたち、サン・ヴィクトールのフーゴ（Hugo de Saint Victor, 1096-1141）の『学芸論』、オータンのホノリウス（Honorius de Autun, ca.1080-1137）の『世界の鏡』には、自然学、倫理学、技術学への強い関心が示されている。新しい学問方法としてスコラ学も登場する。アベラールは『然りと否』を著し、西欧思想に「方法叙説」をもたらした。

西欧にはゲルマン・ケルトの民族的伝統が強く残存したが、11世紀頃にはローマ・カトリック教会の教区が全土を網羅する。教会は教区の運営のため学識能力のある知識人を必要とした。12世紀に入る頃、イタリアには世俗の法学校が、フランスでは司教座教会の付属神学校が教会組織の一部として発展する。

（2）中世の大学と大学発生の形態

中世都市はギルドで構成されていたが、大学は知識活動のギルドとして生ま

れた。大学成立の典型は法学部を中心とするボローニャ大学であり，今一つは神学部を中心とするパリ大学である。それ以前にも宮廷，司教座聖堂，修道院に付属学院が存在したが，それらは官吏・僧侶養成の職務教育として読み書きや暦法をもっぱらとし知識探求を目的としたものではなかった。

a．ボローニャ大学

イタリアの法学校の中で最も有名なのはボローニャでここでは教会法と，世俗法としてのローマ法が教授された。ボローニャにはコムーネ（comune）が形成され，商業活動が盛んで公証人や法学者の需要が高かった。

12世紀初頭のイルネリウスがローマ法の注釈を行い，また12世紀中葉にグラティアヌスが教会法の教科書を著したことによりボローニャ大学の知名度が上がった。各国からボローニャに法律を学ぼうと集まった学生たちは，学生生活を向上させるための「組合（ウニヴェルシタス）」を結成し，出身地ごとに「国民団」（natio）を編成した。組合は家賃の交渉から始まり，教授に対して授業料相応の講義を要求するまでにいたった。「学長（レクトル）」は学生の組合長（国民団の長）であり，このことからボローニャは「学生の大学」と呼ばれる。

教授たちは自己の学問の質を維持しつつ学生に対抗するために，「教授組合（カレッジ）」を結成する。この教授組合に入るための検定が「教授免許」の始まりである。一方，学生は学業修了証書を求めるようになり「学位」が発生する。ボローニャ大学は自由学科や神学・医学までその教授範囲を広げるが，その名声は法学によるものであり，イタリアの他の都市や南フランス，スペインでもボローニャを真似た大学組織が誕生する。

b．パリ大学

パリ大学では，ボローニャとは逆に1170～80年頃に成立した教授組合が主導権を持っていた。ここはノートルダムのパリ司教座教会付属神学校を起源とし，12世紀前半にアベラールという神学・哲学者が出て評判となった。初めシテ島で講座が開かれていたが，現在のカルチエ・ラタンへ移った。神学・医学・法学と自由学科を教える人文の4学部があったが，学生は人文課程を修了しなければ他に進めなかった。

中世の大学は神学部，法学部，医学部，人文学部の4学部で構成されること

が多い。神学部では聖書の注釈，教父たちの著作，神学者の注釈など，法学部では文法，修辞学，公証術を基礎として教会法，ローマ法が教えられた。医学部ではヒポクラテスやガレノスの著作やアラビアの医学，人文学部ではアリストテレスなどの論理学，論証術が教えられた。講義は，教授がさまざまな著作を注釈しながら読み進める講読，討議を交えた講演形式，教授の出す論題について学生たちが2組に分かれて議論するディベート方式の論法討論の形式がとられた。

　パリ大学の特色に「学寮（カレッジ）」，すなわち学生の教室兼寄宿舎がある。学寮の最古の記録は1180年で，当初は厚篤家（こうとくか）が貧乏学生に寄進した寮だったがやがて講義もここで行われるようになった。学寮には学生に制服の着用を義務づけるなど厳格な規律があった。

　各地の大学がパリ大学をモデルとして発展する。講座のカリキュラムを持ち，学位を与える制度，そして教授・学生がある程度の自治組織を持つことが「大学」の概念である。英国のオックスフォード大学は，ベネディクト会所属の学校がヘンリーⅡ世（Henry Ⅱ，在位：1154-1189）のとき大学となるが，パリ大学から引き揚げてきた一団の学生が加わって，システムを一変させた。

（3）テキストと書籍商

　大学活動が軌道に乗ってくると，書物の制作と流通に大きな変化が生まれる。大学での教授方法はテキストの解説，論議，注解が基本なので，テキストは教師・学生ともに必需のものとなった。テキストは，人文学部ならアリストテレスやドナートゥス，法学部なら『ローマ法大全』やグラティアヌスの『教令集』，神学部なら聖書やペトルス・ロンバルドゥスの『命題集』，医学部ならヒポクラテスやガレノスの著作などが使われ，書籍業者は大学から特権を享受してビジネスを成立させた。教授・学生は書籍商に料金を支払ってテキストを借り写字職人に筆写させたが，その価格は高額で大学教授の年収の10分の1から3分の1相当の費用がかかったという。講義録は，大学が管理し指定書籍商を通して学生に貸し出した。テキストが大部になると，原本を分割して分冊（pecia）ごとに貸し出す方法もとられ，従来の版の大きなフォリオ判（だいたいA3の大きさ）から持ち運びの便利な小判の本に変わっていった。

（4）中世の大学図書館

　13世紀初期の大学や学寮には図書館は存在せず，資料があったのは教授や学生の小規模な私文庫のみであった。パリ大学神学部教授リシャール・ド・フルニヴァル（Richard de Fournival）は300冊の蔵書を持っていたといわれるが，これは例外的な多さである。

　パリ大学神学部のソルボン（Robert de Sorbon, 1201-1274）は1257年，苦学生たちのためにソルボンヌ・カレッジ学寮をつくり教師や学生のための図書館をつくった。蔵書は寄贈によったが，多くの協力が得られて1290年の目録には1,017冊までに達している。1289年以降ソルボンヌ・カレッジには，大図書室と小図書室が設けられていた。大図書室には貴重な写本類が，この閲覧机の上に1冊ずつ鎖でつないで保管され（鎖から解き放たれるのは印刷術の発達によって出版物が出現する16世紀以降である），小図書室の方には複本や比較的価値の低い本が配架され館外への貸出も行われていた。ただし，貸出にはデポジットが必要であった。

　神学ではスコラ神学が主流となり，読書方法が少数精読から聖書・注釈書・教父の著作などの網羅的な読書に変わり，全書・抜粋集などの集成が生まれた。

　多数の必読書を読むために，目次一覧や索引などのツールがつくられ参考図書類が出現する。大図書室は必読書や参考図書を共同で利用するための閲覧施設としてつくられたもので，繋鎖式(けいさしき)はその用途にそったものである。機能分離した二元的な閲覧室運営方法は，14世紀以降のヨーロッパ図書館で一般的になる。

　14世紀，ヨーロッパ封建制度は崩壊する。ペストは猛威をふるい人々は飢饉に苦しむが[6]，14世紀以降も大学は王侯貴族や教会各派の後援によって各地に設置されていく。プラハ大学（1348）やハイデルベルク大学（1386）は王侯貴族によって，教会の後援としてはケルン大学（1392）などが挙げられる。

　一方，この時代，王侯貴族は競って個人図書館を設立した。ランス王シャルルⅤ世（Charles V, 在位：1364-80）はルーブル宮に学術図書館（蔵書973冊）

6：ヨーロッパの人口は12世紀半ばから13世紀末には5,000万人から7,300万人に増加し，14世紀半ばには5,100万人，14世紀末には4,500万人激減したといわれる。

を創設したが，これは現在のフランス国立図書館の前身となる。

3．イスラム教の誕生とモスク図書館

（1）口伝によるイスラム教の伝播

イスラム教においては，預言者ムハンマド（Muhammad, ca.570-632）の登場以前の非イスラムの時代を「ジャーヒリーヤー」（無知，愚かさの意味）と呼んで，それ以降のイスラム教の時代と明確に区別している。イスラム教はユダヤ教とキリスト教の流れをくみ，唯一絶対神（呼び名はアッラーフまたはアッラー）に帰依する一神教で，その根本経典は『クルアーン（Qur'an）』である[7]。

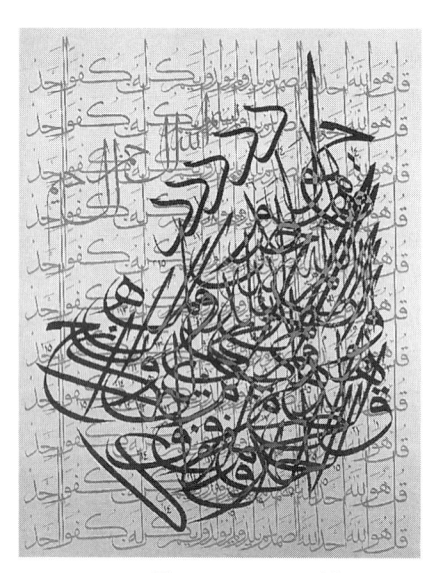

ムハンマドが生まれた頃，アラビア半島とその周辺地域ではユダヤ教，キリスト教，ゾロアスター教，多神教などが信仰され，数多くの偶像が祭られていた。サウジアラビアのマッカ（メッカ）に生まれたムハンマドは610年のある日，40歳の時に神の啓示を受けて，その後632年に亡くなるまでの約23年間に，何度かに分けて古典アラビア語で神の啓示を受けたとされる。『クルアーン』は，ムハンマドが受けた神の啓示を一字一句違わずそのまま記録したものといわれる。

ムハンマド自身は文字の読み書きができなかったため，神の啓示をみ

6-1図　コーランの一編
（マージョリー・ケイギル『大英博物館のAからZまで改訂版』THE BRITISH MUSEUM PRESS, 2009, p.163.）

7：『クルアーン』は日本ではかつて『コーラン』と呼ばれたが，近年では実際の発音に近い『クルアーン』が多く用いられている。

ずから文字に書き留めることはなかったが，ムハンマドの仲間で「サハーバ」（教友）と呼ばれる人々がこれを書き留め，さらに朗詠によって口伝した[8]。その際，内容にわずかでも変更を加えることは神への冒涜に当たると考えられたため，言葉は忠実に伝承されなければならなかった。『クルアーン』を完全に記憶している者は「ハーフィズ」と呼ばれて尊敬された。この当時はまだ紙の製法が伝わっておらず，『クルアーン』の内容を文字に表わす際には羊皮，石，小枝，葉，革，骨などが使われた[9]。

（2）クルアーンの完成とアラビア語の統一

　ムハンマドと弟子たちがマッカ（メッカ）でイスラム教の布教を始めたところ，たちまち強い反発と迫害に遭った。622年，一行はヤスリブ（現在のサウジアラビアのマディーナ）へと移遷せざるを得なかった。これをヒジュラ（聖遷）と呼び，この年がイスラム暦（ヒジュラ暦）元年に定められた。その後，信者を増やし軍隊を整えたムハンマドらは630年にマッカへ攻め入り，異教徒の中心的な寺院であったカアバ神殿の黒石（御神体）だけを残してその他をことごとく破壊し，マッカを奪還した。こうしてアラビア半島はイスラム教によって急速に統一されていった。

　彼らの根本聖典である『クルアーン』は，語義的には「朗唱されるもの」の意味である。朗唱には正しいテンポや速度など数多くの決まり事があって，自己流で詠じることは断じて許されない。また神のことばは他のいかなる言語によっても置き換えることが不可能とされ，アラビア語でそのまま朗唱することが大前提である。しかしながらムハンマドの時代のアラビア半島では言語が統一されておらず，大きく分けて七つの方言が存在し，そのため朗唱が常に正しく行なわれているとは言い難い状況があった。また，文字によってテキスト化された『クルアーン』がほうぼうに散逸するという事態も生じていた。

　ムハンマドの死後，カリフ（イスラム国家における最高指導者でムハンマドの代理人）勢力と反対勢力の間でヤマーマの戦いと呼ばれる戦争が起こり，ムハンマドと親しかった教友を含む複数の『クルアーン』暗記者が死亡する事態

8：『クルアーン』7：157
9：Mohammad Taqi Usmani. An approach to the Quranic sciences.2000.

が起こった。これを受けて初代正統カリフのアブー・バクル（在位：632-634）は，それまで口伝によって伝承されてきた『クルアーン』の内容とすでにテキスト化されていた『クルアーン』の内容とを照合する作業にかかった。651年には，第3代正統カリフのウスマーン（在位：644-656）が『クルアーン』を一冊の本にまとめ，唯一の正当な聖典としてテキスト化した。一般にこれを『ウスマーン版クルアーン』と呼ぶ。

　『ウスマーン版クルアーン』は5部作成され，そのうちの1部がマディーナに残されて，残り4部はイスラムの主要都市（マッカ，シリアのダマスカス，イラクのバスラ，イラクのクーファ）に宛てて送られた。この時までに存在したウスマーン版以外の『クルアーン』は，すべて焼却された。その後，8世紀にウスマーン版に符号が書き加えられたことを除けば，今日に至るまで『クルアーン』の内容には一切の変更がないとされる。イスラム教と同じくユダヤ教の流れを汲むキリスト教の正典『新約聖書』が，イエス・キリストの死から300年以上の歳月を経てようやく成立したのとは対照的に，イスラム教ではかなり早い時期にムハンマド個人を直接知る人々の手で正典が成立したことがわかる。このことから，『クルアーン』はムハンマドが伝えた言葉を正確に記録したものと考えられている。

（3）初期のモスク図書館

　イスラム教は偶像崇拝を固く禁じているため，崇拝の対象としての神像や道具を一切持たない。しかしイスラムの教えが伝播していく課程の中で，各地にはマスジドと呼ばれる礼拝所（日本や欧米では一般に「モスク」と称される）が置かれ，しばしば図書館やマドラサ（学院）が併設された。

　そのようなモスク附属図書館のうち現存する最大かつ最古のものの一つは，ウマイヤ朝第6代カリフのワリードⅠ世（在位：705-715）によってシリアの首都ダマスカスに建てられたウマイヤド・モスク（別名ダマスカスの大モスク）の図書館である。このモスクは，かつてはローマ神話の主神であるユーピテル（ジュピター）の神殿だった場所で，その後はヨハネ大聖堂，さらにはキリストに洗礼を施した洗礼者ヨハネの首を安置した霊廟としても知られる。さらに，ダマスカスの北に位置するアレッポのスフィヤモスク図書館も現存する

最古の図書館の一つで，ここには当地の王子が個人で遺贈した約1万冊の書物が収蔵されたと伝えられる[10]。イスラム教徒の間では，図書館の蔵書を豊かにするために社会貢献することが教養ある人々の義務と考えられており，みずからの蔵書を死後に図書館へ遺贈することも珍しくなかった。

(4) アッバース朝の隆盛と製紙技術の伝来

8世紀中頃，ムハンマドの叔父アッバースの系統であるアッバース家がウマイヤ家を倒して新たにアッバース朝（750-1258）を興し，首都をバグダードに置いた。それまでウマイヤ朝において認められていたアラブ人特権がアッバース朝においては否定され，たとえ外国人でもイスラム教に入信した者はすべて平等な兄弟姉妹とみなされるようになり，これによってイスラム教は民族宗教から世界宗教への大きな一歩を踏み出した。イスラム商人達は，中央アジアはもとより西はアフリカ，東は中国や中央アジアへと広く進出し，信者数はますます増加した。

751年，アッバース朝は中央アジアの覇権をめぐって唐と対立。タラス（現在のキルギス共和国北西部）において戦争が勃発した。これが「タラス河畔の戦い」である。戦いにはイスラム軍が勝利し，多くの唐人が捕らえられた。この時に捕らえられた捕虜の中に紙職人がおり，捕虜を通じて紙の製法がイスラム世界に伝えられた。これはヨーロッパに紙の製法が伝わるより約400年も早い。こうして紙の生産が始まったアッバース朝では，ギリシャ，ペルシャ，インド，唐などの文献が積極的にアラビア語に翻訳され，記録された。このことは図書館の発展にも大きな影響を与えたと思われる。

中央アジアからエジプトにかけての広範な地域にまたがるイスラム圏の各都市には，次々にモスク図書館が設立されていった。イスラムの平等思想に基づいて，図書館は一般公開されることが多かった。モスク図書館の建物にはしばしばイスラムの伝統的な美的感覚を生かしたドーム型デザインなどの意匠が凝らされ，周囲に庭園や池を配するなど，環境との融合にも配慮された。イスラム世界において「本」といえば，とりもなおさず『クルアーン』のことであり，

10：Stuart A. P. Murray, Nicholas A. Basbanes. The library: an illustrated history. Skyhorse Publishing, 2009, 320p.

その重要度は他のあらゆる書籍と一線を画した。そのため図書館でも『クルアーン』は他の本より高い場所に布で包まれて保管されるなど，特別丁重に扱われた。

(5) モスク図書館と目録

数多あるモスク図書館のうちのいくつかを簡単に紹介しよう。10世紀のバグダードに建設された「智恵の家」(バイト・アル＝ヒクマ)は，高等教育機関を兼ねた図書館であった。経営はカリフによって行われ，学者らがギリシャ語，ペルシャ語，サンスクリット語，ラテン語など外国語で書かれた科学書をアラビア語に翻訳し，またアラビア語の書籍をラテン語などに翻訳するなどの業務に当たった。ペルシャ(現イラン)のシラーズに設立されたモスク図書館には，豪華なカーペットが敷き詰められた部屋が全部で300室もあり，すべての蔵書は目録で徹底的に管理されていた。10〜11世紀の西方イスラム文化の要所の一つであったイベリア半島の後ウマイア朝コルドバには約70の図書館があり，そのうち特に有名な大モスク図書館は40万冊から60万冊の蔵書を誇ったといわれる。このように，アッバース朝時代のイスラム世界においては，モスク図書館がまさに百花繚乱の様相を呈していた。

10世紀後半，アッバース朝バグダードの書籍商イブン・アンナディーム(Ibn al-Nadîm)は『目録の書』(Kitâb al-Fihrist)を著わし，10部(マカーラ)による図書分類を作成する。この分類はイスラム世界の基本となり13世紀のマムルーク朝のアル＝ヌワイリー(al-Nuwayri)がこれを補い，17世紀のオスマン朝のカーティブ・チェルビー(Kâtip Çelebi)によって改良が施された。

(6) 千夜一夜物語の完成

10世紀，首都バグダードの人口は100万人を超し，唐の長安と肩を並べる世界最大の都市の一つとなっていた。イスラム文化は最盛期を迎え，学問や科学も大いに発展した。バグダードを主な舞台として描かれた中世イスラム文学『千夜一夜物語』(俗に『アラビアンナイト』としても知られる)が登場するのもこの時代のことである。

『千夜一夜物語』は，3世紀から7世紀にかけてササーン朝ペルシャの公用

語であった古代ペルシャ語（パフラヴィー語）で書かれた『千物語』をベースに，インドやペルシャなど近隣諸国に古くから伝わる物語を数多く内包した説話集である。現代の感覚でいうところの著者がいるわけではなく，また当時は著作権の感覚もなかったことから，数多くの作家や学者らが何世紀にもわたって加筆訂正しながら徐々に完成させていった物語である。したがってはっきりとした成立年があるわけではなく，また時代や地域によってさまざまなバージョンが確認されている。

　作品中には王妃と奴隷の密通やホモセクシャルなど，いわゆる反社会的で性的な描写が多く，しばしば反イスラム的であると批判されてきたことも事実だが，それだけ当時の人々のリアルな暮らしぶりを写していると言えるかもしれない。有名な『アリババと40人の盗賊』『アラジンの魔法のランプ』『シンドバッドの冒険』なども『千夜一夜物語』の"作中作"として含まれており，当時の人々の生活や風俗，考え方を知る手がかりを提供している。なお『千夜一夜物語』は，インドやペルシャですでに使われていた"作中作"（物語の中の物語）の手法や，さらに複雑化した"作中作中作"（物語の中の物語の中の物語）のように凝った手法を駆使した文学作品としても知られている。

7章　宋・元代の図書館と中世日本の文庫

1．印刷技術の黎明と発展

（1）唐末五代の印刷術

　現在確認されている中国最古の木版印刷は，1907年スタインが敦煌17窟で発見した『金剛経』（大英博物館図書館蔵）で，868年の年紀がある[1]。中国以外では，770年に印刷された日本の『百万塔陀羅尼経』や韓国仏国寺の『陀羅尼経』（推定751年）が知られており，現存資料はないものの中国での印刷術は8世紀中葉以前に出現したと推定されている。初期の印刷術は民間で先行して流布したらしくお札のようなものが出土する[2]。やがて暦・辞書・詩集・占い・風水などの印刷物などが刊行されるようになった。五代十国時代になると，ようやく宮廷にも印刷本が浸透するようになる。後漢の宰相，母昭裔（ボショウエイ）は『文選』『初学記』を，後周の宰相，和凝は自作詩文集「曲子詞」を印刷配布している。
　国家としての印刷事業は，932年後唐の『易経』『尚書』『詩経』『春秋左氏伝（シュンジュウサシデン）』『春秋公羊伝（シュンジュウクヨウデン）』『春秋穀梁伝（シュンジュウコクリョウデン）』『儀礼（シュライ）』『周礼（ライキ）』『礼記』の九経の印刷が初めてである。九経は開成石経を底本とし完成に20余年を費やした。

（2）装丁の変化

　五代十国時代以後，写本は次第に印刷本（印本）に変わる。形態も巻子（カンス）[3]か

1：「……小さな仏典が1冊ある。印刷は粗雑だが，書籍の古い形態から新しい形態への変化が見られる。この書物は巻物ではなく，折本で，こうした形態の最初の1冊であろう」『敦煌取書記』スタイン（M.A.Stein, 1862-1943）。
2：中国陝西省碑林博物館には，8世紀初頭の年号が刻まれた木版のお札のようなものが現存する。
3：巻子本を配架する場合は軸の頭を手前に置き，籤（せん）をかけ，書名と巻数を記した。

ら冊子へ変化する。冊子への変化はインドからもたらされた仏典の形態の影響によるといわれる。仏典は細長い貝多羅の葉に鉄筆で書かれたものを紐で綴じた形が主流であった。敦煌の写本には，紙に穴をあけ紐を通した形態のテクストも残っている。また縁を糊づけし蛇腹のように折り畳んだ短冊状のものもあった。巻子から冊子への移行期には旋風葉（旋風装）が現れる。第1紙の右が軸を巻き，第2紙以降はそれぞれ前葉の裏面に1～2cmずらして貼り付けた形である。

　製本は，以下のように工夫されてきた。

折本　　巻子は検索に不便である。これを解決するために工夫されたのが7，8世紀にインドの貝多羅装の影響を受けた生まれた折本である。貝多羅装とは長方形にしたヤシの葉を重ねて紐で綴じ，保護のために板で挟んだものである。折本は8，9世紀に仏教の経典や道教の経典製本方法として使われ，現在でも利用されている。

蝴蝶装（コチョウソウ）　折本は折り目が裂けやすい，また版木では限界がある。そこで冊子形態の本が生まれ10世紀初頭の蝴蝶装が最初の冊子形態である。蝴蝶装は書葉（印刷は片面のみ）を半分に折り，折り目を糊付けし表紙をつける。開くと書葉が蝶の羽に似ている。蝴蝶装は小口が損傷されてもテキストは傷つかず，見開きで全面が見られる。一方，紙が薄い場合は内側に丸まる短所がある。

包背装（ホウハイソウ）　蝴蝶装の欠点は，綴じを反対にすることで解決した。テキスト面を外側にして折り，紙縒りで綴じた。オモテ表紙とウラ表紙を1枚の紙で，包んで糊付けすることから「包背装」という。包背装は元代から使われはじめ明代初めから嘉靖期（1522-1566）までの標準的な形態である。

線装（線は糸の意）糸綴じ　　線装の基本的構造は包背装と全く同じであるが，背を包むのではなく，表紙を作って書脳の位置で糸綴じしたものである。線装は見た目が美しいだけでなく，使いやすく構造的に丈夫で解体しにくい。糊の量も少なく虫害の影響が少ない。

（3）印刷術がもたらしたもの

　印刷術は，書物の書体・素材・形態そして書物と社会との関係を一変させた。印刷によって媒体は紙に固定され，書物の形態を巻子から冊子に変え，読者を

限られた知識人から一般人へと広げた。写本では内容が同じであっても書手によって書体は変わる。印刷本が写本と大きく異なる点は，装丁・構造・文字・表紙・奥書が規格化されたことである。さらに大きな相異は巻物は「製本されたものに書写した」のに対し，印刷本は「書いて（印刷して）から製本する」というフローが一般的になったことである[4]。

（4）印刷術の普及と活字印刷の発明

宋代の木版印刷は「宋版」と呼ばれ，叢書(ソウショ)が多く刊行された。『太平御覧』『冊府元亀(サップゲンキ)』『文苑英華(ブンエイエイガ)』各1,000巻，『太平広記』500巻は四大叢書と呼ばれる。

宋は971年，印刷の先進地であった蜀（四川）を征服すると後蜀に命じて一切経（大蔵経）の印刷5,048巻480函を命じ，また徽宗は最初の道教の総集『万寿道蔵(キゾウ)』を刊行している。

グーテンベルクの印刷は活字を1字ずつ組み合わせて版をつくるが，宋の木版印刷は紙の大きさに合わせた版木を彫って印刷したものである。粘土による活字や木活字も工夫されたが[5]，漢字文を印刷するには一枚板に刻した方が容易であった。木版印刷は鉛活字による機械印刷術が西洋から伝わるまでが続いた[6]。

木版印刷は，刊行者によって官刻本・家刻本・坊刻本に分けられる。官刻本は国，家刻本は個人，坊刻本は，書坊（書店）が版元である。そのうち家刻本は専門家によって校訂されることが多くレベルが高いとされた。坊刻本は受験参考書や日用書の類も扱っている。

4：「春日版」の巻刷りについては異説がある。
5：慶暦年間（1041-1048）畢昇(ヒッショウ)は粘土で1字ずつ字を刻し，焼成して鉄枠にはめ版を組んで印刷した（沈括『夢渓筆談』技芸門）。元の王禎(オウテイ)は1298年，畢昇の活字を基に木活字を造って『旌徳県志』を印刷した。
6：中国では，科挙のテキスト用で儒書の印刷が早くから行われた。宋代以降は国子監（首都の国立大学）で出版されている。

2．宋代の図書館（館閣）

（1）宋代の館閣蔵書の成立と利用

　北宋は五代十国の蔵書を大量に没収して建国10年で80,000巻を所蔵する。民間から書籍献上を奨励し，献上された書籍の価値によって官職を授けるなどの褒賞を与えた。

　北宋の蔵書は「館閣」と総称された図書館の崇文院(スウブンイン)と秘閣，そして宮廷の蔵書は太清楼(タイセイロウ)や六閣に収蔵された。

　崇文院は唐代の秘書省に代わる機関で，秘書郎が主管者として管理した。図書の編集と校訂については校書郎が主管した。崇文院は宮殿中，最も壮麗な建物で東に昭文蔵書庫，南に集賢蔵書庫，西に史館蔵書庫が配置されている。蔵書は経・史・子・集に分類され，正本・副本を合わせて80,000巻。図書は美しい彫刻が施された棚にすべて青い綾で覆われて配架されていた。崇文院の蔵書はよく利用されたが，貸出図書がしばしば散逸した。哲宗以後，貸出は集賢書庫に制限され貸出専任官吏が置かれ，出口に監門が設けられた。

　秘閣は「特別書庫」で，①もとの史館・昭文館・集賢院の旧蔵書，②古書画，③天文・占いなどの方術の書籍が置かれた。

　宋代の宮廷蔵書は太清楼と「六閣」に収蔵された。六閣は皇帝記念館である[7]。

　館閣の利用者は，皇帝・大臣・官吏・特別許可を受けた者・殿試を受ける科挙受験生であった。公私を問わず著作活動には資料が供され「太平御覧」「太平広記」「文苑英華」「冊府元亀」の編纂には崇文院の蔵書が使われている。検索用の「崇文総目」「秘書総目」などの蔵書目録が編集されている。

　館閣には，たとえば修賢院大学士というようにそれぞれの図書館の専任の官吏である「大学士」が置かれた。館閣の官職は高官に昇進できる重要なルート

7：天章閣（真宗記念）宝文閣（仁宗）顕謨閣(ケンボカク)（神宗）徽猷閣(キユウカク)（哲宗），敷文閣(シキブンカク)（徽宗）龍図閣（太宗）で龍図閣はその下に，①経典閣，②史伝閣，③子書閣，④文集閣，⑤天文閣，⑥図画閣，⑦瑞物閣(スイブツカク)があった。

で，北宋・南宋の著名な政治家・文学家・史学家のほとんどが館閣出身である。館職への審査は厳しく，科挙での高順位者や現任の官吏の中から選抜されている。

（2）南宋の館閣再建

　1127年に建国された南宋は，12世紀から13世紀の後半まで北方の金・遼・西夏と対峙する。南宋では秘書省を復活させ，①皇帝の政務についてのレファレンス，②国史編纂，③図書校訂，④「中興館閣書目」や「中興館閣続書目」などの目録編集，⑤政令・礼制・典故・官制などの検討に参与，⑥士族の子弟教育の業務を行わせた。

　南宋の秘書省の建物は東廊下に42室，西廊下に43室という大規模なもので，このうち秘閣の書庫は10室，経部・史部・子部・集部の書庫は合わせて24室，他に刻本の書庫，聖政（前代皇帝の事跡），会要，歴書，詔書，古書画などを保存する専門の書庫があった。

　館閣蔵書は借り出しが厳しく制限され，許可書が必要とされた。官吏は秘書省の書籍を省内で読むことができたが，秘閣の書は厳格に管理され皇室以外には許されず例外はなかった。南宋では7月7日が曝書の日と定められ毎年行われている。

（3）遼・金・元の蔵書

　遼の太宗耶律徳光（927-947）は後晋を滅ぼし，その蔵書を手に入れる。遼は，契丹耶律億（キッタン ヤ リツオク）の時から書籍を収集しはじめ，契丹文字を造って漢語を訳し，道宗（1055-1101）の時に宮廷蔵書を形づくった。書籍を公刊する詔書を発布し，儒生たちに図書を校訂させてもいる。

　1125年，遼を滅ぼして蔵書を奪った金は，1126年北宋の都，開封に攻め入り皇帝欽宗・徽宗や皇族を捕らえ（1127），書籍や文物を数多く北方へ持ち去った。南宋との講和会議で金は三館・秘閣の蔵書を要求し書籍や版木が金に運ばれた。金は訳書院を設置し，儒典を訳させ宮廷図書館を築いた[8]。

8：金も秘書監・秘書少監・秘書丞・秘書郎などを設置して蔵書を管理させている。

元は1233年に金を，1275年には南宋を滅ぼしてそれぞれの蔵書を奪取する。政府高官をモンゴル人で独占し，色目人・漢人・南人と序列をつけて漢民族を差別抑圧し儒学者を冷遇した。江南の民間図書を徴集しようとするが，漢民族の文化や知識人を軽視したため実効はあがらなかった。

元は秘書監を置いて蔵書を主管させ，秘書監卿・秘書少監・秘書監丞・秘書郎などをおいた。蔵書の数は少なくなかったが組織は名ばかりで，校訂整理も行わず管理も徹底せず，蔵書は大臣とその一部の部下しか閲覧できず活用はされなかった。中央政府の刊行物の管理機関「興文署」(「国子監」に相当するもの)を設立したが，まもなく廃止されている。

(4) 宋・元の民間蔵書家

宋代以降，印刷技術の発達は図書の数量を増大させ，万巻以上の蔵書家も珍しくなくなる。個人蔵書は代々家に伝わるもので，社会環境が安定しなければ存続しない。北宋末の「靖康の変」によって多くの個人蔵書が失われることになる。

北宋初期の江正は越州刺史に赴任した時に銭世時の蔵書を譲り受け，さらに江南各地で収集して数万巻の蔵書家になった。

宋綬・宋敏求親子の宋綬は楊徽之・畢文安から蔵書を得て，息子の宋敏求はさらに収集を加えて30,000巻もの蔵書にした。宋氏の蔵書は唐代の詩集が多く，図書を借りに多くの士大夫が宋氏の家の近くに引っ越してきたため，宋氏の周りの家賃が高くなったという逸話が残る。

王洙，王欽臣一族の蔵書は43,000巻。王欽臣は新しい書籍を手に入れるとほかの版と校合した上で，二部清書し一部は貸出用や勉強用，一部は絹で装丁して「鎮庫本」(保存用)にした。

金による動乱時の図書の亡失記録を，宋代随一の女流詩人李清照が残している。夫の金石学者趙明誠は俸給をほとんど書籍に費やし，コレクションを充実させていた。動乱を避けて南下する時，荷物が車に載りきれず，まず大きくて重い書籍を放棄した。次は書画幅。骨董品は文字が彫り付けてないものを放棄。1129年5月にはまだ書籍2万巻，銘文や石刻の拓本2千巻が残っていた。12月，金の軍隊が洪州に攻め入りやむを得ず全部放棄した。河を渡って持ってきた蔵

書はすべて失ってしまった。

　南宋時代の蔵書家は沿海部の江蘇・浙江・福建や四川に分布していた。四川の晁公武は戦乱を避け，都から四川に転居した。34,500巻の蔵書を築き，検索用に個人蔵書目録「郡斎読書志」をつくった。晁公武の「郡斎読書志」，尤袤の「遂初堂書目」は提要がついて書籍の内容や評価が記されていて貴重なものである。

　印刷技術が発達して，書籍の収集が比較的容易になる一方，科挙試験や学術研究などで書籍の需要が大きくなると，蔵書を公開しようとする動きが出てくる。宋敏求・王明清・李公択などがその先鞭で，盧山の李公択は書籍9,000巻を若者に開放した。

　また，大量の出版物流通は選択論を生む。南宋の史学家で目録学者の鄭樵は『通志』「校讎略」で具体的に八つの方針を提言している。それは中国最初の図書選択論である[9]。

　宋の皇族で元の大都に移った趙孟頫も蔵書が豊富で，明や清代の政府や個人蔵書の中に趙孟頫の旧蔵書がよく発見される。済南の張炤は８万巻を購入して，１万巻を教育のために府学に寄付した。耶律楚材は契丹族の蔵書家で著名である[10]。

3．朱熹による書院のはじまりと発展

（１）朱熹の白鹿洞書院と宋代の書院

　宋代以降，科挙による官吏登用制度が定着すると，民間学校の書院が各地に生まれる。書院という名は唐代にもあるが，その場合の書院は書籍の保存・編

9：鄭樵の図書選択論。①同類の書物の中から優れたものを選ぶ。②似ている種類の中から鑑別し選択する。③異なる地域から探す。④異なる学派から探す。⑤国の出版物から書物を選ぶ。⑥民間の家刻と書坊の印刷物から探す。⑦異なる学者・蔵書家から探す。⑧異なる時代から求める。
10：他に蔵書家として著名だったのは皇族の昌王趙宗晟，趙王趙宗綽。文人では「資治通鑑」の作者司馬光とその助手，劉恕。「酔翁亭記」の作者，欧陽修。「唐文粋」の編者姚鉉。詩人の晏殊・晏幾道。『春秋傳』を著わした葉夢得が挙げられる。

集の場を表し，宋代の「講学を行う場所」とは異なっている。

貞元年間（785-805），李渤と弟の李渉は廬山白鹿洞に隠居して読書三昧の生活に入り，この場所を精舎と呼んだ。五代南唐の時にここに学館が置かれて廬山国学といわれるようになり，宋代に白鹿洞書院と改められて読書と講学二つの機能を持つ書院に発展する。

1181年，朱熹は白鹿洞書院を再整備し「白鹿洞書院掲示」を制定して書院の主旨・目的・修養・生活を詳細に規定した。後世の書院はこれに準じている。朱熹は自ら書院を主管し講学した。反対学派の陸九淵をも勧誘して共に書院で講学し論争を戦わせ，書院の「講会」制度を創立した。

書院は宋政府によって奨励され各地で民立の書院が創設される。政府は書籍を提供し学田を与えて財政的な援助をし，北は山東，西は四川・貴州，南は海南島までに広がった。北宋時代には嵩陽書院（河南登封太室山）・睢陽・白鹿洞書院（江西廬山）・岳麓書院（湖南岳長沙麓山）が，南宋時代には岳麓・白鹿・麗澤・象山が「四大書院」と呼ばれる[11]。印刷本によって書院の蔵書は豊富になり，また書院自から「書院本」を印刷した。麗沢書院，象山書院，泳澤書院，龍渓書院などの印刷版本が有名である[12]。

（2）元代の書院

宋が滅亡すると，学者の多くは元に仕官せず書院で講学活動を行う。一方，元は書院を政府の管理下に置いて統制しようとした。書院ははじめ江南地域に集中していたが，徐々に北や西に広がり地方の学術文化を担うようになり，蔵書規模は拡大しその内容も小説・雑説までもが収集されるようになった。書院には専任の蔵書管理者が決められ貸出制度が整い，蔵書目録が編集された。「杜洲書院書板書籍目録」「共山書院蔵書目録序」「西湖書院書目序」は優れた書院蔵書目録である。ほとんどの書院で印刷事業が行われ，西湖書院は国の書

11：四大書院には異同があり応天府書院（河南商丘）入れる場合や湖南省衡陽の石鼓書院，江蘇省金壇の茅山書院をいれ六大書院という場合もある。

12：麗澤書院……司馬光の「切韻指掌図」2巻，呂祖謙の「新唐書略」35巻。象山書院……袁燮の「絜斎家塾書抄」12巻。泳澤書院……朱子の「四書集注」19巻。龍渓書院……陳淳「北渓集」50巻，「外集」1巻。建安書院……晦庵先生の「朱文公集」100巻，「続集」10巻，「別巻」11巻。鷺州書院……「漢書」120巻。

籍印刷業務も請け負った。印刷本は収蔵用のほか，他の書院，官庁，寺院，民間に流通した。モンゴル族の書院として有名な成都草堂書院は宦官・達可によって創立され，全国各地から図書を収集して27万巻の蔵書を築いた。

4．日本中世の図書活動

（1）印刷術の発達と出版事業

a．鎌倉時代の図書活動

　右大将として鎌倉に幕府を開いた源頼朝は建久3（1192）年征夷大将軍となり，貴族から武家へと政権の交代が起こる。

　この時代になると，さらに仏教の教学研究を深める，あるいは宗義を広めるために，それぞれの寺院により仏典の刊行が盛んに行われるようになった。南都の興福寺，東大寺，西大寺，法隆寺，醍醐寺，東寺，泉涌寺等で仏典が刊行された。将軍や武士，公家などの出版もあるが，この時期にもっとも多いのが，僧侶の手になる出版物であった。

b．室町・安土桃山時代の図書活動

　元弘3（1333）年に鎌倉幕府が滅ぶと，南北朝時代に入り争乱は60年間に及ぶ。元中9年＝明徳3（1392）年に南北朝の合一がなされ，三代将軍足利義満が太政大臣となり，京都に室町政権が確立するが，応仁元（1467）年に応仁の乱が起こり，戦乱とともに鎌倉時代から行われていた各宗派の開版活動は沈滞化していく。一方，鎌倉や京都の禅宗による五山によって図書が活発に刊行されることとなる。

　室町時代の図書文化における特徴は，全国各地への広がりである。応仁の乱で戦場と化した京の町から，多くの貴族が難を逃れて地方へと移動する。それにともない五山版も変容し，仏典以外の書物が刊行されるようになる。

　このころになると民間の有力者が出版にかかわり，営業的な出版物の刊行が行われるようになる。また戦国大名による地方での図書事業，国書の出版も始まる。さらに同一図書の重版もみられるようになってくる。

c．一般庶民への図書の普及

室町時代後期の15世紀以降になると，裕福な町人と農民が図書の担い手として姿を見せる。仮名書きを主体とした御伽草子が生まれ，連歌や俳諧などの図書も刊行される。彼らは歌の読み手にとどまらず，出版の世界にも顔を出すようになる。

たとえば『論語集界』全10巻の刊行者は，道祐居士と称する市井のもので，これは仏典以外の漢籍の開版として，現存する最古のものである。ほかにも日本初の医学書の開版『医書全書』，堺南庄石屋町経師屋石部了冊による字引『節用集』の刊行などが行われている。

（2）武家による図書活動

a．武士階級と禅宗

鎌倉・室町時代の文化の担い手は，貴族から武士へと変わり，政権は京都から鎌倉へ移り，源頼朝による鎌倉幕府が中心となる。御成敗式目を制定し，武士政治の基礎を固めていく。しかし勃興したばかりの武士階級は，すぐに独自の文化を生み出すまでには至らない。政治ばかりでなく文化面でも貴族より優位に立つために，武士政権が支柱としたのが，このころ中国から伝えられた禅宗だった。新興の武家階級と伝来した禅宗が結びつき，新しい図書文化の担い手となっていく。武士たちは大陸の新しい文化を取り入れようと，積極的に書籍を集め文庫を作る。その代表的なものに，金沢文庫と名越文庫がある。

b．名越文庫

名越文庫とは，鎌倉問注所執事の三善康信による個人文庫で，鎌倉の名越にあったことから文庫の名前とされた。三善氏は公家の出身であるが，頼朝に招かれ幕府の訴訟などにあたった。名越文庫は，承元2（1508）年の大火ですべて焼失した。残された記録によると，私設とはいえ職務上多くの公文書も保管され，時代的にも公家から武家に政権が移行する時期の貴重な文庫だったと思われる。

c．金沢文庫

金沢文庫は鎌倉時代を代表する教育施設であるとともに，図書館史上においても，代表的な武家文庫として，欠かすことのできない存在である。創立がい

つなのか，だれなのかは明確ではないが，本格的に収集に力を入れたのは，北条実時（1224-1276）からというのが有力な説である。

実時は，家柄と才能により若くして鎌倉幕府の評定衆などの要職についた。幼少時代から学問を好む。鎌倉から東に山越えをし，海外貿易も行われた六浦港に隣接する要所，武州金沢に別邸をつくり，その庭内に建てた持仏堂を建てる。これが称名寺である。設けられた金沢の地名を名前とした。

金沢文庫はその後，実時の子である顕時，孫の貞時，曾孫の貞将まで引き継がれ運営された。『北条九代記』には「称名寺の内に文庫を建てて和漢の群書，内外両典，諸史，百家，医，陰，神，歌，世にある程の書典では残る所なし」とある。各時代の蔵書目録がいまに残されていないので，そのすべてを知ることはできないが，総数2万巻以上におよんでいたとされている。これらは購入だけでなく，善本は書写により集められた。金沢文庫は好学の徒に借覧するという図書館的役割も果たしていた。

金沢文庫は鎌倉から離れていたため，鎌倉幕府が滅びるときには兵火から免れた。北条氏滅亡後は，西大寺系である称名寺の学僧たちにより管理される。その後，現在までの長い歴史のなかで，多くの貴重な書籍が流出したが，いまも神奈川県立金沢文庫という博物館施設として，貴重な古典書籍，古記録等を保存している。

金沢文庫は単なる一族の収集書籍にとどまらず，権力を手に入れた武士階級が新しい文化の担い手としての時代をつくり，集めた図書を図書文化としてのちの世に伝えようとした気概がみられる。

d．足利学校文庫

鎌倉幕府滅亡後に武士階級が収集した書籍類の代表格が，足利氏の出身地に創立された足利学校文庫である。教育機関の役割を持っていた足利学校の創立経過は明確ではない。

足利学校は室町幕府の衰退，関東の争乱，自然災害などにより衰える。永享年間（1429-1440）関東管領だった上杉憲実は，足利学校を整備し再興する。学校の中心は漢学であり易学にも力を入れていた。その易学は軍配者である戦国大名たちに重んじられた。

その後の足利学校は，時代に即しながら上杉氏，北条氏などの庇護により多

数の学徒をかかえる学校として栄えていく。宣教師ザビエルにより「日本国中最大にして最著名の学校」と，海外にまでその名が知られることとなる。

　足利学校文庫のものは，人材養成を目的とした漢籍が中心とされたと思われるが，室町時代の蔵書目録がないのではっきりとはわからない。江戸時代享保10(1725)年の足利学校蔵書目録より，結城陸郎により推定された蔵書の状況をみると，江戸時代には国書24部125冊，漢籍256部2,056冊，仏典221部714冊となる。現在は足利学校遺蹟図書館に，4,000冊あまりが残されている。

(3) 僧侶による図書活動

a．鎌倉期の刊行本

　貴族階級が中心だった仏教も，鎌倉時代以降になると禅宗，浄土宗，親鸞の浄土真宗，日蓮宗など新しい宗派が生まれ，庶民にまで広がっていく。しかし南北朝から室町まで，依然として出版文化の担い手は僧侶階級であった。

　鎌倉期になると，法然による浄土宗浄土教版，最澄による天台宗の比叡版，空海による高野版などが刊行される。しかし日蓮宗と親鸞の浄土真宗においては，室町末期まで刊行の様子はみられない。浄土真宗は浄土版，日蓮宗の経典である法華経は，天台宗が重んじた経典でもあり，比叡山版を宗義に使用したのではないかと，考えられている。

b．五山文庫

　鎌倉時代には新興宗教の禅宗が政権と結びついて力をつけていく。それが鎌倉五山（建長・円覚・寿福・浄智・浄妙）や京都五山（当初＝南禅・天竜・建仁・東福・万寿，永徳2(1382)年の相国寺建立後は相国寺が五山に入り南禅寺は五山の上となる）における五山文化，五山版として花開く。

　通常において五山版とは，鎌倉時代中期以降に鎌倉で始まり，鎌倉幕府滅亡後は京都の五山を中心にして室町時代の終わりまで，禅宗関係者により出版された書籍をいう。

　五山文庫の開版には，中国人の刻工が日本に在住したことによる影響が大きい。彼らは幕府や朝廷の援助を受けて，禅宗の開版活動を支えた。元代の中国ですでに行われていたように多くの中国人の刻工たちにとっては，宗教を広めるという目的よりも，開版自体が生活のための仕事であり，営利的な経済活動

であった。こういうことも，五山文庫が従来とは違うところである。

c．東福寺普門院書庫と東福寺海蔵院文庫

禅宗関連の寺院が収集したすぐれた蔵書のなかでも，特に東福寺普門院書庫，東福寺海蔵院文庫が知られている。

普門院は弁円（1202-1280）が開山とされる。弁円は宋に7年間在住し，帰京したときに経典数千巻，ほか儒老二教の書籍を持ち帰る。それらは蔵書目録にして，元弘2（1332）年の普門院書庫として収められた。『普門院経論章疏語録儒書等目録』や明徳3（1392）年『普門院蔵書明徳目録』等が現存している。

塔頭の海蔵院にも文庫があった。ここは虎関師錬（こかんしれん）（1278-1346）により設けられた。広く学問の素養があった師錬は，多数の儒仏関連の書籍を収蔵した。自身も『元亨釈書』（げんきょうしゃくしょ）（30巻），『聚分韻略』（じゅぶんいんりゃく）などの著作がある。

（4）朝廷と公家による図書活動

a．朝廷文庫

朝廷と公家の権威は衰退したとはいえ，宮中においては和歌や講学などが引き続き行われ，天皇も代々において文書や書籍の伝承に努力していた。

長寛元(1163)年に後白河法皇により創建されたのが「蓮華王院宝蔵」である。歴代天皇により守られてきたが，盗賊などが横行し，花園天皇（1308-18）のころには収蔵品もかなり散逸し，室町時代には宝蔵自体が壊滅したとされている。

南北朝時代における北朝の朝廷の収集書籍として，文和3（1354)年『仙洞御所目録』がある。

b．公家文庫

鎌倉時代に入ると公家階級は没落し，書籍の収集どころではなくなる。さらに室町時代になると応仁の乱により，代々保存してきた蔵書の多くが失われた。

そのなかで「桃華坊文庫」は公家文庫の代表格にあげられる。五摂家の一つである，一条兼良（1402-1481）により作られ，朝廷の『仙洞御所』よりも，多くの本を集めていた。一条家は公私にわたる代々の文書記録も多く，博学で知られた兼良は多数の和漢書籍を収集していた。土蔵内の文庫は，応仁の乱の火災に耐えたが，その後の混乱で壊され，すべてが盗まれた。このことは兼良

自身が『筆枕』のなかで「十余代家につたへし和漢の書籍ども一巻も残らずなりにけり」と述べている。

Ⅲ編
近世図書館思想の広がりとさまざまな図書館

8章　ルネッサンスと図書館思想

1．ルネッサンスと印刷術

(1) ルネッサンスの萌芽

　ローマ教会の束縛が強かった時代は，自分の感性や理性に従った生き方は許されなかった。それでもフランチェスコ修道会が自分の生き方を自分で選択することを認めたように，キリスト教内でも少しづつ自由が容認されていく。

　神聖ローマ帝国のフリードリヒⅡ世（Friedrich Ⅱ，1194-1250）は，ローマ教会に対して「政教分離」を貫いた初めての皇帝である。3歳で父皇帝ハインリヒ6世が没し叔父のフィリップが即位すると，シチリアに逃れてシチリア王となった。当時のシチリア島はキリスト教文化とイスラム教文化が融合した特異な文化を形成し，ここで彼はイスラム世界の自然科学の素養を身につけた。叔父の死後，皇帝に即位するとナポリ大学（フェデリコⅡ世大学）を設立しアレクサンドリア図書館のムセイオンのような研究所をシチリア島につくった。また，庶民の日常語の表記方法を整えさせ，口語表現を可能にした。ここから日常語で表現をする文学が生まれ，ルネッサンス詩人ダンテが生まれてくる[1]。

(2) 大ルネッサンスと人文主義者

　ルネッサンスは14世紀頃に始まり16世紀まで，地中海貿易で繁栄したフィレンツェなど北イタリアトスカーナ地方の都市を中心にして起こった文化文芸運

1：フィレンツェ出身の詩人ダンテ（1265-1321）はルネッサンスの先駆者とされる。ダンテの「神曲」は古代ローマの詩人・ウェルギリウスが主人公を地獄・煉獄に案内し，主人公が魂の浄化を経て天国へ昇ってゆくというストーリーでローマ古典文学とキリスト教による救済との調和を図った一大叙事詩といわれる。

動である。ペトラルカ（Fr.Petrarca, 1304-74）の詩やボッカチオ（G.Boccaccio, 1313-75）の『デカメロン』などに象徴される。人間中心の精神活動を求めたこの運動は全ヨーロッパに波及し，古代ギリシャ・ローマ文化を復興させキリスト教と融合させた社会をつくりだした。

古典の教養を持ち，人間の生き方について思索する知識人は人文主義者（ウマニスタ：Umanista）と呼ばれる。人文主義者は人間の特徴である言語の研究を深めることが人間性を明らかにできるという思想を持ち，人文主義者は学問の主流となる。

ルネッサンス運動の初期は文法，修辞学，詩学，道徳哲学，歴史学の分野の研究が中心であった。しかし東ローマ帝国が滅亡し，多数の知識人がイタリアへ亡命してくると古典研究は哲学，科学を含む全領域に拡大していった。東ローマ帝国の末期には，古代ギリシャ研究が盛んで，亡命者が携えてきたギリシャ写本やローマ書籍など目新しい資料が到来したのである。

（3）活版印刷術の発明とその影響

ルネッサンス最盛期，ドイツ人の金属職人のグーテンベルク（J. Gutenberg, 1394/99-1468）によって発明されたといわれる活版印刷技術は，15世紀末までにヨーロッパ各地に伝わり主要な都市での印刷が始まる。書物の制作を迅速・安価にし，新しい知識や思想の普及に大きな役割を果たすこととなった[2,3]。

新しい印刷技術は，凸型の文字をつくり，これの鋳型から必要な鉛活字をつくって版を組む方法で，この発明は当時の製紙・インク・鋳金・プレス機械など先端技術の上に成り立っていた[4]。

グーテンベルクの印刷には『42行聖書』が有名だが，初等ラテン語文法教本，暦，免罪符なども多く刷られている。しかし発明されてから50年あまりは，大

2：印刷技術は，中国ではすでに宋代（11世紀）に木版印刷技術が生まれ，朝鮮では金属活字も発明されている。東洋の木版印刷は14世紀末から15世紀の頃にヨーロッパに伝わった。
3：印刷術と同様，中国に起源を発する紙は，サマルカンドに8世紀中葉（751），バグダット（793），ダマスカス（795），エジプト（900），モロッコ（1100），スペイン（1150），イタリア（1271）に伝わっている。
4：活字制作の凸型凹型手法は「ねじ」の作成方法と同じである。ねじは鉄砲制作の上で欠かせない技術である。

量生産という長所がなかなか発揮されなかった。愛書家たちは書物の美しさを求め，写本から印刷本への転換が進まなかったからである[5]。

活版印刷はダンテからマキャベリまでの幅広いフィレンツェ文学を普及させたが，その普及にはヴェネツィアという都市が貢献したことも無視できない。当時のヴェネツィアには言論の自由があり，いかなる書籍でも出版できた。

16世紀になると活版印刷術はヨーロッパ中に普及し，250の都市で印刷工房ができたといわれる。時代が進むにつれ印刷術は，人文主義，あるいはルターの宗教改革と結びつき，読者を精神面への探求に導く。図書の読み方も音読から黙読への移行が進んだ。出版物の形態も持ち運びに便利なように小型化され，今日の図書の体裁に近づいた。アルド・マヌッツィオ（Aldo Manuzio）によって，字体はゴシック体から印刷しやすく読みやすいイタリック体に改良される。大量生産に伴い図書の規格も統一され，この頃から書名，著者，印刷者が記入された標題紙，章立て，頁付，句読点が見られるようになる。

（4）ルターの宗教改革

ルネッサンス期に起きた思想上の大変革はマルチン・ルター（Martin Luther, 1483-1546）による宗教改革である。ルターはドイツ中東部のヴィッテンベルグ大学の神学教授であった。当時のローマ教皇はメディチ家出身のレオX世。サン・ピエトロ大聖堂の改築工事の資金捻出のため「免罪符」（お守り）を発行し，ドイツに集中的に免罪符の販売組織を送り込んだ。国内が統一されていなかったドイツは，免罪符の発売を拒否できなかった。国内統一されていたフランスなどは販売を許していない。

ルターはお金によって救われるという免罪符の考え方を批判し，「人は信仰によって救われ」（信仰義認説），「聖書に書いてあるとおりにすることが信仰」（聖書第一主義）と主張し，印刷によって多数のパンフレットをつくって宣伝活動をする。神聖ローマ皇帝カールV世はルターを国会に召還（ウォルムスの帝国議会）して圧力をかけるが，ザクセン侯フリードリヒが城内にかくまい，

5：15世紀に作られた印刷本はインクーナーブラ incunabula（英語でインキューナブル）といわれ，写本と区別がつかないような装飾を施し，書誌学上16世紀以降のものと区別される。

ここでルターは聖書のドイツ語訳を完成させる。宗教論争は，ルター派・教皇派のパンフレットやチラシなどの印刷物のプロパガンダ合戦でもある。1519年から20年のドイツの出版物のうち半数以上はルターの書いたものであり，ルターの『ドイツ国民のキリスト者貴族に告ぐ』（1521）は4,000部印刷されたが数日で完売されたという。

宗教改革は全ヨーロッパに広がった。フランス，スイスではカルヴァン派（J.Calvin, 1509-64）のユグノーが台頭。1534年イギリス国教会がカトリックから分離し，同年，旧教派のイエズス会がイグナチウス・ロヨラ（Ignatius de Loyola, 1491-1556）によって設立される。ヨーロッパ世界が新教派・旧教派に割れた宗教戦争の中で，活版印刷は両陣営にとって欠かせない武器となった。

（5）ルネッサンス期の図書館

ルネッサンス文化が開花したイタリアのフィレンツェ，ミラノ，ローマ，ヴェネツィアなどの都市には学芸を愛好し，芸術家たちを育てたパトロンが存在した。フィレンツェのメディチ家，ミラノのスフォルツァ家などが著名である。また，ウルビノ公宮廷も特異な存在であった。

メディチ家はルネッサンス期のフィレンツェで銀行家，政治家として台頭する。ルネッサンス時代コジモ・デ・メディチ（Cosimo de'Medici, 1389-1464）はボッティチェリ，レオナルド・ダ・ヴィンチ，ミケランジェロなど多数の芸術家を庇護した。また，古代ギリシャのプラトンの思想に傾倒してプラトン・アカデミーをつくり，人文主義者マルシリオ・フィチーノにプラトン全集のラテン語翻訳を行わせている。

コジモはニッコロ・ニッコリ（Niccole Niccoli, 1364-1437）の書籍収集にも援助を行っている。ニッコリは当時最大の写本収集家で，メディチ家の財力をもとにして多くのギリシャ・ラテン古書を複写し，またキケロの雄弁論（de-oratore）の完本やプリニウスの善本を購入している。収集した蔵書は死蔵せず青年たちの求めに応じて貸し出し，期限を設けず，読まれた書籍についてその青年たちと歓談を交えたという。ニッコリは莫大な借金を残して没したが，コジモはそれを精算して多数の写本を引き取り，1444年サン・マルコ修道院に

創設した図書館(マルチアーナ図書館)に市民への公開を条件として寄贈した。

コジモの孫のロレンツォ・イル・マニーフィコ(Lorenzo Magnifico, 1449-1492)は完璧な君主教育を受け、10歳の頃から大学に通って哲学や文学から建築、美術、音楽に至るまであらゆる学芸を学び、特に古代ギリシャの造詣を深めた。また祖父が創設したプラトン・アカデミーの常連となり哲学討論を好んだ。才能に秀でたものを次々と見だして適職につけたが、その一人にヤヌス・ラスカリス(Janus Lascaris, 1445-1535)がいる。

ラスカリスはギリシャ人の学者である。コンスタンチノープル陥落後、クレタ島に逃れ、しばらくしてベネチアに行きそこでベッサリオン枢機卿[6]に見出された。ベッサリオンの死後、ロレンツォによってフィレンツェに迎え入れられギリシャのアンソロジーなどを講義した。

ロレンツォは写本収集のためラスカリスをギリシャにおもむかせ、マケドニアの聖地、エイソス山の修道院からおよそ200冊の貴重書を持ち帰らせた。一方、ミケランジェロに設計を命じて、メディチ家の菩提寺であるラウレンツィアーナ教会に図書館を創設する。ミケランジェロは長方形の大理石を切り出して梁に用い、窓の形を大きな矩形にし図書館の「知」の形を象徴させた。図書館は市民に公開されていたようだ。

フィレンツェ以外の都市、ミラノのヴィスコンテ家、パヴィーアのスフォルツァ家、フェラーラのエステ家なども図書館をつくっている。不敗の名将と名を馳せたウルビーノ公フェデリーコ(Federico da Montefeltro, 1422-1482)は、多くの文化人を集め最も洗練されたルネッサンス宮廷文化を築いた。アリストテレスやリウィウス、プルタルコスなどの古典文芸を愛読し、30~40人の写字人を雇って文庫を運営し、写本を系統だてて収集し1482年には1,120冊を数えるまでになっていた[7]。

ハンガリーにルネッサンスを導入した国王マーチャーシュ・コルヴィヌス(Matyas Corvinus、在位:1458-90)の図書館には2,500冊の蔵書が所蔵され、その豊富な豪華写本で知られていた。ハンガリー最初の印刷物といわれる『ハ

6:ベッサリオン枢機卿(J.Bessarion, 1399?-1472)も著名な愛書家で、746冊の蔵書(内482冊のギリシャ語写本)をヴェネツィア市に譲渡している。
7:フェデリーコの蔵書は現在ヴァチカンで所蔵している。

ンガリー年代記』を刊行して民族意識を高めたが，この図書館のコレクションは王の死後，衰微し完全に散逸してしまう。

　16世紀初頭には，ドイツを旅する多くの人文主義者が詣でた図書館があった。マインツ教区シュパンハイムのベネディクト派聖マルティン修道院の図書館である。荒廃していたこの修道院を建て直し，3,000冊の蔵書を超える当代随一の学問の施設につくり変えたのはトリテミウスである。トリテミウスは約7,000の著作を収録した『教会関係著述目録』(1494) を遺しているが，彼自身の著作はその当時の常識から著しく逸脱していたためしばしば敬遠された。彼の最も有名な著作は『ステガノグラフィア』(『暗号記法』) であるが，暗号という概念が当時の人には理解されず，魔術を論じたものとして禁書扱いされた。『七つの第二原因について』(1508) は今日にも影響を与えている占星術の古典である[8]。

（6）大学図書館と教皇図書館

　活版印刷術の普及は大学図書館のコレクションに影響を与えた。印刷術発明の地ドイツではライプチヒ，ミュンヘン，チュービンゲンなどに大学が創設され蔵書数は目ざましい増加を見せる。13世紀に設立された大学は14世紀に入ると次々と図書館を設立する。1280年創立のオックスフォードのユニバーシティーカレッジは図書館を1440年設立。ケンブリッジのペンブロークカレッジは1347年創立，図書館は1452年に設立している。

ヴァチカン文庫　　教皇ニコラウスⅤ世（在位：1447-1455）は修道僧の時代から古写本を収集し，教皇となった後もその財を書籍と建築に費やした。彼は教皇庁の廷臣が利用できるようにとヴァチカン文庫を創始し，書籍は宮殿の美しく貴重な装飾品として華麗な大広間に陳列された。ニコラウスが早世した後，シクストゥスⅣ世は図書館建設委員会を設立し5人の建築家に建設案を諮問し，文庫長に任命されたプラティナは芸術家・職人を指揮して図書館建設を完成さ

8：トリテミウスは第一の知性である神に従う七つの星の精霊が地上の事象を決定するという説を立て土星の天使オリフィエル，金星の天使アナエル，木星の天使ザカリエル，水星の天使ラファエル，火星の天使サマエル，月の天使ガブリエル，太陽の天使ミカエルを七星の精霊とした。

せる。この蔵書はブルノン公の侵略によって破壊されたが，1587年教皇シクストウスⅤ世（Sixtus V, 在位：1585-90）のとき回復し現在に至っている。

2．16世紀の図書館

（1）修道院図書館の後退とドイツの図書館

　宗教戦争と農民戦争が激化した16世紀には，修道院図書館は大打撃を受けた。ヨーロッパ全体で800余りの僧院が破壊され，その蔵書の大多数が焼却され，なかでもフランスのユグノーの乱はすさまじかった。この嵐は英国でも吹き荒れ，オックスフォード・ケンブリッジ大学図書館と古代から伝わった教会の蔵書がかろうじて残った。ドイツでは破壊された修道院図書館に代わって福音教会系の大学の設立が進み，これらの大学では設立と同時に図書館が造られ，そこには活版印刷本が蔵書として収められた。諸侯はこれらの大学を庇護し，蔵書を増加させて自領の大学として発展させていく。ハイデルベルク大学やヴィッテンベルク大学の大学図書館は，16世紀末には5,000冊を越えるまでに達した。一方，旧教側でも対抗して新たに大学を設立する。ヴュルツブルクでは大学は反宗教改革の拠点とされたが，印刷技術の普及により修道院生の日課である写字はもはや必要ではなくなっていた。

　この時代の諸侯によって創設され，現代でも有数の図書館として残っている図書館が二つある。ミュンヘンの現バイエルン国立図書館は，ヴィッテルスバッハ宮廷図書館としてバイエルン公アルブレヒトⅤ世（Albrecht V, 在位：1550-79）によって創設された。オーストリアの宰相で東洋学者だったウィドマンステレ（J.A.Widmanstetter, 1506-57）の遺産であった東洋図書コレクションと人文学者のフッガー（H.J.Fugger, 1516-75）が収集した蔵書を始まりとしている。さらに，取り壊された修道院図書館の蔵書を加えて壮大なものになっている。

　今日，世界一美しい図書館といわれるウィーン王宮図書館（プルンクザール国立図書館）は1526年，後に神聖ローマ皇帝に即位したフェルディナンドⅠ世（Ferdinand I, 在位：1556-64）によって創立され，司書のブロティウス（H.

8-1図　プルンクザール王立図書館（撮影：佃　一可）

Blotius, 1533-1608) によって飛躍的な発展をとげた図書館である。

（2）スペイン大図書館

　イグナティウス・デ・ロヨラが設立したイエズス会は反宗教改革の拠点となったが，その勢力を伸ばしたスペインでは16世から17世紀にかけて絶対王政の時代であった。1563年，フランスとの戦いに勝利したフェリペⅡ世はマドリッド郊外にエスコリアル宮殿を建設し，サン・ロレンツォー修道院を併設して奥行き55m，幅10mの「大図書館」を設けた。この図書館は1671年に火災に遭うがそれでも40,000冊のラテン語，ギリシャ語，ヘブライ語とアラビア語の蔵書が残る。1584年，天正遣欧使節として渡欧した4人の少年たちもこの宮殿に1か月滞在しフェリペⅡ世の歓待を受けている。彼らが持ち帰った活版印刷機によって印刷されたローマ字本の和漢朗詠集上巻は今なおここに所蔵されている。

（3）フランスの図書館と納本制度

　フランスでは14世紀にシャルルⅤ世（Charles Ⅴ，在位：1364-80）の時代，ルーヴル宮に図書室が形成された。しかし，この蔵書はイギリスに持ち去られ

る。イタリア戦争によってシャルルⅧ世（Charles Ⅷ, 在位：1483-98）の時代ナポリのアンジュー家・アラゴン家の蔵書が，そしてルイ XII 世（Louis XII, 在位：1498-1515）のとき，ミラノのヴィスコンテ家やタビーヤのスフォルツァ家の蔵書が王室図書館に入った。メディチ家に仕えていたラスカリスはローレンツォの死後フランス国王のもとで働き，1503年から1508年まではベニス駐在のフランス大使を務め，ギリシャ・アカデミーのメンバーにもなっている。ルイ XII 世がブロア図書館（La bibliothèque du château de Blois）を創設したときにはその良きアドバイザーとなり，フランソア I 世（François I, 在位：1515-47）がフォンテーヌブロー図書館を創設し（1522），さらにブロア図書館も吸収（1544）すると，弟子のビュデ（G.Budé, 1468-1540）とともに図書館の理事となった[9]。統合されたフォンテーヌブロー図書館は現在の国立図書館の基礎となる。

　フランソワ I 世は画期的な国立図書館の機能をさらにもう一つ充実させた。国内出版物をすべて王室の図書館に納入させるという納本制度である（モンペリエの王令，1537年）。

（4）『世界書誌』の登場

　活版印刷術が出現してから約100年後の1545年，スイスの博物学者ゲスナー（Conrad Gesner, 1516-65）によって Bibliotheca Universalis（『萬有文庫』『世界文献目録』ともいう）が刊行される。トルコ軍の脅威に危機感をもったことがゲスナーの書誌作成の動機といわれるが，同書はヨーロッパ各地に残されたギリシャ語・ラテン語・ヘブライ語の写本の存在を確認し，3,000名の著者からなる約12,000の文献書誌を収録した大冊である。しかし，各国での通用語で書かれた文献は入っていない。

　"bibliotheca" という語を書誌の意味として用い，調査箇所・参考文献を明

9：ラスカリスはメジチ家出身のレオ X 世（在位：1513-1521）がローマ教皇になったときにはローマに渡り図書館の運営にも寄与している。ラスカリスは今日に多数の古典原著を伝えている。ギリシャのアンソロジーやエウリピデスの四つの脚本, Callimachus, Apollonius, Rhodius, Lucian はフィレンツェで, Didymas, ホメーロス, Porphyrius, ソフォクレスの注釈はローマで出版されている。

らかにし，名前順に配列し，出版事項・判型・葉数などを記述した点で近代書誌学の原点とされる。1548年には体系的分類目録として続巻『萬有総覧あるいは萬有分類21巻』を発行，全体を教養学（Praeparantes）と実体学（Substantiales）に分け，前者を必修（文法，弁論，修辞，詩，算術，幾何，音楽，天文，占星術）と選択（歴史，地理，占い，藝術）の13分野，後者を（物理，形而上学，倫理，経済，政治，法律，医学，神学の）8分野に分け，合計21に分類した[10,11]。

3．啓蒙期（17-18世紀）の知識と図書館思想

30年戦争（1618-1648）はハブスブルク家の旧教勢力と反ハブスブルク家の勢力との争いとなり，戦場となったドイツは荒廃しヨーロッパ諸国はそれぞれの国家の枠組みを形成していく。フランスやイギリスは絶対主義，オランダは市民共和国，ポーランドは貴族連合国，ドイツは領邦国家などである。

（1）ベーコンとデカルト

フランシス・ベーコン（Francis Bacon, 1561-1626）は，『学問の進歩』（1605）で自然に対する観測を重視した帰納法を提言している。これは西洋哲学で主としてに用いられた演繹法の考え方とは異なる方法論で，人間の理性を中心に見る世界観をもとに経験論を生み出し，科学的思考方法の基盤の一つとなった。ベーコンは自然学に基づいて人間の精神活動を「理性（哲学）」「記憶（歴史）」「想像（創作→文学）」の3分野に分けることを提唱している。

演繹法のデカルト（René Descartes, 1596-1650）も近代科学の方法論を打ち立て，帰納法のベーコンとともに近世哲学の祖といわれる。考える主体としての自己（精神）とその存在を定式化した「我思う，ゆえに我あり」は哲学史上でもっとも有名な命題の一つである。そしてこの命題は，スコラ哲学の「信

10：16世紀には，各種の主題書誌が生まれ，中葉以降はフランクフルト，ライプチヒで「書籍市目録」が作られた。マウンセル（A.Maunsell, ?-1595）は全国書誌『英国印刷図書目録』（1595）を著した。

11：第20巻医学は刊行されずジムラーに引き継がれた。

仰」による真理ではなく，人間の持つ理性によって真理を探求する近代哲学の出発点を示している。「世界には目的性がある」という観念論ではなく明証・分析・総合・検証の手法によって原理を明らかにする科学思想を明確にさせた。

17世紀はライプニッツの微積分，ニュートンの物理学などの科学の始まりの世紀である。また，各国で王立アカデミーが成立し学者たちがコミュニティをつくった時代でもある。そのコミュニティのコミュニケーションとしての雑誌が各国の学会誌として登場するようになる[12]。

（2）出版統制と納本制度

16世紀以降，活版印刷術によって，書物が社会に大きな力を及ぼすようになると絶対王権による出版統制が行われるようになる。イギリスでは1557年に書籍出版業組合（Stationers' Company）が成立する。組合員は出版の独占権を持っていたが，反面この制度は異端書や反体制の書物の取締りを目的とした。さらに，ミルトン（John Milton, 1608-74）の『失楽園』（1667）の再版時に起こった係争は1709年の著作権法成立の契機になった。

フランスでは1537年フランソワⅠ世の治世下で納本制度が施行された。今日では，納本制度は出版物の保存という役割が大きいが，当時は納本制度と検閲制度は表裏一体であった。当初出版統制は教会（パリ大学），国王，高等法院の権限が錯綜したが王権による出版統制が確立され，1617年パリ書籍商・印刷業者・製本業者組合が結成され，出版独占権が与えられるとともに規制が強化された。統制は反宗教，反国家，誹謗，風俗が取締りの対象であった。フランスでの著作権成立は1777年前後にまで遅れる。

（3）ガブリエル・ノーデの図書館思想

17世紀のフランスに，近代の図書館思想の要であるガブリエル・ノーデ（Gabriel Naudé, 1600-1653）が出現した。彼は当初パリ大学で医学を学び，その過程で人文主義者の感化も受けて科学的思想を身につける。この後，北イタリアのパドヴァ大学でさらに医学を修めた。

12：イギリス『哲学会報』，フランス『学者報知』，ドイツ『知識記録』，オランダ『文芸共和国便り』。

1642年，フランスの宰相リシュリューの招聘によりパリに戻った。枢機卿のリシュリューは私文庫を所有するなど，文芸に理解のある知識人であった。リシュリューの死後宰相の座を継承したマザラン枢機卿の下で，ノーデの図書館思想は具体化することとなる。

マザランは前宰相のリシュリューに対抗し，私邸に大規模な私文庫を持ち権勢誇示も含め公開しようとしていた。当時は図書館といっても近代の図書館ではなく，単に権力者の中の文芸愛好家がパトロンとして貴重な図書を収集したものだった。ノーデはマザランの意を受け，また自身の考え方に基づきイングランド，イタリア，オランダ，ドイツなどを旅行して図書を収集していき，1645年には14,000冊に達したといわれる。図書館は木曜日を開館日として学者などに開放した。

ノーデは著書の中で，図書館の目的，蔵書の内容，図書館経営，分類の必要性，建築物としての図書館，図書館の利用などを論じている。要約すれば，「図書館は，学術的な図書を収集し，各人のために門戸を開き，入りやすく，それを必要とするどんな身分の人に対しても，決して利用を拒まない」ということであり，これが近代の図書館の源流となった公開の原則という考え方の始まりとなったといわれる。蔵書については，すべての学術的な本を収集するという考え方である。当時のフランスでは王権の伸長とともにアカデミーフランセーズが1635年に創立されるなど，学術界が整備されたことも関連がある。

1637年にはデカルトがフランス語で『方法序説』を書き，初版がオランダのライデンで3,000部出版された。学問や思想の世界でラテン語ではなく地域のことばで書物が書かれる時代となった。しかし国内には検閲制度が強く，キリスト教の考え方に背く内容をもつ出版物は，検閲の緩やかなオランダなどで刊行されることが多かった。

17世紀初頭から，「青表紙本」といわれる小冊子がシャンパーニュ地方のトロワで民衆向けに廉価で売られた。「青表紙本」は18世紀まで影響を持ち続けたが，19世紀に新聞が出現して下火になった。

（4）ライプニッツの図書館思想

ライプニッツ（Gottfried Wilhelm Leibniz, 1646-1716）はドイツの哲学者

である。その業績は法学，歴史，神学，言語学などに及び，外交官，実務家，技術家としても活躍した。ライプツィヒに生まれ，1661年ライプツィヒ大学で法律を学ぶとともに，哲学や歴史にも興味をもった。大学卒業後ニュルンベルクでマインツ侯国の政治家ボイネブルクと出会い，以後マインツの国政に関係し，法典改革などに従事する。その後，72年から外交官としてパリに滞在，当時の学問の先端に触れ，特に数学などを研究した。

1676年，ヨハン・フリードリヒ侯からの招きに応じてハノーバー公の図書館長兼顧問官となり，後継者のエルンスト・アウグスト公夫妻も彼を信任し，ハノーバー家の家系史の編纂をその仕事として課した。1700年にベルリン科学アカデミーを設立し，その初代院長になった。『形而上学叙説』(1686)，『弁神論』(1710)，『単子論』(1714,15年ごろ作成，20年ドイツ訳刊)などが哲学上の代表著作である。

ライプニッツはノーデのように図書館についてまとまった著作を残していないが，書簡や回想録で図書館に関する考えを述べている。彼は知識を個々の学問として研究するだけでなく，「普遍学」として体系づけることを考え図書館に集積された書物は人間精神の宝庫であると認識した。書物に主題索引を作成し，アルファベット順に配列することにより，百科事典へ発展する構想を持った。図書館の運営については予算の概念を導入し現実的な運営を志向し，価値のある書物を適切に収集することを示している。このような考え方は，ライプニッツが総合的な見方ができ知識と世俗との関係も十分に理解していたからにほかならない。

(5) フランス百科全書

18世紀のフランスは啓蒙の世紀(Le siècle des lumières)といわれ，絶対王政を誇ったブルボン朝が権力を衰退させるのにつれて知識人の動きが活発になっていった。そうした動きは社会のあらゆる事象に及び，印刷・出版物の流通とともに，出版そのものが政治的，社会的現象となっていった。

この時代で特筆すべき刊行物は，『百科全書』(Encyclopédie)である。この刊行物はディドロ(Diderot, Denis 1713-84)，ダランベール(d'Alembert, Jean le Rond, 1717-83)を責任編集者とし，18世紀フランスに成立した百科

事典で，全28巻（うち図版11巻）である。『百科全書』に盛り込まれた思想内容と編集過程，それを取り巻くさまざまな環境を考えてみると，当時の知識の伝播が理解できる。

『百科全書』は，近代の認識の基礎となる科学的思考に基づいた実証的な記述を基本としている。ルネッサンス以来発展してきた人間中心主義により，進歩史観が貫かれている。中心には抽象的な「人間性」の概念がすえられ，この考え方は，絶対王政を支えてきた王権神授説に基づくキリスト教の原理主義と対立し，旧制度（Ancien Regime）と敵対することになる。それゆえ，この書物は極めて政治的な色彩を帯びることになる。時代を下ってフランス革命の源流であるブルジョワジーのイデオロギーを成立されるとともに，革命の推進を担う市民（citoyen）の出現を予感させている。

百科全書はもともとフランスで出版された書物ではない。1728年にイギリスで刊行されたチェインバーズ（E. Chambers）の『科学技芸事典』をフランス語訳するためにつくられた。そのため，副題を「科学・工芸・手工業詳解辞典」としている。当時産業革命期に入っていたイギリスの思考をとり入れたのである。

多彩な執筆陣を有し，編集協力者は200人に上っている。ヴォルテール，モンテスキュー，ルソーなど当時の哲学者（フィロゾーフ：philosophe）と称された知識人も参加している。この内，政治的なスタンスとしてはルソーを除けば急進的なイデオロギーを有していた訳ではなく，立憲君主制を支持し，後の産業革命を推進するブルジュワジーの思想が基本となっている。実際の執筆者は無名の人々が多い。特に「職人」といわれるグループの中には，時計製造業者，靴下製造業者，専門技能を持つ商人が寄稿し，聖職者も執筆していることから，特定のイデオロギーだけを体現してはいない。さまざまの分野を扱う百科全書の方針は，21世紀になっても，百科全書的蔵書構成などという考え方に通じるものがある。

当時の出版状況はまさに社会を反映し，フランス革命前の出版事情は，後世からみると弾圧の激しさが目立つが，実際はより複雑な状況があった。知識人の王政批判が盛んになると出版物の検閲は厳しさを増し，特にパリ高等法院は執筆者と出版業者に激しい攻撃を加え，再三の発禁処分をする。しかし，出版

監督局長官マルゼルブなどは，出版者の政治的自由の必要性を指摘しており，現在の出版政策にも通ずる考え方を持っている。旧制度の官僚でありながら『百科全書』など新しい思想を表明している出版物を支援していたのである。

（6）大衆読書の時代

　百科全書を取り締まったパリ高等法院は，王権への誹謗文書などを対象としていたが，その対象となった文書やチラシを読む人々は徐々に増加していき，1786年から1790年では男性47.5％，女性26.9％という報告もある。また，都市において，読書室や貸本屋などが出現，出版物もが増大し，民衆も出版物を読む機会が増えていった。民衆のための情報伝達のネットワークも進展した。17世紀のサロンでは学芸などが議論の対象だったが，次第に政治問題も会話の対象になっていった。サロンに加えて，クラブ，カフェ，フリーメーソンなども盛んになり，地方につくられたアカデミーフランセーズの分会は各都市の文化活動に大きな影響を与えるようになる。

　17世紀，イギリスに小説という形式が出現し多くの読者を獲得していった。リチャードソン（Samuel Richardson，1689-1761）は書簡体小説『パメラ』を著し，また『トム・ジョーンズ』で知られるフィールディング（Henry Fielding，1707-54）はベストセラー小説となった。この傾向はさらに強まって，19世紀の初頭は小説の世紀といわれ，小説全盛時代を迎える。

　大衆読書階級の生んだもう一つの現象に，ジャーナリズムの発達がある。スティール（Richard Steele，1672-1719）が1709年に創刊し，のちに友人アジソン（Joseph Addison，1672-1719）も加わった『タトラー』が出現する。同紙を廃刊した後に2人で始めた日刊紙『スペクテーター』は，わかりやすい文体で当時の社会事象や政治をテーマに論じ，生活に密着した身近な話題を取り上げて市民階級のオピニオン・リーダーの役割を果たした。この他，『ジェントルマンズ・ジャーナル』など，18世紀後半では50誌を超える定期刊行物が生まれた。

　このように，小説やジャーナリズムが発達してくると社交の場が形成されてくる。イギリスではコーヒーハウスの成立が特徴的である。ここはさまざまな人がコーヒーを飲みながら，世相を語り，議論を行う空間である。オックス

フォードで1650年にできたのが最初とされているが，その後新聞や雑誌が無料で読めることもあり，ロンドンで大流行した。しかし，コーヒーハウスは18世紀末には姿を消し，パブなどに取って代わられる。

社会や産業が発達し，社会の流動性が高いイギリスに存在したコーヒーハウスは18世紀から19世紀につながるヨーロッパの市民社会の中で，人々が集まる公共圏の成立へも関連してくる。そして，公共空間の中に広がる図書館の成立の基盤ともなった。

4．啓蒙期（17-18世紀）の図書館

（1）フランス王室図書館

フランス王室図書館は，17世紀になるとデュビュイ兄弟所蔵の刊本を9,000冊遺贈され急激に成長してくる。シャルルⅨ世（Charles IX de France，1550-1574）はフォンテンブロー図書館をパリに移し，ブルボン王朝初代のアンリⅣ世（Henri Ⅳ，在位：1589-1610）はカトリーヌ・ド・メディシスが収集した古写本を蔵書に加え，カロリング朝初代のカールⅡ世旧蔵の聖書をサン・ドニ修道院から購入している。

ルイ XIV 世（Louis XIV，在位：1643-1715）と蔵相コルベール（J.B.Colbert，1619-83）も王室図書館の発展に尽力し，収集の範囲を広げて東洋文献まで含めるようになる。コルベールの造った東インド会社は，1723年漢籍1,800部を中国から送り，また『千夜一夜物語』の翻訳で知られるアントワーヌ・ガランらの蔵書も王室図書館に加えるとともに，文字資料だけではなく貨幣・メダル・版画なども図書館資料として加え，博物館的な図書館となっていった。1684年から1718年まで図書館を管理したルーボア神父は写本300冊を遺贈し，1721年には文庫長ビニョン（J.P.Bignon，1963-1743）が写本部，刊本部，称号・系譜部，版画部の部制を定め，後には貨幣，古代部が加わった。王室図書館は1735年頃から一般公開されフランス第一の図書館となって，革命前には刊本約15万冊の大図書館となっていた。

(2)『ブリタニカ』の出版

17世紀半ばのロンドンはペストと大火で文化都市の体をなしていなかったが，スコットランドの首都エディンバラは「北国のアテネ」といわれ文化度の高い都市となり，百科事典の始まりである『ブリタニカ』はこの地で生まれた。『ブリタニカ』はマックファーカー，ウィリアム・スメリの共同出版で，当初は100分冊が週刊で発行された。完成後の1771年に3巻にまとめて出版され，イギリスブルジョワジーのニーズに合致し必須図書となった。エディンバラには，後のスコットランド国立図書館となる弁護士協会図書館（1680）が早期に発足し，ラムズィ（Allan Ramsay, 1686-1758）の貸本屋（1725）なども出現する。

(3) ゲッチンゲン大学図書館

ゲッチンゲン大学は，ハノーファー選帝侯ゲオルクⅡ世によって1737年に設立された。大学図書館は大学建設に先立って1734年に創立され，学術図書館としてライプニッツの思想が具体化されたといわれて評価が高い。他の大学が官僚の養成を目的とした法学部中心の講座構成であったのに対し自然科学・医学を充実させ，新人文主義による言語学の講座を設けたことに特徴があった。

開学当初から教育手段としての図書館が重視され，計画的な図書館整備を行っている。収集方針の明確化，収集を裏付ける経常予算，目録の整備，学外学識者にも利用を認め，学生には館外貸出を認めるなど利用環境が整えられている。学術書と雑誌を系統的に収集し，1752年「ゲッチンゲン学術批評」という批評誌を発刊している。

(4) フィラデルフィアの会員制図書館

1731年，アメリカ・フィラデルフィアにはベンジャミン・フランクリンを中心とする会員制の組合図書館が出現する。この図書館団体のもとになったのは1727年フランクリンが友人を集めていたジャントークラブといわれる。10人ほどの会員で会則によると「会員は輪番で，政治・倫理・自然科学に関する問題を提起し討論をする。3ヶ月に1度，自由課題の論文を提出して発表する」と

されていた。組合図書館には読書好きで知識欲旺盛な青年約50人が会員として参加した。彼らはアメリカ植民地で生まれた二世たちで，お互いの本を持ち寄り，会費を出して，図書を購入・利用しあった。会費は設立図書購入費として40シリング，年会費10シリングであった。

創立以来10年間の蔵書構成は，寄贈図書84種，購入図書291種で計375種，432冊の図書が収集された。図書館はその後，構成員だけでなく非会員にも開放され市民図書館へと発展していった[13]。

13：フィラデルフィア図書館の当初蔵書は歴史91，文学55，自然科学51，哲学28，神学25，社会科学21，その他20であった。

9章　近世日本の文庫活動

1．新しい印刷術の伝来

(1) 西洋式活字印刷術と金属活字印刷術の伝来

　天文18(1549)年，イエズス会のフランシスコ・ザビエルがキリスト教布教のため来日する。大名たちのなかには切支丹に関心を持つ者が現れ，天正10(1582)年に，その名代として天正遣欧少年使節団が日本を出発した。彼らは9年間の世界半周の旅を終え，天正18(1590)年に長崎に帰国した。帰国後，布教のための印刷物を作るために持ち帰ったのが西欧式金属活字印刷機であった。

　少年たちを引率したヴァリニャーノ神父は，翌年この印刷機を使ってローマ字本の『サントスの御作業のうち抜き書』を印刷し刊行する。これが切支丹版の第一号となる。以後，長崎や天草・京都などで切支丹版として印刷され，わかっているものだけで30種類におよぶ。しかし，その後のキリスト教弾圧により，切支丹版の出版は20年間ほどで終わる。

　同じころ文禄の役で，銅活字や印刷道具が朝鮮からももたらされた。この金属活字は秀吉により後陽成天皇に献上され，これを使用して文禄2(1593)年に，『古文孝経』が印刷された。これがわが国初の銅活字版となるが，現存はしていない。

(2) 古活字版の発展

a．古活字版から製版へ

　古活字版は権力者のもとで刊行される場合が多かったが，江戸時代には庶民の出版事業も盛んになってくる。出版は京都から大坂へと広がり，17世紀には井原西鶴や近松門左衛門の登場により浮世草子など一般向けの本が読まれるよ

うになり，さらに日常生活用の本もうまれ種類を増やしていく。

中世の古活字版では印刷部数100部程度のものが多く大量印刷には向かなかったが，需要が増大すると古活字版は製版へと移行していく。

b．古活字版の美術的発展

光悦本と嵯峨本は古活字版図書が美術的に発展したものである。光悦本とは，本阿弥光悦がデザインした料紙に，光悦みずからが書いた文字を木活字として印刷する，いわば本の美術工芸品である。光悦本が絵入り本として刊行されたのは，慶長13(1608)年の『伊勢物語』が最初とされている。嵯峨本は地名から名付けられ，京都の嵯峨に住む豪商の角倉了以が刊行にかかわった。これらの本は，従来能書家により写本として受け継がれてきたものであったが，その多くが活字版として造本され，その豪華な美しさを世に示すこととなった。

2．近世の出版事業と図書

（1）江戸時代の図書活動

17世紀後半，都市も整備され経済活動が活発になるにしたがい，藩校，私塾，寺子屋などによる教育が普及すると，出版活動が盛んになる。それとともに出版される本の数も種類も多くなり，読者層も地域や階級を問わず広がっていく。

17世紀後半には京都から始まった出版業が大坂へと広がり，一般庶民の読者による娯楽本や実用書が増え，18世紀に入ると，江戸での出版業が盛んになった。地図，錦絵，宣伝物，ガイドブックなども出版され，学問も儒学，朱子学，国学とさまざまに展開し，仏教関連の書籍も，一般庶民にわかる平易な仮名書きや絵入りの本が増加した。

中世で図書活動を担っていたのは朝廷，公家，僧侶，武士などであったが，江戸時代では幕府を中心とした大名たちが担うようになり，18世紀には文化大名といわれる人たちの文庫も増え，さらに学者や町人も図書活動に加わっていくことになる。

多くの書籍が出版されるようになると，その収集にもいくつかの傾向が現れてくる。徳川光圀に代表される水戸藩では歴史編纂のための収集，加賀藩の前

田家は貴重な書籍の散逸を防ぐための収集保存活動を目的とし，豊後佐伯藩の毛利高標は専ら貴重書の収集，松平定信は自らの好学のための収集であった。また学問普及に励んだ岡山藩の池田光政による藩校の設置のためもある。このほかに，専門的職業や趣味人たちによる収集や，貸本業者による収集もあり，図書活動の幅が広がっていった。

（２）徳川家康の開版事業と幕府の文庫

ａ．家康の開版事業

徳川家康（1542-1616）は秀吉政権のもとで大老職をしていたときに，伏見版という木活字による典籍を開版したことからも伺えるように，文治政策に関心が深かった。自ら政権をとると，さらに書籍の収集や保存，開版事業などに力を入れこれらを優遇した。

1603（慶長８）年に征夷大将軍に任じられ江戸幕府を開き，２年後に将軍の座を秀忠に譲る。引退して駿府に入ってから，銅活字による開版を再開した。

1615（元和元）年５月，大坂夏の陣で豊臣家に勝利した一か月後には，『大蔵一覧集』11冊の刊行が行われている。家康は晩年まで，伏見板，駿河板，木活字や銅活字を用いた活字本など，さまざまな開版事業を行なっている。

家康の書物への関心は，今川義元のもとで人質としてなっていたときに，禅僧の大原雪斉に学問を教わったことに始まり，古活字本の刊行には雪斉がかかわった。伏見版のときは足利学校庠主の三要元佶を招き，慶長４（1599）年に『孔子家語』を刊行した。元和２（1616）年には林羅山，金地院崇伝により『群書治要』47巻の刊行をする。家康の開版事業には，優れたブレインがついていた。

ｂ．幕府の文庫

慶長７（1602）年，江戸城本丸に富士見亭文庫が設けられる。家康が駿府に引退した後，ここに贈った30部の書籍のうち22部が現存している。その後，江戸城内に駿河文庫が作られ，所蔵書の多くは秀忠に譲渡されたとされる。

家康が元和２（1616）年に没すると，その残りは尾張，紀伊，水戸の御三家に譲られた。富士見亭文庫は，1639（寛永16）年に三代将軍家光により江戸城紅葉山の家康の霊廟のふもとに新築された文庫へ移された。これが紅葉山文庫で，

蔵書の整理や管理を行う書物奉行が置かれ幕末まで続いた。
　紅葉山文庫の蔵書は，大名・公家や幕臣などからの献上により，あるいは購入，書写による収集で増加していく。大名による献上された代表的なものに，文化大名の豊後佐伯藩主毛利高評が集めた佐伯文庫1,743部20,758冊がある。将軍のなかで収集に熱心だったのは八代将軍吉宗といわれている。
　集まった蔵書の目録編集は10回におよび，最後に作られた『元治増補御書籍目録』によると，蔵書数は総数5,847部15,919巻に達していた。紅葉山文庫の利用者は，将軍だけでなく幕府の機関や大名も含まれた。しかし，一般的な貸出は行われていない。234年間の歴史を持つ書物奉行が1866（慶応2）年に廃止されたあと，紅葉山文庫は明治政府に引き継がれ，その大半は内閣文庫に，一部は宮内庁書陵部が所蔵している。

c．徳川御三家の文庫

　家康が没したあと紅葉山文庫をのぞいた蔵書は，尾張家5，紀伊家5，水戸家3の割合で御三家に譲与された。
　尾張藩に入った書籍は369部で，奥御文庫が建てられ目録が作られた。この書籍は藩校にあった明倫堂文庫等を合わせて，大正時代に蓬左文庫と名づけられ引き継がれる。
　紀州藩に譲与された書籍の数など詳細は不明である。尾張藩のように大きな文庫は設けなかった。しかし，徳川頼倫により御譲本以外のものと合わせて，明治31（1898）年に南葵文庫が設けられた。10年後には新館を増築して一般公開もされ，洋書和書合わせ総数96,000点余冊が，南葵文庫という名称のまま一括して東京大学に寄贈されている。
　水戸藩の文庫は，御譲本も代々の藩主の蔵書も明らかではない。蔵書の基本となったのは駿河御譲本であるが，本の数が増えるのは光圀が二代藩主となったころからである。江戸駒込邸内に『大日本史』の編纂のための史館を設置し，現物が手に入らないものは書写して収集した。後に小石川に移して彰考館と称し，書物奉行も置く。文政12（1829）年斉昭が藩主になって，水戸に藩校弘道館が開かれると，水戸に移された彰考館文庫もここで学ぶものたちに公開された。これらの文庫は第二次世界大戦により失われた。

(3) 大名の文庫

ａ．尊経閣文庫

　尊経閣文庫は，加賀百万石の前田家により作られた。珍本や稀本などの貴重本の散逸を防ぎ，保存や修復を施し，これを後の世に伝えていくことと収集の目的を明確にしていた。集められた書籍類は，量・質とも群を抜いたレベルの文庫となる。

　書物の収集は，初代藩主利家の妻松子が，人質として江戸にいたときに歌や物語の本を集めたことに始まった。三代利常，五代綱紀がこれを受け継ぎ，書物の種類も増え，大文庫・尊経閣に発展した。

　貴重本の収集を目的とするこの文庫には，和漢の典籍から古文書や古記録まで，さまざまな分野の書物が収集の対象となっている。見つからないものは調査して入手し，手に入らないものは書き写すという努力を重ねた。当時は閲覧できなかった文庫であるが，現在では閲覧できるものだけでも，国書約5,600部，漢籍約3,800部となった。こうして集められたものだけに，国宝や重要文化財の典籍も多く，尊経閣文庫は今なお東京都目黒区駒場に現存している。

ｂ．紅栗斎（こうりつさい）（佐伯）文庫

　豊後佐伯藩八代当主毛利高標（1755-1801）は，8万巻の書物を収集し，紅栗斎文庫をつくり収めた。二万石の小大名でありながらも，その蔵書は漢籍や儒教，道教，仏教などから蘭書や医学書にまで及んでいた。

　高標の没後に，十代藩主により文化7（1824）年に，そのなかから貴重な古書も含む2万冊以上が，幕府へ献上されたことでも有名である。これらは紅葉山文庫と昌平坂学問所に保存された。高標は愛蔵家でもあるが，集めるだけでなく学問好きとしても知られ，秘蔵書とせずに，希望者には利用を許可していた。

ｃ．楽亭文庫

　寛政の改革で有名な松平定信は政治家としてだけでなく，歴史や政治ほか多方面に渡る著作を持つ文化大名でもあった。その数は182部におよび，『集古十種』85巻は有名である。本を書くために集められた書籍類は，楽亭文庫として収蔵された。その数は2万5千冊を超えていたといわれている。

　奥州白河藩主でもあった定信は，寛政3（1791）年に，藩校の立教館を設ける。

8年後には庶民のために読み書き算盤を教える郷学敷教舎をつくり，教育にも力を注いだ。

（4）武士の個人文庫

a．近藤重蔵の文庫

　幕臣で蔵書家として知られているのは，探検家であり紅葉山文庫の書物奉行もしていた近藤重蔵（1771-1829）である。優れた書誌学者でもあり，『御本日記』『好本故事』などの業績を残した。後年に瀧川に文庫を設けたが子息が罪を犯し改易となり，重蔵も幽閉され病死した。文庫として収集され所蔵していた本の詳細は不明である。

b．不忍文庫

　江戸後期の国学者で，幕府の右筆でもあった屋代弘賢(ゆうひつ)(やしろひろかた)（1758-1847）は，不忍文庫を設立し5万巻の書籍類を所蔵していた。弘賢は故事の研究として知られ，それらの書籍も収集し，『古今要覧』としてまとめるつもりだったと思われるが実現はしていない。蔵書はすべて蜂須賀家に遺贈され阿波国文庫となる。しかし，戦後に火災のためすべて失われた。

（5）寺社と朝廷公家の文庫

a．寺社と朝廷公家の文庫の特徴

　寺院による文庫は古くからの歴史を持ち，江戸時代になって図書収集が盛んになったわけではない。しかし幕府の保護政策もあり，寺の図書活動は中世よりも安定した。神社も古い歴史を持っているが，それぞれの神社が所蔵していた蔵書が文庫的な機能を持つようになったのは，江戸時代に入ってからで，神官が神道を学ぶために収集した文庫と神社への寄進本が文庫となった場合がある。

　朝廷や公家の文庫は中世に引き続き，天皇家および伏見宮，桂宮，有栖川宮，閑院宮の四親王家と，近衛家，冷泉家，三条西家などの文庫がある。

b．寺の文庫

　江戸時代における寺の文庫として有名なものは，真福寺文庫，増上寺の蔵書，天海の蔵書がある。

真福寺文庫は尾張藩の管理のもとに保護された。蔵書は経典，下典，文書からなり，そのなかには国宝の『古事記』をはじめ，重要文化財に指定されている貴重本も含まれている。

　増上寺は徳川家の菩提寺である。家康寄進による三大蔵経は現存し，明治22(1899)年国宝に指定された。増上寺の蔵書は江戸時代からすでに流出していたが，蔵書印や蔵書票によりそれとわかる。しかし，初期の収集書籍の全容は解明されていない。

　天海は家康の側近であり三代の将軍に仕え，寛永寺の開祖としても有名である。学問を好み本の収集にも力を注ぎ，収集した蔵書は，没後に比叡山志賀教院，寛永寺，日光輪王寺に分けられた。寛永寺のもの以外は現存している。

c．神社の蔵書

　神社の蔵書としては伊勢神宮，上賀茂神社の蔵書，羽田八幡文庫，などが知られる。

　伊勢神宮は古くから神社関連の書物や奉納された書物などを収蔵している。しかし，秘蔵とされていたため公開されることはなく神庫に収蔵された。

　そのなかで，慶安元(1648)年に神官の子弟を中心にした講学と学問復旧のため，閲覧も可能な豊宮崎文庫が外宮に設立され，新たな図書収集が行われることとなった。閲覧だけでなくここでは講義も行なわれ，貝原益軒，大塩平八郎などが講義をしている。現在は神宮文庫に20,745冊が所蔵されている。また内宮には貞享3(1686)年林崎文庫が設立された。寄贈による書物を中心に，こちらでも講義が行なわれている。

　文庫が神道の宣揚の場となったところとして，京の上賀茂神社に今も残る三手文庫と，三河の羽田八幡宮文庫が挙げられる。これらの神社の文庫は単なる保存のためではなく，氏子や信者のために神道を広める拠点としての役割も果していた。特に羽田神社は，安政2(1855)年には松陰学舎と称する閲覧場所をつくり，一般の閲覧をするに至っている。

3．近代図書館への萌芽

（1）教育機関の充実

　国の権力者の多くは，庶民が知識を持つことを恐れるところがあるが，江戸幕府は庶民も教育を受けることを推奨していた。当時の日本は，世界一の識字率を持っていたとされている。このことにより情報の伝達がスムーズに行われ，明治の大変革に津々浦々の人々まで対応することができたと考えられ，開国後，短期間で近代化を進められたのが，教育による基礎能力の高さであった。

　教育の方法もさまざまであった。武士階級は，上に立つ者としての人格形成や教養，政策実地能力などを幕府や藩の学校で教えられ，庶民は実際の暮らしに役立つように，読み書き算盤や礼儀作法，裁縫などの技術を，寺子屋で学んだ。さらに私塾では身分を越えて，専門的なことを学ぶことができた。多くの人々が本を読み，基礎的学力をつけたことにより，江戸時代の図書活動が活発化する。

（2）昌平坂学問所とその文庫

　昌平坂学問所とは，幕府による教育機関である。駿河文庫の管理にあたっていた林羅山は，家康が没したあと二代将軍秀忠より，江戸に招かれ塾校と文庫を設立した。しかし，このときの文庫は江戸の大火事で焼失する。元禄4（1691）年に三代目鳳岡のときに塾校は湯島に移り，寛政9（1797）年に名称を昌平坂学問所と変える。昌平坂学問所は林家の私塾から始まったものであるが，土地は幕府から賜り，文庫は幾度も火災により失われたが，そのたびに幕府の援助のもとに復興した。

　幕府から編纂を命じられていた『本朝通鑑』310巻のために，文庫には多くの書物が収集された。幕府の官学となってからは購入費も潤沢になり，教育に必要な書籍類もいろいろと収集されていく。寛政期には，所蔵図書の総数も約5,400部，4万冊はあったとされている。

　昌平坂学問所の歴史のなかで，大きな役割を果たしたのは，松平定信と林述

斎であろう。寛政4(1792)年の寛政の改革による学制振興策で、昌平校の試問を行うものが激増し、国のための人材育成機関としての位置がより明らかとなった。その精神は明治になって東京大学に引き継がれた。述斎は寛政5(1793)年に林家の養子となり林家を継いで、幕府の文書の行政を行った。松平定信とともに昌平坂学問所を幕府直轄にすることに力を尽くした。

昌平坂学問所にある図書は、幕府機関と学生に閲覧・貸出をして、学校図書館の役割りを果たしていた。これらの書籍の多くが内閣文庫に引き継がれている。

(3) 藩校とその文庫

江戸時代早期寛永19(1642)年につくられたのが、岡山藩主池田光政による藩校である。その後、文庫も完備して岡山藩の藩校は明治維新後まで続く。そのなかで今に残るのが有名な閑谷学校である。光政によるこの藩校は寛文8(1668)年に設置され、藩校とはいえ藩士の子弟のほか、この地域に住む庶民の子弟への手習いも含めた教育施設だった。ここに文庫もつくられている。

寛政4(1782)年に加賀藩は藩校明倫堂を設立した。藩士の子弟だけでなく広く講義を聴ける藩校で、年齢も8歳から23歳まで勉強することができた。天保8(1837)年頃の『明倫堂蔵書目録』によると、総数7万6千冊ほどを所蔵していたことになる。

(4) 貸本屋の成立と発展

17世紀の前半になるとしだいに本を読む人が増え、営業的な出版活動も盛んになる。江戸時代の本屋は販売ばかりでなく出版も兼ねていた。

京大坂江戸という都会以外でも読書熱が盛んになるが、図書は依然として高価なため貸本屋が成立し、本屋と読者を結ぶ役割りをすると同時に、出版元の本屋へ読者の好みを伝える役割をも果たした。江戸市中における貸本屋の数は、天保3(1832)年およそ800軒に達していた。江戸時代18世紀中頃から明治中期まで130年間ほど続いた有名な貸本屋に、名古屋の大野屋惣八の「大惣」がある。営業をしている間は一冊も売りに出すことなかったといわれ、廃業時の蔵書は総数21,401冊もあったとされる、そのなかで現存する書籍は資料としての

価値が高いものがある。これらは現在国立図書館，東京大学，京都大学，早稲田大学に，それぞれ「大惣本」として残されている。

(5) 公開図書館としての兆し

江戸時代後期には大名などの支配者層だけでなく，町人たちの文庫が設置される。やがて町人たちにより収集された書籍類が，身分や知識のあるなしにかかわらず，誰でもが手にとることができる図書として公開されるようになった。

享保9(1724)年に，大阪の豪商たちが出資して学問の組織としてつくられたのが，懐徳堂である。享保11(1726)年には将軍吉宗の公認を得て官許学問所となる。三宅石庵を学生に迎えて始められ，明治2(1869)年に閉校になるまで続く。この間に，草間直方，富永仲基（とみながなかもと），山片蟠桃（やまがたばんとう）などの町人学者を輩出した。

また，書物を読むことができない多くの人たちのために，図書を公開し公共図書館的な活動が始まるのもこのころである。以下，近代図書館の萌芽ともいえる各文庫を紹介する。

a．木村蒹葭堂文庫（けんかどう）

職業や身分を超えた学問所で学んだ大阪町人木村蒹葭堂の交友関係は，大名から庶民まで及んでいる。清風社を結成して近世文人のネットワークを築いた。豊かな学際的知識により収集範囲はさまざまな分野の書籍だけにとどまらず，実際の資料である書画から植物鉱物昆虫や考古資料にまで至る。古今の書籍の数は10万巻ともいわれている。図書は求めに応じて貸し出され，上田秋成など当時の文人達に重宝がられ，その実際は「蒹葭堂目録」に詳しい。火事を出した親類の罪状に連座して，その蔵書の一部は強制的に幕府に買い上げられ，昌平校学問所におさめられた。

b．青裳文庫

町人の文庫で有名なものに，青裳堂（せいしょうどう）という本屋を営んでいた狩谷望之（1775-1835）の蔵書がある。資金に恵まれての収集で，その数2万巻とされている。学者を職業とはしていないが，国学の研究に力をそそぎその業績が高く評価されている。収集本の特徴は，和漢書とくに商売柄優れた鑑識眼を持っていたことと，他のものよりも稀本が手に入りやすいこともあり，貴重な珍しい本が多い。こちらの本は，学問をする者には貸出をしていた。没後，書物は散逸した。

c．擁書樓文庫

　江戸の豪商の養子となった小山田与清（1783-1847）も蔵書家として知られている。蔵書5万巻，与清の本も貸出をしていたが，望之と違って貸し出すときには相当のものを質とすると定めたという。商人的な合理性をもっていたことが「文庫私令」という貸出規則から伺える。

　与清は大変な博学で，水戸家の『大日本史』にもかかわった。また著作家でもあり，その数は70種に及ぶとされている。なかでも『群書捜索目録』は古典に書かれた事や物などの辞書で，30年かけてつくられたものだが，今は散逸して一部だけが残っている。

d．青柳文庫と射和文庫

　青柳文蔵（1761-1839）は，文政13(1829)年2万冊の蔵書をもとに千両を献上して仙台藩に文庫設立を出願した。天保2(1831)年土地を賜り文庫を設立した時，文蔵はすでに71歳になっていた。設立の目的は書物を読むことができない多くの貧しい人たちに開放することであった。明治維新後に蔵書は散逸したが，そのうちの3千余巻が宮城県立図書館で所蔵されている。

　青柳文庫は公開されていただけでなく，個人文庫でありながら藩に公認され人手や土地などの援助も得ていて，「公開」「公費」の要件が満たされていて，より今日の近代公共図書館的な意味合い強いと考えられる。

　同じように公開されていた文庫に，竹川竹斎の射和文庫がある。竹川家は江戸と大坂に店を持つ学問好きな豪商だった。商売や学問に励むと同時に，窮民救済などの社会活動にも貢献していた。

10章　明の永楽大典と清の四庫全書

1．永楽大典と四庫全書

（1）明の図書館事情

　元を倒した漢民族の明は南京を首都とする。元が所蔵していた奎章閣・崇文閣（ケイショウカク・スウブンカク）の蔵書を南京に運ばせる一方，埋もれている書物を全国から献書させ，集まった蔵書を一般に開放した。政府の官庁図書館として文淵閣を設立し，宮廷図書館として1386年に大本堂を造営し，後に1534年石造の皇室重要文書書庫（皇史宬（コウシシン））を追加した。

　明は図書を管理する職として秘書監を置いたが，その職能はまもなく翰林院（カンリンイン）に移行した。翰林院の一等官である学士は正五品で，詔書起草，書籍校訂，制度検討などを担当し，直接蔵書を管理した「典籍」（2人）は従八品で地位は高くはなかった。翰林院が管轄する蔵書は政府蔵書のみで，宮廷蔵書は詹事府に属する司経局が管理した。

　1382年に設立された南京の国子監は明の最高学府で，教育施設として図書館が設けられ蔵書は「典籍」が管理した。国子監は版本を発刊するほか，版木を所蔵し，元が旧蔵していた「眉山七史」（南北朝時代の史書の版木）も保有している[1]。

（2）永楽大典

　1403年即位した永楽帝は，世に知られる『永楽大典』の編纂事業にあたる。

1：南京国子監発行の歴史書「二十一史」は「南監本」（ナンカンボン）と呼ばれ後世に大きな影響を与える。北京の国子監は1403年に創立され「京師国子監」（ケイシコクシカン）と呼ばれ，刊行書は「北監本」（ホクカンボン）と呼ばれる。

『永楽大典』は，百科事典叢書のようなもので，元の秘書閣にあった宋・遼・金・元の旧蔵書と諸国を採訪して得た書籍をもとに編纂された。22,877巻，11,095冊の大著で，印刷はできず写本のみで正本を南京文淵閣に収納した[2,3]。北京遷都（1421）後には北京の文淵閣（文楼）に収めた[4]。永楽帝はさらに文淵閣大学士に五経・四書に関する宋儒の説を集めさせ，注釈書「五経大全」「四書大全」「性理大全」の三書，世にいう「永楽三大全」を編纂させた。

（3）清代の図書館と四庫全書

明を倒した清は，1644年から1911年まで268年間存続する。満州族国家であった清は厳しい弾圧によって思想を統制する。康熙帝と乾隆帝は知識人の懐柔をはかろうと孔子生誕の地である曲阜を訪れ，漢族の伝統を重んじる姿勢を示した。しかし一方で，文字の獄などの粛正が行われたため，清代の学問は現実から逃避した考証の学が主流になる。1679年，康熙帝は明史館を創設して全国から明の遺臣を動員し，「明史稿」の編にあたらせる[5]。「明史稿」は張延玉らによって60年の歳月がかけられ，「明史」360巻として成就した。

清王朝は明の蔵書を受け継いだが，ほとんどは兵火で失われていた。残った図書は内閣，翰林院，国子監に所蔵され，康熙時代には昭仁殿が造営された。出版機関としては武英殿が設けられた。

中国最大の叢書「四庫全書」の編纂は乾隆帝の業績である。総合責任者は紀昀で320人の学者が動員され，完成に10年が費やされた。さらに解題が『四庫

2：南京文淵閣は1449年火災で全焼。北京は1557年火災，1562年再び火災を起こしている。

3：「永楽大典」は正副2部を作成したが，明末の動乱で散逸し清朝には不完全な正本しか伝わっていない。さらに1900年の義和団事件で大部分が消失し現存する『永楽大典』はイギリス，フランス，日本などに流出した797巻のみである。

4：正統帝（英宗：1435-1449）のとき楊士奇は約43,200冊の書目からなる「文淵閣書目」を編集する。さらに1486年（成化年間）には未収の書籍を録した「秘閣書目」が成立している。

5：康熙帝は漢和辞典の元祖というべき「康熙字典」類書の『淵鑑類函』450巻，辞書の『佩文韻府』444巻，詩の総集『全唐詩』900巻，大型の類書『古今図書彙編』（後に『古今図書集成』と改称）10,000巻，「大清会典」の編纂を行わせている。

全書総目提要』(『四庫提要』)にまとめられ[6],経(経書),史(史書),子(思想書),集(文学書)の四部分類法によって分類されている。四部分類法は四庫分類法とも呼ばれ,今日でも漢籍分類の基準とされている[7]。

　文淵閣は図書館の中枢に位置する国家図書館である。1776年に完成し,1782年一部目の「四庫全書」を収めた。高級官吏に利用され図書管理及び整理の官吏が配置され閲覧規則も整備されている[8]。

　建物は江南の天一閣の様式をモデルにした設計で建物は三層,各階は六室。一階中央の三室に「古今図書集成」「四庫全書総目」を収め,左右に経部,二階は史部,三階中央に子部,左右に集部を収められ計36,275冊である。経部書の表紙は緑,史部は紅,子部は青,目録は黄色で識別した。

　文淵閣の管理規約によると「四庫全書」は閣内で閲覧あるいは複写も許可されている。文淵閣の「四庫全書」は1925年北京故宮博物院に移管されたが現在は欠損部分が補充され,台北の故宮博物院に保存されている。

6：集められた書籍は以下の三つに分けて資料価値の評価を行っている。
　　①帝室に所蔵すべきもの。『四庫全書』に抄本を収め,『四庫提要』に解題を載せるもの。3,461種,79,309巻。
　　②帝室に所蔵するには及ばないが,書名を残す価値はあるもの。『四庫提要』に解題のみ載せるもの。6,793種,93,551巻。
　　③書名も残す価値がないもの。
　　『四庫全書』には乾隆年間以前の主要な図書が網羅されている。さらに『四庫未収書提要』『四庫撤毀書提要』で補えれば,清代前期までの蔵書状況が理解できる。しかし戯曲や小説の類は収載されていない。
7：法経部(儒教の経典および注釈など。訓詁学(文字解釈)を含む)・史部(歴史・地理など)・子部(諸子百家など。天文学・暦学・医学・薬学・占い・仏教・道教書)・集部(文学作品,文芸評論)から構成される。
8：文淵閣の書架分類を以下に示す。文淵閣の蔵書は「千字文」の「天」から「往」までを記号として配列している。
　　「天」字棚5,明代の各代の皇帝御製の文集など。「地」字棚4,易・書・詩・春秋・周礼・礼儀・礼記など。「玄」字棚1,礼書・楽書・諸経など。「黄」字棚3,四書・性理・経済(上奏文を含めて)など。「宇」字棚6,史部の書。「宙」字棚2,史部の雑文など。「洪」字棚1,子部の書。「荒」字棚1,子部の雑文など。「日」字棚3,文集。「月」字棚2,詩・詞の書。「盈」字棚6,類書など。「昃」字棚1,韻律や姓名関係の書類。「辰」字棚2,法帖・画譜など。「宿」字棚1,政務・刑律・兵法・算数など。「列」字棚2,陰陽・医学・農業など。「張」字棚1,道教の書。「寒」字棚2,佛教の典籍。「来」字棚1,古今の地方誌。「暑」字棚3,古い地方誌。「往」字棚3,新しい地方誌。棚数50,書類7,297種,50,000巻。を収蔵した。

『四庫全書』は北四閣と江南の地の南三閣に1セットずつ収められた。北四閣は皇室専用だったが，南三閣は一般人でも閣内閲覧が許された。南三閣の中で杭州に建てられた文瀾閣(ブンランカク)は特に大きな影響を与え，多数の文人がこの恩恵を受けている。

「四庫全書」編集時に「永楽大典」に漏れていた約300種の著作が発見された。武英殿ではこれを「武英殿聚珍版叢書(ジュチンバン)」として出版する。「古今図書集成」「子史精華」「佩文韻府(ハイブンインプ)」などの大型類書や，「佩文斎詠物詩(ハイブンサイエイブツシ)」「唐宋詩醇」「歴代詩余」「歴代賦彙(フイ)」などの大型詩文集，また各種の会要（史書），政典（治国の規約・制度記録），地理書，譜牒（系譜）などが発刊された。

さらに，宮廷内に「四庫全書」の抄録である「四庫全書薈要(ワイヨウ)」がつくられ，その保存のための図書室も造られた。

（4）宮廷四閣と江南三閣

a．宮廷四閣

文溯閣(ブンソカク)　盛京（瀋陽）の故宮内に建立。「四庫全書」の経部は青い絹表紙が，史部は赤，子部は白，集部は黒で，全書36,000冊6,754箱。目録・考証(カンショウ)が32箱付いている。1949年，文溯閣本は遼寧図書館に移管され，1966年以降甘粛省図書館が所蔵している。

文源閣　円明園内に建てられ「四庫全書」を所蔵する。円明園などの皇室御苑は内務府奉宸苑の管轄。1860年，英仏連合軍に文源閣は焼き払われ文源閣本も焼失した。

文津閣(ブンシンカク)　承徳避暑山庄内の離宮に造られ「四庫全書」を収めた。文津閣本は，1913年，京師図書館（現在の北京図書館）に移管され保存もよい。

b．江南三閣

文匯閣(ブンワイカク)　1780年，江蘇揚州の大観堂で建てられ，1790年に「四庫全書」を収めた。文匯閣は三層で一階中央に黄色の絹表紙の「古今図書集成」を収め，両側の棚に緑の絹表紙の経部書を配架。二階は紅絹表紙の史部。三階左は青絹表紙の子部。右は藕荷色(コウジンコウ)（薄赤紫）表紙の集部を配架した。楠の板で挟んで紐で縛り楠の箱に入れて保存された。文匯閣本は，太平天国の戦乱で失われる。

文宗閣　1779年，江蘇鎮江金山寺(キンザンジ)に建てられる。1790年に「四庫全書」を収

めたが太平天国の戦乱で失われた。

文瀾閣（ブンランカク）　1782年，浙江杭州西湖孤山聖因寺内に建造。1790年に「四庫全書」を収める。江南三閣の中で最も多くの愛書家に活用された。1861年太平軍の杭州攻めで大きな被害を受けたが，杭州の蔵書家丁丙。丁申兄弟が散逸した約一万冊を集め，官吏，学者，蔵書家が引き続いておおむね復元した。現在は浙江省図書館に収蔵されている。

2．明清の民間蔵書と近代化の萌芽

（1）明の蔵書家と個人図書館（蔵書楼）

　明の中期以降，南方の沿海部では対外貿易が発達し多様な文化が花開いた。商業・手工業・農業・科学技術などの著作の増加とともに印刷技術・製紙技術も向上し，刊行される図書も増えて個人蔵書が充実する。個人蔵書の総数は宮廷の蔵書を上回るまでになり，質においても優れた蔵書家と図書館（蔵書楼）が江南地域に現れる。

　各地に藩王として封じられた皇室の係累たちの中には，図書編纂や学術研究あるいは芸術創作に興味のあるものが多かった。開封の周藩には演劇の蔵書が伝わり，朱睦㮮（シュボクケイ）の時代には「万巻堂」という図書館が生まれる。

　嘉靖年間（1507-1566），寧波（ニンポー）の范欽（ハンキン）が建てた「天一閣」という図書館（蔵書楼）は図書館建築として優れ，防水・防潮・防火が行き届き浙東第一の図書館となって400年近く存続した。豊道生の「万巻楼」の蔵書を購入し各地の書籍を集め，特に地方で出版された地方誌の収集に力を入れ，蔵書数は7万巻に及んだ。清の乾隆帝が建てた北四閣は，この「天一閣」をモデルとしたという。家訓によって，書籍の帯出，借出し，夜間の立入り，喫煙を禁じた。当主が許可を与えない限り錠すら開けさせず，違反した者には厳しい罰則が定められていた。

　万歴年間（1573-1620）には「三国志演義」「水滸伝」「西遊記」などの長編小説が生まれ，図書文化が大衆化し商業出版が発達する。古書の復刻刊行を行う江蘇省常熟（ジョウジュク）の毛晋（1599-1659）のような蔵書家も現れる。毛晋は土地地主

で幼少から図書を好み，自宅の門前に「宋代の版本は一枚200文。古写本は一枚40文。他が千文で買うと値を付けた善本なら千二百文で購入する」という広告を出して，宋・元と当代の書籍を集めた。毛晋の蔵書は84,000巻に及び，蔵書楼の汲古閣と目耕楼に収蔵した。毛晋は，「十三経」「十七史」や唐代宋代の詞集及び明代の伝奇小説集「六十種曲」を刊行した。「津逮秘書」を編纂し，貴重な典籍を集めた「毛抄」は読書家たちの必須なものになった。毛晋は，原本に紙をかぶせて下から光を当て模写する影抄という方法を編みだした。

澹生堂の浙江祁承㸁（1592-1628）は給料のほとんどを書籍にかけ，先代から受け継いだ書籍と合わせて8万巻の蔵書をつくった。地方文献・俗文学の収集に特徴があり，蔵書の質も高かった。蔵書規約には「子孫は堂内で書籍を読み，読み終わったらすぐ元の位置に戻す。親友には副本があれば副本を貸し，副本がなければ断る。正本は帯出を禁止。5年から10年ごとに蔵書目録を編集する」とある。子息の祁彪佳は演劇作品を大量に取得して「遠山堂」を築き，孫の祁理孫は「奕慶楼」を増築する。祁氏三代は浙東一の蔵書家である。

（2）清代の個人蔵書の発展と図書館思想の芽生え

清代初期はほとんどが江蘇の常熟や浙江の寧波など小さい町に集中した。蔵書は代々家に伝わるものだが，同じ地域での蔵書家間の伝承も多い。

金陵（南京）で有名な蔵書は黄居中・黄虞稷父子の「千頃斎」で，蔵書は8万巻「蔵書甲金陵」と称された。黄虞稷は，「心太平庵」の丁雄飛と「古歓社」というネットワークを作って互いの蔵書を交流させた。「千頃堂書目」は彼の名を高めた著作である。

余姚の黄宗羲（1610-1695）は続鈔堂を建て，明代史料及び経・史・百家の典籍を集めた。浙東の天一閣は明代に引き続き管理制度が厳密であったのに対し，続鈔堂は閣内で読むことを許した。蔵書は宋・元代の文集が多く明代の文集も5,000～6,000冊所蔵したが，まもなく散逸した。黄宗羲は「明史」の編纂にも加わった人物で，「明儒学案」「明文海」を編纂したことで知られる。

乾隆の進士で『四庫全書』の編纂に加わった周永年は済南に戻って「借書園」を建て，蔵書5万巻を置いて一般公開する。この事業は中国の公共図書館事業の先駆けともいわれる。周永年は「儒蔵説」を提唱し，書籍を学校・書

院・名山・古刹に分蔵して一般に公開しようと提唱した。実現はできなかったが，この思想は後世に大きな影響を与えた。

清代初期の民間蔵書では宋・元の版本，明代の書籍及び名家の写本などが好まれ，それに地域資料が加わりそれぞれの蔵書が特色付けられた。個人蔵書は江南が主導的な地位を占めていたが，やがて北京の蔵書家が新しい担い手に成長していく。

嘉靖年間以降には，北京は再び文化の中心地となり，知識人が集まって書籍の流通も活発になる。蒙族の法式善は梧門書室に古今詩人の文集をはじめとする万巻の蔵書を集め，大興の朱筠は，万巻楼と宝蘇斎に蔵書数万巻集めた。宝蘇斎という名は，蘇軾の法帖と「施注蘇詩」を所蔵したことに由来する。

(3) 書院から学堂へ

清代初期，政府は漢民族の抵抗の拠点になることを危惧して書院を弾圧したが，雍正時代から各省の省都で書院が奨励され，飛躍的に増加する。

清代の書院は大体四種類に分けられる。①理学を中心に講学される書院，②経・史・詞章を研究する書院（清代の半ばから盛んになった），③科挙を目的とした書院，④西洋科学を研究した書院，である。光緒年間以降，西洋の教会図書館の影響を受け書院は近代化しはじめた。②のジャンルの書院は，相関書籍・善本・自著の出版活動が特徴である。儒学の近代化に大きく貢献した阮元は杭州に詁経精舎と広州に学海堂を創立して「詁経精舎文集」8集，「学海堂経解」180種，「学海堂文集」90巻を大成する。

清代の書院は学生が多くなり図書需要が多くなり，図書室は講学・祭祀とともに重要事業とされ，蔵書経営のための資金・収集・登録・編目・貸出・賠償・保管などの運営事項が細かく定められた。書院の図書費は政府や地方政府からの下賜金，政府補助金，書院資金によって賄われたが，寄付者を募るのは書院長の重要な仕事だった。出版事業は書院経営の貴重な財源でもある。一般に，書院蔵書は専任の管理者がいて貸出方法が厳格だった。蔵書は院内利用が普通だが，借出が許されていた書院もある。借出は期限・巻数が決められ，汚損あるいは期限超過の場合は弁償させられた（5巻以内，10日以内が一般的であった）。

書院の中には学習すべき書籍を示し，自習させて書籍の内容を評論させて学習成果をチェックする指導法がしばしばとられた。こうした書院の学習方法や書目の利用，閲読への指導経験は蓄積され近代へ引き継がれる。清末には科挙が廃されて書院は「学堂」と改められ，これが近代中国の大学の母体となっていく。

3．機械印刷時代の図書と図書館

（1）鉛活字印刷術の伝来

　鉛活字印刷術を最初に中国に伝えたのは，イギリスの伝道師・マリソンである。マリソンは1807年にマカオで聖書印刷のための漢字活字を造ったが，政府に見つかり焼却させられた。しかし，1814年にマラッカで印刷所を開設し，1819年に中国語書籍「新旧約聖書」を完成した。

　1838年，イギリス人ダニエルはシンガポールで鉛漢字活字の一式を造った。このセットは1842年に香港に運ばれ，「香港字」と呼ばれる。1844年，アメリカ長老教会から派遣されたリチャード・コールとウィリアム・ギャンブルはマカオで「花華聖経書房」（カカセイキョウショボウ）（美華書館の前身）を興し，ダニエルの鉛活字を使って出版を始めた。さらにコールは明時代の字形を基にした活字を試み（1845），さらにギャンブルが改良して活版印刷の質を高めた。初期の活版書籍は木版書籍と同じような糸綴じ（線装）だったが，洋装本に変わっていく。

（2）図書出版事業と明朝体

　中国には宋代から木活字・銅活字があったが，鉛活字本が普及すると排印本は鉛活字本を表すようになり，従来の活字本は木活字本・銅活字本と呼ばれるようになった。初期の鉛活字印刷本はキリスト教を布教するものばかりだったが，1902年以後，近代学校が設立されると教科書・地図などの需要が大きくなる。一方，商業の発展により，証券・株・広告・カレンダーなどが印刷されるようになる。初期の中国活字は楷書を正確に再現してつくられたが，字体は徐々につくるのに楽な字形へと変化していった。宋朝体はシャープで美しく読

みやすい右上がり字形だが，宋朝体は横書きには適さない。横書き用には明朝体が適していて，横棒を平らに軽く縦棒をまっすぐに重く正方形に収まるように形取られたのが今日の明朝体である。

(3) 上海図書館

アヘン戦争後の「南京条約」「天津条約」によって中国は不平等条約を強いられ，上海は外来文化の中心となった。1847年天主教耶蘇会のゴットランド (1803-1856) は徐家匯(ジョカカイ)に耶蘇会(ヤソカイ)修道院の本部を設立し，図書を収集し徐家匯天主堂蔵書楼を造る。楼は2階建て，1階には中国語書籍，2階には西洋書籍を収めた。図書館を意味する「蔵書楼」という漢語はここに由来する。徐家匯天主堂蔵書楼は伝道師専用の蔵書センターとなり，上海最大の図書館となった。

Shanghai Library（上海図書館）は，居留民たちが租界地に創立した私立図書館である。会員制で年会費は25元，理事を選出して管理を行い1854年当時，図書1,276冊，雑誌・新聞30タイトルを所蔵した。

上海図書館は西洋の近代公共図書館と同じような発展過程をたどっている。労働組合に似た「工会図書館」から始まり，選出された理事によって事務管理され，1881年以降は無料公開されている。

IV編
近・現代社会と図書館

11章　近代社会と図書館

1．米国における公立図書館の成立

(1) 図書館法とボストン公立図書館の設置

　public libraryということばは，図書館法が整備される以前と以降では異なった意味をもつことに留意しなければならない。図書館法制定以降のpublic libraryは基本的に，その要件として公開性，公費負担，無料制の三つが求められる。つまり，図書館が設置されている地域の住民すべてに無料で開放されており，その運営の一部あるいは全部が公費で賄われている図書館である。

　日本においてpublic libraryは，「公共図書館」あるいは「公立図書館」と訳されることが多い。「公共図書館」は，有料で公開される私立図書館を包含する意味で使われることもあるので，先にあげた三要件を満たすものについては，公立図書館ということばをあてるのがより適切であると考えられる。ただし，図書館法制定以前にも，公立図書館の要件をみたす図書館がなかったわけではない。

　1833年，ニューハンプシャー州のピーターボロに，世界初といわれる公立図書館が設置された。ピーターボロ図書館（Peterborough Town Library）である。設立当初から公的資金が投入されており，一般に無料で公開されていた。そのほか，ソールズベリーやレキシントンにおいて，図書館に公費を支出する試みが行われた。

　1848年，ボストン市長であったクウィンシー（Josiah Quincy）は，パリ市からの寄贈図書を受け入れるために公立図書館の設置を提案し，マサチューセッツ州に対して，ボストン市が公立図書館を設立するための権限を求めた。その結果，公立図書館設置の権限をボストン市に付与する最初の州法が成立した。

この州法により,ボストン市が住民利用のための図書館を設置し,年5,000ドル以内の市費を支出することが可能となった。公立図書館の設置を認める最初の州法である。1854年3月,この州法のもとに,ボストン公立図書館(Boston Public Library)が開館した。ボストン公立図書館は,米国大都市における最初の公立図書館である。ピーターボロやソールズベリーといった小さな町ではなく,主要な大都市が公立図書館を設置したという意味において,その後の公立図書館の普及に大きな影響を与えたといえる。

このボストン公立図書館の設立に大きな役割を果たしたのは,エヴァレット(Edward Everett)とティクナ(George Ticknor)であった。牧師,ハーバード大学教授,下院議員,上院議員の経験は共通していて,「公立図書館は公教育制度を完成させるものである」という考えをもっていた。また,図書館規則では,一定の条件を満たすことによって,家庭での読書のために無料で図書を借り出すことができると定められた。

米国独立宣言から100年にあたる1876年には,フィラデルフィアで記念博覧会が開催された。この年,米国教育局(Bureau of Education)は『アメリカ合衆国における公共図書館』(Public Libraries in the United States of America : their history, condition and management, Special Report)を出版した。巻末には,館種別に統計が掲載されており,Public Libraryについては348館とされている。ただし,ここには公立図書館だけでなく,一般に公開される会員制図書館も含まれている。この報告書により図書館は,他地域の図書館の状況を知ることができ,情報交換などを行う素地ができたといえよう。

(2) 米国図書館協会の結成と図書館学校の設置

ボストン公立図書館開館後,他州においても公立図書館法が制定され,公立図書館が設置されていった。会員制図書館が公立図書館に転用される事例も多くみられた。1861年から1865年の南北戦争(American Civil War)の影響をうけながらもその数は徐々に増え,1873年にはシカゴ公立図書館(Chicago Public Library)が,1884年にトロント公立図書館(Toronto Public Library)が,1885年ミネアポリス公立図書館(Minneapolis Public Library)などが設置されている。

こうした図書館の増加とともに，図書館で目録業務などの専門的スキルをもつ図書館員（librarian）と呼ばれる者も増加していった。1876年10月にフィラデルフィアで開催された記念博覧会では，図書館員の会合がもたれ，米国図書館協会（American Library Association：ALA）が結成されることとなった。米国図書館協会は，世界初の図書館協会であり，現在，図書館界において米国内のみならず国際的に大きな影響力をもつ組織となっている。同大会では，*American Library Journal* 誌を米国図書館協会の正式機関誌とされた。翌1877年に英国図書館協会が結成されて以降は，両協会の機関誌となり，*Library Journal* と改題された。

　また同年，デューイ（Melvil Dewey）によって，十進分類法が発表され，広く図書館界に受け入れられていく。1877年に設置された米国図書館協会協力委員会の事務局長となったデューイは，図書館用品の評価や供給を行った。1879年には「読者と著者のための会社」を設立し，1888年にはライブラリ・ビューロー社を立ち上げた。デューイは目録カードなどの図書館用品の規格化をすすめるだけでなく，図書館用品のカタログに正しい使用法を記載することによって，図書館運営の考え方を広く広めた。1893年から1896年にかけて印刷目録カードを作成して図書館に頒布し，*Library Notes* 誌を発行するなど，ライブラリ・ビューロー社は，単なる図書館用品会社以上の役割を果たした。

　1883年にコロンビア大学の図書館長となったデューイは，1887年に同大学に設置された図書館学校（School of Library Service：SLS）の校長に就任した。それまで行われてきた図書館内での教育とは異なり，大学という高等教育機関に設置された図書館専門職のためのプロフェッショナル・スクールである。図書館学校の学生は，整理業務や図書館サービスに関する授業を受けるとともに，大学の付属図書館で実習を受けた。しかし，デューイの強引で独善的な態度が学内の反感をかい，1888年に図書館学校は閉鎖され，デューイも辞表を提出せざるをえなくなった。コロンビア大学を追われたデューイは，ニューヨーク州立大学事務局長とニューヨーク州立図書館の館長を兼任することとなり，州立図書館学校を開設した。その後，他の大学でも図書館学校が開設され，米国図書館協会がその課程を評価することによって質的保証を与えることとなった。

（3）1890年以降の図書館とカーネギー

　1890年代以降，米国の図書館数は増大し，飛躍的に発展する。その要因のひとつとして，篤志家の寄付をあげることができる。なかでも，カーネギー（Andrew Carnegie）の寄付によって建てられた公立図書館は，米国内に限っても，1,600館以上にのぼる。これらのカーネギーおよびカーネギー財団（Carnegie Corporation）の寄付によって19世紀末から20世紀初めにかけて建てられた公立図書館が，カーネギー図書館とよばれる。カーネギー図書館は，米国の公共建築物のなかでもっとも多いといわれている。

11-1図　フランスのランス聖堂に隣接するカーネギー図書館

（撮影：佃　一可）

　貧しい少年時代に，アンダーソン大佐の公開蔵書の恩恵を受けたカーネギーは，鉄鋼業で成功を収めたのち，米国，英国，カナダにおいて公立図書館の建設に対する寄付を続けた。カーネギーは，少年時代の公開蔵書を利用した経験から，無料で公開される公立図書館は自学自習の場であり，機会均等を保障するものだという認識をもっていた。この考え方は，カラード・カーネギー図書館（Colored Carnegie Library）にも現れている。人種隔離政策期における米国において，アフリカ系アメリカ人対象の図書館への助成を行ったものである。

カーネギー図書館は，ほぼすべて「カーネギー・フォーミュラ（The Carnegie Formula）」に従って設立された。つまり，寄付金を受けて図書館を設立するには，①図書館の必要性を説明すること，②図書館を建てるための用地を提供すること，③図書館運営のために年間，図書館建設費の10パーセントを拠出すること，が必要であった[1]。

カーネギー図書館は，利用者サービス用のスペースを重視する傾向にある。参考室，児童室，集会室などを設け，理事会室などを省く傾向にあったという。また，他の財源により設置された図書館と同様，閉架制を採用する図書館が完全開架制を採用する図書館の数を上回っていたが，他財源図書館に比べてその差が小さかった。なお，閉架式を採用する図書館において利用者に蔵書目録の使い方を教える利用者援助（assistance to readers, aid to readers）が，レファレンス・サービスの起源であるとされている。開架制は1890年頃より閉架式に代わって普及をはじめた。

（4）米国議会図書館の発展

米国議会図書館（Library of Congress：LC）は，議会の図書館であるとともに，米国の国立図書館であり，世界最大規模の図書館である。首都をワシントンD.C.に移転させることがさだめられた1800年の法律によって設置された。当初は，議員のための図書館として議事堂内に設置されたが，1897年に現在のトマス・ジェファーソン館に移転した。

幾度かの火災という災いを乗り越え，米国議会図書館は，スポフォード（Ainsworth R. Spofford）館長の時代に大きく転換する。1864年に第6代館長として任命されたスポフォードは，1848年にスミソニアン協会（Smithsonian Institution）から出版物の国内交換や政府刊行物の国際交換を引継ぎ，蔵書の充実を図った。また特に，1870年を境に国立図書館としての役割を確立したといえる。1870年の著作権法の改正で，米国内で著作権の保護を受けるためには，米国議会図書館に著作物を2部納本しなければならないことが定められたからである。この納本制度によって，米国議会図書館は法定納本図書館となり，蔵

1：George Bobinski. Carnegie Libraries: Their History and Impact on American Public Library Development, American Library Association.1969, p.191.

書が着実に増加するしくみも確立された。スポフォードの32年間という長期の在任中，職員数と蔵書数は著しく増加し，米国議会図書館の確固たる基盤が形成された。

さらに，1899年に就任した第8代館長パトナム（George Herbert Putnam）は，米国議会図書館を国立図書館としての地位をさらに強固なものとした。議会図書館分類表（Library of Congress Classification：LCC）の作成や，印刷目録カード頒布による目録の集中化を実現した。

2．英国における公立図書館の成立

（1）公立図書館法の制定

1848年，大英博物館刊本部の図書館員であったエドワーズ（Edward Edwards）は，ロンドン統計学会で「欧米における主要な図書館の統計的考察（A Statistical view of the principal public libraries in Europe and the United States of North America）」を発表し，同年，学会機関誌に論文を執筆した。エドワーズは，国別に人口一人あたりの蔵書冊数を算出し，英国は42か国中41位であることを指摘した。

この論文に刺激された下院議員ユアート（William Ewart）は，下院に「公共図書館（library freely open to the public）の設置を促進する方策に関する特別委員会」の設置を提案し，1849年にユアートを委員長として委員会が設置されることとなった。エドワーズも証人として喚問され，英国における公共図書館の整備の遅滞を証言した。なお，このときエドワーズは，その要件を「公開性かつ公費負担」ではなく，「公開性あるいは公費負担」としていたことに注意しておきたい。

ユアート委員会は早くも同年に，『公共図書館に関する特別委員会報告書』（*Report from the Select Committee on public libraries*）を提出した。英国には公共図書館が少ないため，職工学校（mechanics' institute）やコーヒーハウスなどの読書施設が「自力で」設置されていること，つまり，英国では公共図書館の需要があるにもかかわらず整備されていないことを指摘した。そして，

米国では100以上の公共図書館があり，その多くが公開されていると米国との比較することによって英国の公共図書館発展の遅れを明らかにした。

1850年2月14日にユアートが下院に提出した公立図書館法案は，増税を懸念するなどの反対があったもののブラザートン（Joseph Brotherton）などの支持を得て，7月30日に可決された。こうして公立図書館法の制定により，公開性，公費負担，無料制の原則に法的裏づけがなされた。しかし，①対象がイングランドおよびウェールズの人口1万人以上の自治体に限定されたこと，②固定資産評価額への課税率が1ポンドにつき半ペニーが上限とされたこと，③税収を図書購入に充当できないこと，など，制限が多いものであった。これらはその後の法改正で是正されていくこととなる。

（2）公立図書館の発展

1850年の公立図書館法を最初に採択したのはノリッジであったが，実際に同法に基づく公立図書館を最初に設置したのはマンチェスターである。マンチェスターでは1851年に図書館設置を推進するための市民集会が開かれ，エドワーズが館長として迎えられることとなった。翌1852年には公立図書館法採択に関する納税者投票が実施され，早くも同年9月には開会式が行われている。

エドワーズは，1851年から1858年までマンチェスター市立図書館の館長を務めた。1859年には，『図書館覚え書』（*Memoirs of libraries: including a handbook of library economy*）を公刊し，図書館の歴史や経営についてその考えを披瀝した。1850年の公立図書館法制定にあたっては，多くの議員が労働者階級を強く意識していた。公立図書館が犯罪防止に役立つ労働者階級を対象としたものである，と社会政策的な観点からとらえていた。このような中でエドワーズは，階級にかかわらずあらゆる人々のための公立図書館を構想していた。あらゆる階層の人々が一堂に会し，読書という共通の行為によって結び合わせることに意義を見出していたのである。そして，特定の個人や団体への依存関係から自立するために，また，政治的・宗教的影響から離脱するために図書館は，地方税によって運営されなければならないと述べている。

公立図書館法以降，英国においても公立図書館が発展していく。1852年にリバプール，1861年にバーミンガム，1870年にリーズ，1876年にブリストルに公

立図書館が設置された。また，米国図書館協会設立から1年後の1877年，英国図書館協会（Library Association：LA）が設立され，図書館の基盤ができていく。

一方，米国で，1,600館以上の図書館に対して寄付を行ったカーネギーであるが，英国でも精力的に寄付行為を行った。1881年に出身地であるスコットランドのダンフリースの公立図書館に対して行った寄付を皮切りに，多数の図書館に対して寄付を行った。死去する1919年までにカーネギーが行った寄付は，英国の公立図書館の半数以上に及んでいたという。

（3）大英博物館と国立図書館への発展

産業革命以降19世紀にかけて英国は，経済的・文化的に飛躍的な発展を遂げる。1709年の著作権法は，出版物を保証することによって出版事業の発展を後押しした。人々の読書熱も高まり，コーヒーハウスや貸本屋といった読書施設も増加していく。スローン（Sloane），コットン（Cotton），ハーリー（Harley）の各コレクションを核として，1753年に創立された大英博物館が世界的な博物館・図書館として飛躍的に発展したのも19世紀以降のことである。

1799年より28年間，館長を務めたプランタ（Joseph Planta）の時代に，大英博物館は質量ともにそのコレクションを充実させ，世界的博物館・図書館としての礎を築いた。ロゼッタ・ストーンを含むエジプト古美術・考古学資料，タウンリー（Charles Towneley）の彫刻コレクション，バーニー（Charles Burney）のギリシア古典の写本や刊本が大英博物館のコレクションに加えられた。また，1823年には，8万4千点からなるジョージⅢ世（George Ⅲ）文庫がジョージⅣ世（George Ⅳ）によって寄贈されることが発表され，1828年にキングス・ライブラリーが建設されている。プランタはまた，利用規定を改善し，閲覧室を拡大することによって，利用者数を大幅に増加させた。1810年に2千人であった利用者数は，1825年には2万2千人を超えていたという。

一方で，大英博物館の急速な発展は，閲覧環境をめぐる内外からの批判を引き出した。1841年にはカーライル（Tomas Carlyle）らが，大英博物館の図書館サービスを批判し，会員制のロンドン図書館（London Library）を立ち上げている。

11-2図　大英博物館の閲覧室

(マージョリー・ケイギル『大英博物館のAからZまで改訂版』THE BRITISH MUSEUM PRESS, 2009, p.267.)

　大英博物館は，1856年に館長となったパニッツィ（Antonio Panizzi）によって，図書館機能を大きく拡張され，国立図書館としての基盤を形成する。著作権法の完全な執行，鉄筋の近代図書館の建築，新たな資料組織法の創出，図書館職員の待遇改善など，その後の図書館界に大きな影響を与える大きな改革を行っていった。パニッツィが刊本部長時代に着手したのはまず，納本制度の実質化であった。1842年に改正された著作権法によって，英国の出版社は出版物の納入を義務付けられていたにもかかわらず，この制度は実質的に機能するものではなかった。パニッツィは著作権法の意義を説き，納本制度の実質化に尽力した。

　1857年，パニッツィを中心とした増築案が実現し，世界中の国立図書館の模範になったといわれる円型閲覧室（round reading room）が建設された。この円型閲覧室は，ドーム様式の建築で，円型の閲覧室の周囲の壁面には参考図書が配され，中央にはレファレンス・デスクが設置されていた。この優れた閲覧室は，カール・マルクスや夏目漱石など，世界中の利用者を惹きつけた。また書庫は閲覧室の裏側に隔離され，鉄筋図書館（iron library）と呼ばれるよ

うに書庫および書架は鉄製であり，合理的な資料の格納が可能なものであった。この書庫もまた，後世の図書館に影響を与えている。

さらに，図書館職員の給与を他の公務員並みに引き上げるなど図書館職員の待遇改善に注力を行うとともに，のちの英米目録規則の原型となった九十一箇条目録規則を作成するなど，近代的な図書館運営に関するさまざまな功績を残した。

なお19世紀英国では，1855年に特許局図書館，1881年に国立盲人図書館，1882年に国立科学博物館図書館が開館している。1972年の英国図書館法（British Library Act）によって，1973年，これらの図書館と大英博物館の図書館部門は，1931年に設置された国立中央図書館とともに組織的に統合され，英国図書館（British Library）となった。

3．近代のドイツ・フランス・ロシアの図書館

（1）近代ドイツの図書館

ドイツでは，印刷技術の発達や市民階級の興隆，近代大衆文学の発展を背景に，18世紀後半より一般大衆における読書熱が高まった。図書の読み方が熟読から多読へと変化したのもこの時期である。しかし，図書の発行数が伸び，その価格が低下したにもかかわらず，依然として一般大衆にとって図書を個々に入手するのは困難な状態であった。このような中，読書サークルや貸本屋が人々の読書熱の高まりに応えた。

都市地域で読書サークルや貸本屋が普及する一方で，農村地域では村立農民図書館が提唱された。農民のための図書館は，主として聖職者や教師によって提唱され，啓蒙思想をもつ領主の後援を得た。18世紀後半から19世紀にかけて，農村に少なからぬ数の図書館が設置されたという。

その後，産業革命，都市の貧困，プロレタリア階級の形成を背景に新しい図書館運動が起こる。その先駆者となったのが実業教育に携わっていたプロイスカー（Karl Preusker）であった。プロイスカーは，この新しい時代における都市図書館の目的を精神的・心情的な面における一般教育とし，副次的目的と

して実業教育と青少年教育を挙げ，1828年にグローセンハイン市に図書館をつくった。また政治家ラウマー（Friedrich von Raumer）によるベルリン民衆図書館はドイツにおける民衆図書館設置の嚆矢である。1846年，米国の公共図書館に刺激を受けたラウマーは，ベルリンに民衆図書館（Volksbibliothek）を設立することを提案した。1850年にはベルリン民衆図書館条例が認可され，4館が設置された。民衆図書館は，個人や各種団体から支援を受けながらも地方自治体によって運営される図書館である。誰もが自由に利用できる図書館であり，下層民衆のための慈善的図書館という意味合いがある。

一方，ミュンヘン宮廷図書館やベルリン王室図書館，ウィーン宮廷図書館は着実に発展し，1831年に設置されたベルリン大学図書館も急激に蔵書数を伸ばし，学術図書館としての地位を確立した。

（2）近代フランスの図書館

フランスの図書館は，フランス革命を機として大きく転換した。教会の財産が没収され，修道院図書館が国有財産となり，膨大な写本・刊本のコレクションをもつ王室図書館も国民図書館となった。また，地方の没収図書は当初，中央学校図書館に移されたが，1803年に地方の管轄に移され，民衆図書館（bibliotèques populaires）となった。初等教育の普及と出版物の増加などを背景に，フランスにおいても一般民衆による読書への欲求が高まっていった。これらの需要に応えるために貸本屋などが普及する一方で，一般民衆に健全な読書を提供するための施設が求められるようになった。

1861年には印刷工ジラール（M. Girard）が教育友好会（Socit des Amis de l'Instruction）を組織し，パリ市や郊外に図書館を開設した。また，教育同盟（Ligue de l'enseignement）を創設したジャン・マセ（Jean Macè）による労働者のための図書館運動や，1862年に組織されたフランクリン協会（Socièté Franklin）による『会報』を通じた専門技術情報の提供は，民衆図書館運動を刺激した。なお民衆図書館は1874年の省令によって，補助金の助成を受ける無料民衆図書館（bibliothèques populaires libres）と独立民衆（bibliothèques populaires indèpendantes）に区別されるようになった。

専門職養成に目を転じると，1921年に古文書学校（École nationale des

chartes）が設置された。これは，写本や文書の整理や管理を教授するための国立学校であり，現在でも図書館へ多くの専門家を輩出している。パリ国立図書館は，1868年にラブルースト（Henri Labrouste）によって新館が建設されたが，1874年に古文書学校の卒業生であるドリル（Lèopold Delisle）が館長であった時代に蔵書目録が刊行されるなど，その整備が進められた。ドリルは，パリの学術図書館や地方の図書館を指導するなど，フランスの図書館界において指導的な役割を果たした。

（3）近代ロシアの図書館

1795年，皇帝エカテリーナ2世はポーランド分割によってポーランド・リトアニア共和国から25万冊に及ぶザウスキ図書館の蔵書を摂取した。この蔵書を母体とし，さらにヴォルテールとディドロの蔵書を加えてサンクトペテルブルクに帝国公共図書館を創設した[2]。

エゴール・ソコローフによって1796年から1801年に渡る歳月を費やして建造された新古典主義建築の建物は，現在でもロシア国立図書館の本館として使われている。ロシアは1811年に納本制度を導入し，蔵書は1914年までに300万冊に達していたという。帝国公共図書館が公式に開館したのは1814年，初期の20年間はストロガノフ伯爵が館長を務め，ロシア語で書かれた最も初期の写本『オストロミール福音書』『原初年代記』のラヴレンチー写本などが収集された。その後，1849年から1861年に館長を務めたコルフ伯爵（1800-1876）の時代には新約聖書のシナイ写本や，旧約聖書の写本，いわゆるレニングラード写本が収集された[3]。

帝政末期，ルバーキンなどの識字普及教育運動に携わった人々が図書館の有効性を記述した著作を残し，それがレーニンの革命思想普及研究につながる。革命後はプロパガンダ施設としての図書館の研究が多く行われた。

ロシア帝国公共図書館は，革命後の1914年以降1925年までの名称はロシア公

2：ザウスキ（兄弟）図書館は1747年から公開されていたポーランド最初の公共図書館で，蔵書数は当時のヨーロッパでも有数のものであった。この旧蔵書は，後にポーランド・ソビエト・リガ平和条約（1921）を踏まえてポーランドへ返還される。
3：シナイ写本は後に大英博物館に売却される。

共図書館,1932年から1992年のソ連時代はM.Ye.サルトゥイコフ＝シチェドリン記念公共図書館,現在はロシア国立図書館と時代の変遷によって呼称を変えている。

　ロシア帝国内にはペテルブルクの帝室公共図書館のほか,1862年モスクワに創立されたルミャンツェフ図書館があった。現在のロシアで二つの国立図書館を持ついわれである。ソ連時代の1925年から1991年までは「国立ヴェ・イ・レーニン図書館」と称されていて,納本制度によって国内の出版物を収集した。

12章 日本の近代化と図書館

1．近代図書館の黎明

（1）図書館思想の摂取と外国人ライブラリー

　江戸幕府による1854（嘉永7）年の日米和親条約締結，さらに1858年のアメリカをはじめとする5か国（蘭露英仏）との修好通商条約の締結，そして翌59年の開港により開国が完結した。

　開港地・横浜を訪れた福澤諭吉は，これまでに習得したオランダ語が役に立たないことを知る。立ち寄ったキニッフルというドイツ人の店で蘭英会話書を買い求め江戸に戻った。キニッフルことクニフラー商会の支店長を務めた人物がギルデマイスターで，その回想録には1863年に創立された横浜のドイツ人クラブの図書室，音楽室，ボーリング室がよく利用されていたことが記されている。また，お雇い外国人として1873年に来日したクルト・ネットーは，立派な図書館には閲覧室が幾つもあり，雑誌が多種整っていて，手入れも行き届いており，よく利用されていた，とクラブの思い出を語っている。開港により数々の「もののはじめ」の地となった横浜において，外国人ライブラリーもそのひとつかもしれない。

　福澤はその後1860年の遣米使節，次いで1862年の遣欧使節の一員となる。その際の見聞あるいは洋書から得た海外の新知識を『西洋事情』としてまとめた。幕末の大ベストセラーとなった本書には，「西洋諸国の都府には文庫あり。『ビブリオテーキ』と云う。」と西洋の図書館を紹介しさらに「竜動（ロンドン）の文庫には書籍八十万巻あり……」と書いている。大英図書館の円形閲覧室は1857年に完成，福澤も目にしたと思われる。

　横浜における外国人の図書館活動は，ドイツ人クラブのような社交場のほか，

日本研究者が集まって創設された日本アジア協会においても見ることができる。1872(明治5)年7月27日に設立準備会が開かれた協会は、翌73年1月の集会にてプライアを図書館員に任命している。「図書館員は、入念に交換や寄贈によって多数の定期刊行物を受けたことを報告した。しかし、理事会は新しい本の購入資金をほとんど配分しなかった」と、記録に残る。プライアは、外国商会の社員であり、日本の自然史に詳しく、*BUTTERFLIES OF JAPAN*を著した。

　また、フェリス女学院大学の前身であるフェリス・セミナリーを創設したキダーの書簡には、学校図書館用の美しい新しい本の到着が記され、1875年、横浜の山手に新しく完成した校舎には、1階に、約5メートル四方の図書室が用意された。キダーの学校に図書館員として協力したミセス・ピアソンは、1885年に発足したヨコハマ読書サークルの創設にもかかわっている。

　キダーと同じくキリスト教の宣教を目的に来日したヘボンは、日本最初の和英辞書『和英語林集成』を1867年に刊行した。初版の'Library'の項は、'Shosai'とされているが、1886年刊行の第3版には、'Shosai, shosekikwan, bunko'の訳が与えられている。

(2) 文部省書籍館の設立と司書職のはじまり

　1862(文久2)年の江戸幕府が派遣した遣欧使節団には、福沢諭吉のほか副使・松平石見守康直の従者として市川清流が加わっている。市川は、その記録を「尾蠅欧行漫録」にまとめるとともに、文部省出仕中の1872(明治5)年には「書籍院建設」に関する建白書を発表する。文化高揚のためには書籍院を設けることが人材を養成し国力を高めることに寄与するとし、ロンドンの書籍院(図書館)を紹介している。

　市川の建白後、同年9月3日(明治5年8月1日)日本初の官立有料制の図書館である文部省書籍館が開館した。湯島の旧大学(昌平坂学問所)講堂を仮館とし、文部大丞・町田久成が館務を司った。旧大学及び旧大学南校の蔵書を基礎にしている。その後同館は1873年3月19日、太政官が所管する博覧会事務局に合併されたが、文部省の反対もあり再び文部省の所轄に戻り、名称を東京書籍館とし1875年5月17日改めて開館することとなる。

　後の自由民権家・植木枝盛は5月26日、開館まもない東京書籍館に行く。6

月23日の日記には書籍館で『代議政体』を読んだことが記されている。本書はＪ・Ｓ・ミルの著作，永峰秀樹の訳により奎章閣から第一冊が５月に出版された。現在国立国会図書館が所蔵する『代議政体』には，さまざまな蔵書印が押されているが，これらの蔵書印が文部省設立の書籍館が帝国図書館へと成長する過程を示している。まず標題紙に「書籍館」と「東京書籍館」，そして目次には，「東京図書館」と「帝国図書館」，さらに本文１ページ目に「東京府書籍館」が見える。蔵書印「東京書籍館」は，周囲に"TOKIO LIBRARY. FOUNDED BY MOMBUSHO 1872."，中央に「東京書籍館／明治五年／文部省創立[1]」と刻まれた丸印である。

東京書籍館は，旧書籍館の蔵書を博覧会事務局が管理することになったため，文部省の所蔵図書約１万冊に加え各府県から収集した約１万５千冊を基に開館した。また，新刊書の交付も受けている。

1876年時点の蔵書は和漢書が約６万冊，洋書が約１万５千冊。１日平均72人年間約２万５千人の来館者を数えた。この年同館は，明治元年を出版の境とする２冊の蔵書目録を刊行する。目録には閲覧料を徴収しないこと，また，この年の７月１日からは夜10時まで開館，と記されている。当時の館長補を永井荷風の父・久一郎が務めている。

翌1877年２月４日，東京書籍館は廃止され東京府に移管され，５月５日東京府書籍館として開館する。移管理由は，西南戦争に起因する財政難であったが，全国民の利用に供するには国庫負担で維持すべきであるとして，1880年７月１日再び文部省の所轄に戻り，名称を東京図書館と改めた。その後，上野公園内東京教育博物館構内へ移転し1885年10月２日に開館する。館長は箕作秋坪・東京教育博物館長が兼任した。さらに翌年書庫と閲覧室を新築し，1889年３月１日には勅令により東京図書館に官制が定められ，また1891年７月24日の改正により「司書」が職名として明記された。

（３）各地の書籍館，及び新聞縦覧所・新式貸本屋の出現

明治新政府下，右大臣・岩倉具視を全権大使とする使節団が1871年から1873

1：「／」は改行を示す。

年にかけて，欧米12か国を歴訪する。随員のひとり，後の文部大輔・田中不二麻呂の調査報告『理事功程』中の「米国」の部に図書館が紹介されている。また田中は『明治九年　文部省第四年報』に，公立書籍館設立の必要を記し，それぞれの地方教育者が公立書籍館が有益であることを理解し設置することを求めた。同年報の「書籍館博物館」の項末尾には，埼玉県・大阪府・京都府に書籍館各一か所，青森県に私立書籍縦覧所一か所があることが記されている。

　埼玉県の書籍館とは，県立学校校内に1876年12月11日開設された埼玉県立浦和書籍館のことであろう。大阪府の書籍館は，埼玉県に先立ち同年3月25日の開館。また，青森県では八戸書籍縦覧所が，1874年6月15日に開設されている。埼玉県・大阪府の書籍館は，その後廃館となったが，八戸書籍縦覧所は，今日の八戸市立図書館に継承されている。

　『京都府立京都図書館一覧』の「沿革」によれば，京都府では文部省の書籍館に先だつ数か月前に，集書院の開設を挙げ，続けて福沢諭吉が書籍縦覧結社の開設が急務であると提言している。御用書林村上勘兵衛らが京都府に願い出て設立された集書会社は1872年（旧暦5月）閲覧を開始した。京都府による集書院の開設は翌年5月15日のことである。運営は引き続き集書会社が担うが，集書院は1882年3月に閉鎖する。蔵書の一部は，京都府教育会の図書館を経て，京都府立京都図書館が収蔵することになる。

　集書院が設立された1872年から80年ころ，各地に新聞を縦覧する施設が設置された。1871年1月29日（明治3年12月9日）に創刊された日本最初の日本語日刊新聞『横浜毎日新聞』の発行社・横浜活版社は，「新聞紙博覧所」設置を神奈川県に出願している。1872年10月1日（明治5年8月29日）付けの同紙に，「開化進歩」を誘導する新聞紙を広く閲覧できるように博覧所を町会所所持地に設置し，外国新聞紙も含め20種余を無料で公開したい，との記事が見える。その後の1875年11月1日，横浜毎日新聞会社が『仮名読新聞』を創刊し，編集者の仮名垣魯文は翌年の7月16日横浜野毛坂上に「諸新聞縦覧茶亭窟螻蟻」を開設した。茶亭は一服一銭，ちなみに当時の『仮名読新聞』は1か月の購読料が10銭であった。縦覧できる新聞は，『仮名読新聞』のほか『横浜毎日新聞』『東京日日新聞』『郵便報知新聞』『朝野新聞』など16紙を数える。

　書籍あるいは新聞の縦覧所が新たな読書施設として出現するなか，貸本業界

にはこれまでの読本や草双紙に変わり洋綴じの学術書を備えた「新式貸本屋」が登場する。1886年10月東京に開業した共益貸本社（13日）といろは屋（22日）がその代表格である。『共益貸本社書籍和漢書分類目録』には，貸出規則を記した凡例に始まり，和漢書42ページ（約850冊），英書15ページ（約600冊）の２部により構成されている。英書の部には，ミル『代議政体』の原書も見える。東京図書館とともに，このような貸本屋も新知識の吸収に一役買ったのである。

（４）高等教育機関の図書館

　明治政府は1871年９月２日（明治４年７月18日）文部省を設置，翌72年10月14日に「学制」を頒布し近代教育が普及していく。

　1877(明治10)年４月12日には，東京開成学校と東京医学校が合併し東京大学が誕生する。同年９月に法学部理学部文学部図書館が英書・仏書・独逸書の目録を，11月に和漢書の目録を公刊している。図書館と銘打たれて刊行された最初の目録であろう。同年の「書籍館一覧表」は10機関の名を挙げているが筆頭に掲げられた「三学部図書館」の蔵書は，和漢書19,445冊，洋書33,798冊である。

　東京大学はその後，1886年３月１日の帝国大学令により帝国大学と改称，さらに1897年６月18日，同じく勅令により東京帝国大学と名称を変えた。京都帝国大学の創設に伴うものである。合せて図書館に館長を置くことが定められた。初代館長には後の文学博士・和田萬吉が就任する。

　京都帝国大学附属図書館は1899年12月11日創立され，公衆に図書館を普及するため，創立１周年には近衛家寄託の漢籍類を，翌２周年には京都地誌に関する図書を展示した。同館の初代館長を務めた島文次郎は，帝国文学会の創設にもかかわった英文学者であった[2]。

　帝国文学会が1895年に創刊した『帝国文学』を，第１号から愛読した後の経済学者・河上肇はこの年山口高等学校に入学する。河上の名前が見える『山口高等学校一覧』掲載の校則第７章には，「図書器械」が定められ，第１条に職員・生徒の閲覧用に書房が設けられたこと，第３条には校外の人であっても校

2：京都帝国大学附属図書館1905年11月時点で和漢書76,181冊，洋書60,033冊の蔵書を擁していた。

長の許可を得れば，図書の閲覧が可能であったことが記されている。書房は40坪，土蔵の書庫は21坪5合。河上は自叙伝に，「当時山口のような田舎では，法学通論の本など買おうと思っても，古本すらなかった。学校の図書館にもただ一冊備付けてあるだけだった。で私達はそれを図書館から借り出し，無断で半分にちぎり，一冊の本を二人が分けて読んだ。図書館へは試験が済んでからそれを製本して返した」と，書房の思い出を述べている。

島文次郎は，関西文庫協会の設立にもかかわっている。1900年2月4日，発会式を京都帝国大学附属図書館で挙行し，事務所を館内に置いた。会則第2条には本会が文庫の事務に従事する者と図書愛好家が知識を交換して，文庫の管理法や図書関係事項を研究し利用啓発を目的としたことが書かれている。1901年4月30日には，日本最初の図書館関係雑誌である機関雑誌『東壁』を創刊した。

早稲田大学は，1882年10月前身の東京専門学校創立とともに図書室が設置される。その後1902年9月，「木造閲覧室及煉瓦書庫の新築落成」を早稲田大学図書館と名付け市島謙吉（号・春城）を館長に迎えた。1907年当時で約10万冊の図書を蔵している。市島は，「春城日誌」のほかに，「館長日誌」も書き残した。「館長日誌」からは，資料整理・購入などに関する指示のほか，図書館界における市島の人脈とその活動を読みとれる。

帝国大学が官制で定められた後，1918（大正7）年12月6日の大学令公布を受け，それまでは専門学校と位置づけられていた私学が大学と公認された。私立大学図書館として初の年史とされる『慶應義塾図書館史』は，幕末の塾舎に設けられた「図書部屋」から説き起こされる。書籍館，書館の名称を経て1905年4月図書館が正式呼称となった。初代監督を洋行帰りの田中一貞教授が務めている。今も残る図書館の建物は創立50年の記念建築，1912年5月18日に開館式を挙行。当時の蔵書数は約6万冊である。慶應義塾図書館の開館式には早稲田大学図書館長の市島謙吉（号・春城）も招かれた。

（5）国の機関と教育会の図書館

今日，国の機関によって作成された公文書等を保存・公開する国立公文書館の一部門に内閣文庫がある。その源は，文部省書籍館が太政官に移管された

1873(明治6)年の5月12日太政官正院歴史課に置かれた図書掛にたどることができる。その後1884(明治17)年1月24日には太政官文庫が設置される。設置の趣旨は，従来「官用ノ書籍」は各官庁でそれぞれが所蔵し調査に不便であるとの理由で，翌年の内閣制度採用にともない内閣記録局図書課の所管となった。各官庁の中央図書館的役割を担うことが目的であったが，陸海軍省用の書籍，及び各省付属の図書館は「此限ニアラス」とされた。

1872年4月5日設置された陸軍省は，翌73年3月に陸軍文庫を創設する。同年7月9日に陸軍文庫書籍貸渡規則制定の文書が回議されている。国立公文書館アジア歴史資料センターが公開する文書には，規則本文も添付されている。その後1884年12月には，陸軍文庫図書貸出規則が定められ，第1条に，「一般参考用」として貸出が認められていた。『内閣文庫明治時代洋装図書分類目録』には，1897年発行の『陸軍文庫独文図書類別目録』が収録されている。

同センターの文書には，陸軍参謀本部が1890年に発行した『欧羅巴戦記』についての1891年4月24日付け寄贈依頼文書が含まれている。依頼者は大日本教育会長・辻新次で，依頼文冒頭に，「本会書籍館」が開館以来日を追うに連れ閲覧人が増加していたがようやく落ち着いてきたので数多の書籍を蒐集して閲覧に供したいと述べ，この文書に付された「大日本教育会書籍館規則」からは，開館時間・閲覧料・禁止事項などとともに，「書籍館員心得」も読むことができる。規則第1条には，目的として「教育及学術ニ関スル通俗ノ図書雑誌報告書等ヲ蒐蔵」とある。この大日本教育会附属書籍館は1887年3月21日の開館。1889年には，東京図書館を「参考図書館タラシメント企図」したため，通俗図書が同館に貸し付けられた。この書籍館を引き継ぐ千代田区立千代田図書館の80年史巻頭には，1898年ころの書籍館の写真が掲載されている。門柱には，「帝国教育会書籍館」「ボアソナード文庫」「大日本仏教図書館」の表札が見える。いずれも書籍館において公開されていたコレクションである。表札にはそのほか「伊学協会」もあり，書籍館開館時に主幹を務めた伊東平蔵は，イタリアで図書館を研究した経歴を持ち当時，伊学協会の会員でもあった。後に「廿年前に於ける我が国図書館事業を顧みて」を綴っている。

教員を主体とした教育会による図書館は各地にも設置され，その後の公立図書館の母体となった事例も数多い。アジア歴史資料センター公開文書には，大

分県(1902)や香川県(1904)の教育会附属図書館からの陸軍省宛，寄贈依頼文書が含まれている。伊東の思い出には「図書は総て寄贈」とあって，「文学書や小説等は総て辻男爵の手紙を持って」依頼に赴いたことが記録されている。

2．近代公共図書館の興隆

(1) 帝国図書館の開設

　1889(明治22)年2月11日に発布された大日本帝国憲法に基づき，翌90年11月29日帝国議会が開設された。1896年2月13日の議会に「帝国図書館ヲ設立スルノ建議案」が提出される。発議者は歴史家・重野安繹と文学者・外山正一の二人，ともに貴族院議員である。設立に尽力した時の東京図書館長が田中稲城。田中は，図書館の学術修業を目的とした最初の官費留学生であり，田中の関係文書は，現在，同志社大学今出川図書館に保存されている。同志社専門学校を卒業し，九州ならびに京都の帝国大学附属図書館司書官を務めた竹林熊彦が収集提供したものである。竹林は小野則秋『日本文庫史』の続として明治期の図書館の歩みを『近世日本文庫史』と，「近世」の名を冠してまとめた。『新聞集成図書館』として復刻された図書館関係の新聞記事は，竹林が収集したものを基礎に編集されたものである。

　帝国図書館は議会の可決を経て，1897年4月22日の勅令により官制が定められた。

　第1条に「帝国図書館ハ文部大臣ノ管理ニ属シ内外古今ノ図書記録ヲ蒐集保存シ及衆庶ノ閲覧参考ノ用ニ供スル所トス」，第5条には，「司書ハ上官ノ命ヲ承ケ図書記録ノ整理保存及閲覧ニ関スル事務ニ従事ス」るとうたわれている。

　図書館長には，田中稲城が任命される。同年末の蔵書数は，和漢書125,679冊，洋書32,831冊，合計158,510冊。和漢書の収集が，主に内務省の交付による新刊書の納本であることを含め，東京図書館からの事業を継続した。

　帝国図書館は，1906年3月20日，上野公園の一郭に新築成り，開館式を迎える。同年発行の『帝国図書館概覧』には，「黒色ハ既成部」と注のある建物平面図が掲載された。予算の都合上，全設計の4分の1の竣工をもって，開館せ

ざるを得なかったことによる。館長・田中の無念さを記した「開館式々辞」が，田中稲城文書に収められている。増築工事の竣工は，1929年8月4日のこと。現在は，国立国会図書館支部の国際子ども図書館として利用されている。

田中稲城の功績としては，日本図書館協会の前身，日本文庫協会設立に携わったことも挙げられよう。1892年3月26日設立の同会は，1900年田中が初代会長に就任。帝国図書館開館式の翌日，1906年3月21日，第1回全国図書館員大会が開催された。図書館関係者40余名が出席し，図書館令改正などの決議がなされた。その後，1908年3月29日日本図書館協会に改称，今日に続く『図書館雑誌』の創刊は，1907年10月17日のことである。

（2）図書館令の公布

帝国議会に帝国図書館設立建議案を提出した外山正一は，一方で法整備の必要性も指摘した。イギリスやアメリカでは図書館条例があって，地方税で図書館を設立することを奨励していることを述べている。法は帝国図書館が官制で定められた後，1899(明治32)年11月10日「図書館令」として公布された。これまで1886年4月9日公布の「諸学校通則」，そして1890年10月6日に公布された「小学校令」により，図書館の設置が規定されていたが，ここに初めて，図書館が独立の機関としての法を持つに至った[3]。

19世紀も終わりを告げようとする頃，近代公共図書館の制度がようやく整いはじめる。当時の図書館数は官公立が13，私立が25。蔵書冊数総数は546,557冊，約1割の6万冊強を洋書が占めた。

「図書館令」はその後，1906年10月8日に改正され，第6条において「司書」が明記されるとともに，館長及び司書の待遇改善が図られた。さらに，1911年6月18日の改正においては，道府県立図書館の設置廃止は文部大臣，そのほかの公立図書館は地方長官の認可が，また私立図書館の場合は地方長官への報告が義務付けられている。

3：第1条「北海道府県郡市町村北海道及沖縄県ノ区ヲ含ムニ於テハ図書ヲ蒐集シ公衆ノ閲覧ニ供セムカ為図書館ヲ設置スルコトヲ得」から始まり，全8条から成る。第5条に，「図書館ノ設置廃止ハ其ノ公立ニ係ルモノハ文部大臣ノ認可ヲ受ケ」こと，第7条には，「公立図書館ニ於テハ図書閲覧料ヲ徴集スルコトヲ得」ると見える。

全8条から成る「図書館令」は，1933年6月30日の全面改正を受け，全14条となる。第1条には「図書館ハ図書記録ノ類ヲ蒐集保存シテ公衆ノ閲覧ニ供シ其ノ教養及学術研究ニ資スル」と目的が記され，第2項において，「図書館ハ社会教育ニ関シ附帯施設ヲ為スコトヲ得」と，社会教育機関として位置付けられた。

（3）府県立図書館の台頭

「図書館令」公布の翌年，1900(明治33)年7月，文部省は帝国図書館長・田中稲城の執筆になる『図書館管理法』を出版した。緒言冒頭に「近来都鄙(とひ)ニ於テ公私立図書館ノ設立ヲ企図スル者漸ク多シ」と見える。

文部省書籍館に先行して集書会社による図書の閲覧が開始された京都府では，1890年12月1日，京都府教育会附属図書館が開館。同館は，1898年6月21日，京都府立図書館として改めて開館式を行ったものの，建物は旧来のままであった。その後1905年，日露戦争の戦勝記念として新館建築を立案し議会の可決を経て，1909年4月1日，開館式を迎えた。時の館長は第4代・湯浅吉郎，半月を号とする文人で，京都帝国大学附属図書館在職中，図書館学研究のため英米独仏の図書館視察の経験を持っていた。開館時に発行された『京都府立京都図書館一覧』には，十進分類法が掲載されている。1階は大閲覧室・新聞室・児童閲覧室，2階には特別閲覧室・婦人閲覧室・図案図書室・青年閲覧室が設けられ，陳列室が3階に配置された。蔵書は約4万4千冊。湯浅は，京都叢書の発起・編修にかかわった業績も残している。

京都府立京都図書館に続いて，1899年11月1日，秋田県立秋田図書館が蔵書約6千冊をもって開館した。初代館長は後に「公共図書館の父」とも称された佐野友三郎である。佐野は，1902年10月25日，郡立図書館を配本先とする巡回文庫を開始した。開始直前の23日付け『官報』には，巡回文庫について，一箱ごとに150から200冊の書籍を入れ，これを県内の各郡の主要な所に送り，郡立図書館と連絡しておよそ3か月間置いて閲覧させていることと紹介された。当時秋田県には，1901年から02年にかけて4郡立図書館が設置されている。佐野はその後，秋田から山口に転じた武田千代三郎知事とともに転出，山口県立山口図書館の初代館長に就任する。山口図書館は1903年7月6日に開館，蔵書は

約4万3千冊であった。翌年1月23日から巡回文庫も開始した。佐野は1915年,『山口県立山口図書館報告』に「通俗図書館の経営」を執筆。図書選択の参考として,①『図書館書籍標準目録』,②『文部省認定済通俗図書目録』,③『帝国図書館報』,④『日本図書館協会選定新刊図書目録』の4点を挙げている。また山口図書館長時代の1915年には米国図書館協会大会に出席。米国各地の図書館を視察した記録『米国図書館事情』を著した。

　「我が大阪は関西の雄府にして,人口百万,財豊かに物殷んにして,諸学競い興る。而かるに図書館の設独り焉を闕く。……」。大阪府立中之島図書館のホームページに掲載されている,第15代住友吉左衛門による「建館寄付記」の冒頭である。大阪府は1876年3月17日,府費による書籍館を2館設置したが財政状況の悪化により,1888年,廃館となった。住友の寄附により建設された大阪府立大阪図書館は,1904年2月25日開館。初代館長は今井貫一,その後約30年間館長職を務めた。

　府県立の図書館が設立されるなか文部省は,1912年5月16日,『図書館管理法』の改訂版を発行。巻末附録に,「図書館設立ニ関スル注意事項　明治四十三年二月三日文部大臣訓令」が掲載されている。時の文部大臣は小松原英太郎。訓令本文は図書館令発布以来,図書館の設置がようやく多くなってきたことを喜び,「健全有益ノ図書ヲ選択スルコト最肝要ナリトス」と記している。続く全7項目から成る注意事項において,収書・提供方法・設置場所・施設の要件などがふれられている。

　一方日本図書館協会は,総裁・徳川頼倫の資金提供により,1915年10月23日,『図書館小識』を出版。図書館運営のノウハウが蓄積されてきた一つの証左といえよう。

（4）私立図書館の勃興

　1896年12月5日発行の雑誌『太陽』に,アメリカから帰朝した社会主義者・片山潜が「図書館に付て」を発表する。帝国議会で可決された帝国図書館について,英米図書館で行われている閲覧料無料・カード検索・児童への貸出などへの改善を訴えた。これに対し12月20日号に,東京図書館長・田中稲城の「弁駁」が掲載される。

日本最初の本格的な総合雑誌『太陽』は博文館の出版になる。欧米図書館の視察経験のある博文館創業者・大橋佐平の遺志に基づき，1902年6月15日，東京市麹町区に大橋図書館が開館した。東京市立日比谷図書館に先駆けての開館となる同館の蔵書は，約4万5千冊。同年上京した石川啄木の日記に，大橋図書館における読書の記録を読むことができる。

　大橋図書館は同社編集局長で後に館長を務める坪谷善四郎をはじめ，田中稲城ら5人を理事とする財団法人により運営され，後の初代横浜市図書館長・伊東平蔵が主事を務めた。日本文庫協会は同館を会場に1903年8月，2週間にわたり第1回図書館事項講習会を開催している。内容は伊東平蔵「図書館設置法」以下8件の正科，及び市島謙吉「図書館の必要」以下8件の科外講演である。その後同館は，関東大震災により約9万冊の蔵書を失う。戦災は免れたが1953年2月19日終焉を迎え，約18万冊の蔵書は現在，三康図書館が継承している。

　大橋図書館開館と同年の1902年2月1日，「土地高燥空気清潔最も読書に適」した千葉県の成田山新勝寺に私立成田図書館が開館した。同年6月11日発行の『私立成田図書館報告第壹』の巻頭に，館長・石川照勤が「地方教育の普及を計」るため，「閲覧料を徴せず煩雑なる規則を設け」ないと記している。石川の私蔵図書と新勝寺の旧蔵図書が蔵書の母体であり，和漢洋を通じ数万冊とある。

　1908年10月10日，南葵文庫が公開式を挙行した。場所は東京市麻布区。設立者・徳川頼倫侯爵は，欧米漫遊の際に海外各地の図書館を歴覧，深く感ずるところがあったようである。旧紀州藩主の蔵書を母体とする同文庫の蔵書約10万冊は関東大震災後，蔵書を喪失した東京帝国大学附属図書館復興に資するため寄贈された。

　20世紀の初頭，各地に私立図書館設置の動きが見える。設立後，現在は公立図書館として成長した一つの例が，啄木文庫を蔵する函館の図書館である。新聞縦覧所あるいは書籍館が設置はされるものも育たなかった函館で，自宅図書室の開放に始まる函館図書館の活動に足跡を残した人物が岡田健蔵である。

　1909年2月11日，会員組織により私立函館図書館は開館式を迎えた。岡田はその主事を務める。同館は図書購入費指定寄付金を受けて図書を購入，開館当

時の蔵書冊数は約8千冊であった。その後，函館市に私立函館図書館の資産が寄贈され，1928年7月17日，市立函館図書館は開館する。竹林熊彦らによる開館記念の講演を収録した『函館図書館叢書』第一篇が同月刊行されている。岡田は1930年，図書館長に就任した。

　そのほか，愛知県の西尾町では1908年5月6日に，岩瀬彌助(やすけ)が私財を投じた古典籍を主体とする岩瀬文庫が開館する。岩瀬は文庫が個人経営であるため，資金が乏しく，蔵書数も少なく，設備にも欠けるところがあるが一瞥(べつ)の価値がないわけでもないと信じ公開する，と記している。続けて当分の間は毎日曜日に公開して閲覧は無料，特に婦人閲覧室を設け，集会講演及び園遊会等の求めにも応じるとある。岩瀬没後は財団法人による管理を経て，1955年4月1日，西尾市立図書館岩瀬文庫，現在では古書ミュージアム西尾市岩瀬文庫として公開されている。

（5）東京市立図書館，及び大都市図書館の状況

　大橋・成田の両図書館が開館した1902(明治35)年の10月10日，当時東京高等商業学校長を務めていた寺田勇吉が東京市教育会事務所を発行所とする『東京教育時報』に，「東京市に通俗図書館設置に関し富豪家に望む」を発表。また，同日，東京市教育会長・江原素六(えばらそろく)は，東京市参事会東京市長・松田秀雄宛に通俗図書館設立を建議した。

　その後，1904年3月の東京市会において，坪谷善四郎議員の建議が容れられ設立が可決。開館準備の主事を伊東平蔵が務め日比谷公園内に設置された図書館は，1908年11月16日開館式を挙げた。前月10月1日に発行された三宅磐(みやけいわお)『都市の研究』に，日比谷図書館開館は近時のいわゆる「社会教育機関としての市営図書館の嚆矢」と評された。『東京市立日比谷図書館一覧　自明治四十一年至同四十二年』の「沿革略」には，普通百科の図書を蒐集して「広ク公衆ノ閲覧ニ供スル」通俗図書館であり，本来は閲覧を無料にし簡易自由に利用できるようにすべきではあるが現状ではこれを許さない，と書かれている。蔵書は約11万5千冊，この中にはイギリスからの寄贈洋書「日英文庫」も含まれている。館員名簿に，主事・渡邊又次郎，事務員に後の図書館長・今澤慈海，嘱託には，竹貫直次の名前も見える。開館を祝う新聞各紙は児童閲覧室の盛況振りを報じ

ている。竹貫は「少年図書館」運営の実績を持ち，後に今澤との共著『児童図書館の研究』を出版する。

　今澤は1914年12月25日，主幹に就任。翌15年12月の大正天皇御大礼に際し，東京市への御下賜金の利子をもって特別集書に取り組むことになる。今日の東京都立中央図書館特別コレクション「東京誌料」の発端である。提案者は坪谷善四郎。1922年には，館報『市立図書館と其事業』の春期増刊号として『日比谷図書館東京誌料展覧会図書目録（地誌の部）』を発行している。東京市はその後，深川・京橋・一橋の独立館のほか，小学校附設の簡易図書館を設立していく。さらに1915年には日比谷図書館を中央図書館とした組織化を図り，今澤は日比谷の館頭として図書の共同選択・集中整理体制を確立した。

　横浜市では，開港60周年・市制施行30周年記念事業として1919年に図書館設立を企画。建物の竣工を待たず，1921年6月11日から仮閲覧所にて公開を開始した。準備段階から佐賀図書館長の伊東平蔵を主任として招聘している。建築工事中に関東大震災に見舞われたが，簡易図書閲覧所で閲覧を続けた。その後約10万冊の蔵書を備えた横浜市図書館の新館は，新たな設計のもと，1927年8月16日，開館を迎えた。

　1915年，大正天皇御即位記念事業として図書館建設を計画した名古屋市では，1923年9月28日，市立名古屋図書館の開館式を迎えた。同館には，1913年1月11日に設立された私立名古屋図書館の蔵書が移管されている。市立名古屋図書館は，開館前の1923年3月3日，第1回の講演会を開催した[4]。

　大阪府立図書館長の今井貫一は，1912年から13年にかけ英米独の図書館を視察。帰国後にまとめた「通俗図書館設置計画案」では，本館の充実を優先させるため府による分館計画を撤回し市に委ねるとした。大阪市は，1918年の市会において，蔵書冊数3千冊規模の通俗図書館設置の決議案を可決し1921年，阿波座・西野田・清水谷・御蔵跡の4館を開館した。

　横浜市と同様，開港都市である神戸市は，1911年11月10日改修した旧市庁舎を利用して翌年の紀元節（2月11日）に図書の閲覧を開始する。その後，大正天皇御大典記念として新館建築に着手し，新館は1921年11月10日に開館する。

4：「読書場としての図書館　東京帝国大学附属図書館長文学博士和田萬吉氏」，及び「都市と図書館　大阪府立図書館長文学士今井貫一氏」の2本である。

神戸市立図書館は，2階建ての鉄筋コンクリート造り。延坪数は約600坪。蔵書約3万冊を収めた書庫は，5階から成り，延坪数は125坪。図書運搬用のリフトが用意された。

図書館の設置が進むなか，今澤慈海は1922年10月31日，「公共図書館は公衆の大学なり」を『市立図書館と其事業』に発表する。「真の文化的発達は，社会の各人が自由なる意志により自らを教育するによりて始めて可能」と，図書館の意義をアピールした。

3．図書館の振興と苦難

（1）都市化の進展と専門図書館の出現

1899年の図書館令公布の後，府県立をはじめとする公立図書館の設置が相次ぐ。東京帝国大学附属図書館長・和田萬吉は「地方文化の中心としての図書館」を著すとともに，「図書館運動の第二期」を発表。第2期の仕事の一つとして専門図書館の振興を掲げている。

今日の専門図書館の原型となる図書館は，一般に「満鉄調査部」といわれる研究機関である。1907年に南満州鉄道大連本社に調査部が設立されると，その翌年には東京本社に東亜経済調査局などの調査研究組織が整備され，それに合わせて満鉄調査部という当時の日本の最高のシンクタンクが整備される。満鉄初代総裁の後藤新平は，「文装的武備」の思想を実現するためには，まず何より「アルヒーフ（資料室）」の整備が必要と考え，カード化した索引方式など先進的な資料管理技術を導入した。

また，1920年には当時の大蔵省理財局調査課，農商務省文書課，東京帝国大学経済学部経済統計研究室，日本銀行調査部，住友総本店経理課，山下汽船株式会社調査課，神戸高等商業学校商業研究所調査部とともに，南満州鉄道株式会社東亜経済調査局の8機関が発起人となって，「全国経済調査機関連合会（全調連と略す）」を発足させた。全調連は経済調査系の専門図書館連携の始まりと考えられる。この全調連で東亜経済調査局は大蔵省や日銀を抑えて，理事長機関を務めるほどに充実した専門図書館であった。

1923（大正12）年9月1日，関東地方南部はマグニチュード7.9の関東大地震に襲われた。東京帝国大学附属図書館は地震による火災のため全壊，約76万冊の蔵書が灰燼に帰した。南葵文庫の寄贈をはじめ，国際連盟の復興決議により，諸外国からの援助も得ることができ，1927年には蔵書冊数も55万冊を数えるに至った。

震災復興なった東京帝国大学に，明治新聞雑誌文庫が誕生する。震災を契機に新聞雑誌の保存の必要性を痛感したジャーナリスト・宮武外骨の意図に，内外通信社博報堂の創業者瀬木博尚が賛同し基金を寄付。明治文化研究会会長の吉野作造らの尽力により，法学部に1927年3月1日，明治新聞雑誌文庫が開設された。

現在，財団法人武田科学振興財団が運営する大阪の杏雨書屋は，武田薬品第5代武田長兵衛が，震災による消失を憂い日本・中国の本草医書の散逸を防ぐため収集を開始したものである。

震災復興に帝都復興院総裁としてかかわった後藤新平は，東京市長時代の1922年2月，実業家にして安田財閥の創設者・安田善次郎の協力を得，東京市政のための中正独立の調査機関である東京市政調査会を創立，併せて市政専門図書館を開設した。日比谷図書館に隣接する同館は，1926年から無料公開を開始する。

1920年代，貧困が社会問題化し，慈善事業いう概念は社会事業という概念に代わる。横浜では，社会事業図書館が1924年10月23日，震災でこれまでに収集した資料が烏有に帰しながらも公開を開始している。また，大阪では，実業家・大原孫三郎が社会事業に関する研究機関として，大原社会問題研究所を1919年2月に設立。社会問題・経済学の研究者に図書閲覧の便宜を図るべく，1924年4月21日，図書閲覧室が開設された。同研究所は1936年東京に移転し，現在は法政大学が運営に携わっている。

さらに1924年には，三菱財閥創業者・岩崎弥太郎の弟・弥之助収集の内外古典籍を収蔵した静嘉堂文庫，また嫡男・久弥のモリソン蒐集中国関係コレクションを主体とした東洋文庫がそれぞれ一般公開を開始した。大倉洋紙店社長・大倉邦彦による大倉精神文化研究所附属図書館は1932年4月9日に開所式を挙行，日本文化の精髄の発揚を目指した。

12章　日本の近代化と図書館 ｜　*163*

　大倉精神文化研究所同様，電鉄会社が開発した郊外に設置された図書館に，宝塚文芸図書館がある。同館月報には「演劇関係文献輯成」が連載され，また月報第2号（8月）には，大正元年宝塚に新温泉を経営して以来，「新聞閲覧室，或は図書室なる名目の下に小規模ながら漸次図書館」の形式を備えていったが，1932年1月1日，3層の白亜の殿堂を建設し一般に無料開放したことが記されている。

　そのほか，今日に続く専門図書館の先駆として1897年1月20日，東京銀行集会所内に開設された経済文庫が挙げられる。現在は銀行図書館に引き継がれている。また，1936年には，東京書籍株式会社附設の教科書図書館・東書文庫が公開開始。1940年には，日本盲人図書館が創立されている。

（2）図書館普及活動と時局

　図書館用品を取り扱う大阪の間宮商店主・間宮不二雄は，青年図書館員連盟を創設するとともに，機関誌『図書館研究』を1928年5月に創刊。次いで，翌29年に，森清編『日本十進分類法　和漢洋書共用分類表及索引』を，30年に加藤宗厚編『日本件名標目表　附・ローマ字及漢字直接索引』を，さらに43年には，青年図書館員聯盟目録法制定委員会編『日本目録規則』を刊行し図書整理技術の確立・標準化に務め図書館の普及に貢献した。

　図書館が整備されていく範囲は国内にとどまらず，日本が植民地としたアジアの諸地域にも及んだ。1923年調査の『南満州鉄道株式会社図書館一覧表』には，1910（明治43）年11月2日設立の奉天(ほうてん)図書館を皮切りに全22館が掲載されている。この中の撫順(ぶじゅん)図書館長を務めた乙部泉三郎(おとべせんざぶろう)は，1929年新設の長野県立長野図書館に着任し1932年から館長を務めることになる。

　長野県では，信濃教育会による信濃図書館が1907年6月15日に開館。その後の教育会による県立図書館設置運動が実り，皇太子御成婚記念事業として3階建ての新館を建築し，1929年9月4日，開館を迎えた。全国で28番目の道府県立図書館である。この時期，昭和天皇御大典記念として，青森・福島・鳥取・佐賀の各県にも図書館が設置されている。県立佐賀図書館は，佐賀藩・鍋島家から1914年2月11日開館の佐賀図書館が県立に移管されたものである。

　当時の県立図書館を主体とした図書館普及活動について，長野県立長野図書

館長・乙部の出版活動を見ると1934年3月12日に，『農村図書館経営の手引き』を出版。農村図書館共通の課題である経費，図書整理，購入図書などについてのアドバイスを盛り込む。続いて，1936年4月22日には『農村図書館の採るべき道』を刊行する。奥付の発行者は県立長野図書館であるが，表紙には長野県中央図書館と記載され，「まへがき」に文部省からの補助金500円により図書館未設置の場所に貸出文庫を発送することと，本書を県下の図書館に配布することとした，と見える。

　中央図書館制度は，1933年8月1日に施行された図書館令の改正により，各道府県の一館を中央図書館に指定，帝国図書館の管轄下とする体制を構築し中央集権化を図ったものである。1937年から8年に及ぶ日中戦争の淵源である1931年の満州事変勃発以降，軍事色が強まり軍事体制が進む。乙部は，「特に小学校長各位へ」としてまとめた『図書館の実際的経営』において，「非常時なればなるほど図書館に良書を集め」「活用を計らねばならぬ」と主張している。乙部にはこのほか，『青年団が図書館を設置するには』『町村図書館の新経営』などの著作がある。農村・学校・青年団・町村向けのガイドブックを通じて，図書館の普及を図った県立長野図書館は，1941年長野県中央図書館を編者とする18ページの『全村皆読運動について』を出版した。また同年2月23日には，長野県図書館協会が『信州の農村に於ける読書運動』を発行している。同協会は，1940年9月27日の設立である。

　1937年の日中戦争勃発後，国民精神総動員実施要項が定められるとともに同業務を所管する内閣情報部が設置された。翌38年5月12日，文部省は第32回全国図書館大会において，「国民精神総動員」の徹底のために図書館が何ができるかを諮問する。「国民精神総動員ニ関スル図書目録」「銃後ノ施設トシテ陣中文庫，傷痍軍人文庫，出征遺家族慰安文庫」等の実施など4項目から成る答申がなされ，図書館による時局への積極的な関与が示された。

　県立長野図書館は1938年12月2日，「時局文庫」を開設するとともに1939年11月10日には「国民精神総動員巡回文庫」を開始した。さらに同館は，1940年11月内閣情報局発行『週報』の部落常会への寄贈も開始している。

（3）戦時下の図書館

　現在，千代田区立千代田図書館に「内務省委託本」と称される約2,200冊ものコレクションが所蔵されている。内務省が検閲に用いた図書を東京市の図書館に委託したものである。内務省警保局は「安寧秩序ヲ妨害シ又ハ風俗ヲ壊乱スルモノト認ムル」図書の発売頒布を禁じた。

　これに対して文部省社会教育局は，国民精神や戦意の昂揚を旨とした「良書」目録の出版に努める。1933年10月1日には，「国民一般に基礎的読書の指標を示す」ことを目的に，『読書指導図書目録』を出版。本目録「序」に，本書が文部省図書館書籍標準目録調査委員であり帝国図書館長の松本喜一の指導編纂になることと，「不健全なる読書は却つて個人を害ひ，国家を毒する」と書かれている。この前後，『図書館書籍標準目録』『文部省認定図書目録』『文部省推薦図書時報』『児童図書目録』などの目録を公刊している同局は，戦時下の1942年9月，日本図書館協会とともに『読書会指導要綱』を出版する。「使用図書の選択」では青年向け図書群の具体例が示され，各道府県に設置された中央図書館蔵書の利用がうたわれている。本書奥付の発行者は「日本図書館協会（代表者）中田邦造」とある。

　戦前期の図書館界において，読書運動を積極的に推進した石川県立図書館長・中田邦造は「図書館令」改正の1933年4月10日，石川県社会教育課から『公共図書館の使命』を著した。「図書館は社会教育の機関として其の中枢を為す」と，社会教育課による「はしがき」に見える。本書において中田は，「図書館の時代性と現代性」と題し「図書館は必らずしも，時代の中に出過ぎた任務を引受けるに適したものではないが単にその時代を超越した一面の任務にのみたてこもることなく，又盲目的に時代のその場的要求に追随してその日暮し的働きをなす事とせず，図書館独自の特色ある立場から大きく時代に働きかけることは極めて必要である」と，書き記している。

　石川県における中田の事績の一つが，「加賀能登郷土図書叢刊」の出版である。中田が設立にかかわり会長であった石川県図書館協会の発行で，1930年から1942年にかけて，全55冊を刊行した。

　中田は1940年，石川県立図書館長の職を辞し東京帝国大学附属図書館司書官

を務め，1944年7月には東京都立日比谷図書館長に任ぜられた。空襲の危険が増す1945年2月下旬，中田は古書籍商・反町茂雄に都の嘱託就任を依頼する。当時，東京都では都民の物資を買い上げ安全な土地に保管する予算が組まれていた。この経費を古書購入に転用することを中田は企図し，古書の評価を反町が担当することとなった。敗戦までの約半年間に蔵書家から買い上げ疎開をした書物は約20万冊。今日，加賀文庫をはじめとする個人文庫，及び特別買上文庫（旧蔵個人名を付した文庫以外の30余氏の旧蔵書）として，東京都立中央図書館に伝わる。反町は，中田のこの事業を賛美し「猛火の下の古書を救った人」に回想をまとめている。

　日比谷図書館は，1945年5月25日，空襲により全焼。1947年に文部省がまとめた調査によると，全国で約50の公共図書館が被災した。近代図書館の成立からおおよそ半世紀，アジア太平洋戦争は図書館の資料・建物に大きな被害を及ぼすとともに，その活動にも大きな障害をもたらした。

13章　20世紀の図書館

1．20世紀の社会と図書館

（1）20世紀の社会

　20世紀前半，世界大戦によりヨーロッパは疲弊し，ロシアでは第一次大戦への厭戦と専制政治への反感から，社会主義革命が発生し社会主義国家ソビエト連邦が成立した。敗戦国となったオーストリア＝ハンガリー帝国，ドイツ帝国，オスマン帝国は崩壊して，ローマ帝国以来およそ1900年間にわたる帝国の歴史は幕を閉じた。1930年代の金融恐慌は世界を揺るがし，行き詰った枢軸国と植民地大国の連合国との間で再び世界大戦が勃発する。大戦後，本土での戦争被害が少なかったアメリカ合衆国は超大国となり，資本主義国を勢力下におく。一方，ソ連も東欧諸国を従えて超大国となった。両国は対立し冷戦と呼ばれる時代となる。欧米の植民地となっていたインド・東南アジア・中東やアフリカ大陸では，ナショナリズムの高まりと西欧諸国の弱体化に伴い，大半が独立した。

　アメリカは公民権運動などにより民主主義をより高度に発展させ，ヨーロッパ諸国は経済力を高めるためEEC（欧州経済共同体）を発足させ，さらにEC（欧州共同体），EU（欧州連合）へと統合を進めた。一方，ソ連邦は1991年崩壊して衛星国のそれぞれが独立し市場経済が支配的になるが，冷戦時代には隠れていた民族間対立が激化し，アフリカやバルカン半島などの各地で民族紛争が発生する。また，独立後，独裁政権が続いた中東諸国では，民主主義を求める市民革命が始まった。

（2）20世紀の知識と図書館

　20世紀の科学技術の発展はめざましく飛行機，潜水艦，宇宙ロケットが開発され，人類の行動範囲は，空・海・宇宙へと拡大した。科学の発展は産業技術の発展をもたらし大量生産，大量消費の社会を生み出し，生活を豊かにする反面，環境問題などに多くの問題をも生み出した。さらに高度な科学技術は，人類を滅亡させるような危険を伴う核兵器，化学兵器をつくりだした。

　20世紀は社会科学が重要な知識になった時代である。19世紀に成立したマルクス経済学がソビエトあるいは中国などの社会主義圏に影響を与え，20世紀の資本主義圏にはマックス・ウェバー（Max Weber, 1864-1920）の経済学が成立する。また，人間心理を探ってフロイト（S.Freud, 1856-1939）やユング（C.G.Jung, 1875-1961）は精神分析学，深層心理学を成立させた。また，自然科学ではアインシュタイン（A. Einstein）が相対性理論を，プランク（Max. K. E. L. Planck）が量子理論を成立させるなど物質観を大きく変えた。第二次世界大戦後，実存主義は内面的な個の立場を強調し，マルクス主義に替わった構造主義や西欧主義を批判する文化人類学などの思想が展開した。

　20世紀は科学・技術が劇的に進展し，知識が増大するにつれて資料・文献の生産量も増大する。人々の知識欲も高まり高学歴化が進んで，知識の大衆化が生じる。図書，雑誌，新聞の出版点数が飛躍的に増大し，交通や情報伝達技術などの技術革新により世界の同時性は一段と進行した。

　資料が大量化すると図書館は単館運営では対処できなくなり，図書館間の相互協力による複数館の図書館システムが必要となる。各国は要となる国立図書館の整備に力を注ぐようになった。図書館相互協力は，アメリカ図書館協会（1876）発足の際，いち早く提唱され，ドイツでは19世紀にすでに相互貸借を始めている。

2．20世紀の図書館

（1）イギリスの図書館

a．大英博物館図書館

　大英博物館図書館のトップの職識名は，設立当時の1756年から1898年まではPrincipal Librarianと呼ばれ，その後はDirector and Principal Librarian，図書部門がロンドン国立中央図書館と組織上統合されて大英図書館と分離された後はDirectorと呼ばれる。19世紀末から20世紀初頭にかけて大英博物館図書館の主任司書及び館長を務めたのはトンプソン（Edward Maunde Thompson, 在職：1888-1909）で，彼はガーネット（Richard Garnett, 1835-1906）とミラー（A. Miller, 1849-1914）に大英図書館の最初の蔵書目録を編纂させ，コレクション利用の便宜性を高めた。また1902年には新聞資料をヘンドンの地に移し，後の新聞図書館設立（1932）の基を築いている。

　トンプソンの後任のケニヨン（Sir Frederic GeorgeKeynon, 在職：1909-30）は，ケニヨン・レポートでその名が知られる。この報告書は，1927年，教育院所管の公共図書館に関する特別委員会レポートで，図書館間相互ネットワークを大英博物館のもとに行い，公共図書館がすべての人々の図書館として地域の知的センターであるべきこと，などを提案した。前者は実現には至らなかったが，後者の骨格である公共図書館が労働者の施設ではなく国民全体のものであるとの考えはイギリス社会に定着するようになった。

　公共図書館は女性特別閲覧室を設置したり，14歳以上という制限を設けられていたが，青少年や女性の利用者が増え，女性閲覧室は撤廃され，1910年代には児童室が一般的になる。

b．イギリス労働者図書館

　キリスト教には聖書を読んで解釈をするという読書の伝統があった。図書の普及により聖書を直接読むことができるようになってからは，聖職者の解釈とは別に，聖書を独自に読みこなし，生活実践に役立てるという習慣が労働者のあいだに広がる。やがて読書内容は「聖書」から「文学書」へと拡大し，「読

書」は生活を豊かにするだけでなく社会を批判する力をも養っていく。

　労働者の互助組合の組織率は，19世紀に激増し1880年代には8割に達し，「読書」は相互教育のツールとして活用され，「相互向上協会」が推進して労働者が運営する図書館の数や読書クラブなどを増やした。1903年にできた「労働者教育協会」は広範囲な識者からの支援が得られたが，これは民主主義を支えるには「普遍的な文化」が階級を超えて国民全体に享受される必要があるという思想が定着したからである。

　労働者教育協会（WEA）の設立に最も功績のあったのは，アルバート・マンスブリッジ（Albert Mansbridge）（1876-1952）である。彼は英国の成人教育を発展させ，カナダとニュージーランドにもWEAを設立した。WEAは成人労働者のための定時制の大学を始めるとともに，教育アカデミックな機関に所属していない労働者のためにチュートリアル・クラス（個人指導制）を備えた国立中央図書館を設立した。

　この図書館はアダムズ報告によってカーネギー財団が支援を行い，学生中央図書館となって資料の貸出拠点として発達する。「ケニヨン報告」では，学生中央図書館は全国ネットワークの中心と位置づけられている。1931年，学生中央図書館は相互協力の要として国立中央図書館に再編される。

　イギリス図書館に関する三つの報告書『アダムズ報告』『ケニヨン報告』『マッコルビン報告』（1942）には，いずれも，地域ごとのネットワークと全国ネットワークの必要性が説かれている。

c．イギリス国立図書館の再編

　1968年，デイントン博士（Dr.Frederick S.Dainton, 1914-1997）を長とする国立図書館調査委員会（デイントン委員会）が組織され，デイントン報告書が翌年に出された。これを受け1973年にイギリス図書館（BL）が設立され，大英博物館図書館，国立中央図書館，国立科学発明参考図書館，英国国立書誌館，科学技術情報局など一連の国立の図書館およびNLLST（国立科学技術貸出図書館）が統合された。大英博物館図書館のコレクションも国立図書館運営理事会の管理下に置かれるようになる。

　1975年，政府はセント・パンクラス駅に隣接する5.1ヘクタールの敷地を英国図書館用地として取得することに決めた。当初，セント・パンクラス新館は，

13-1図 セント・パンクラス英国国立図書館内 King's Library
(撮影:佃 一可)

新聞図書館を除くロンドン市内に散在するすべての国立の図書館を統合する巨大な建物を段階的に建設しようと計画されたが，ロンドンで行う必要のない業務（資料の受入・整理・目録・全国書誌の作成。コンピューター及び通信システム）は，ボストン・スパ（ロンドン北約300km）に移転した。1997年に新館はオープンし，BLは新館とコリンデールの新聞図書館，ヨークシャー州ボストン・スパの文献提供センターの3か所でサービスを行うことになった。

文献提供センターの前身であった国立科学技術図書館は，科学技術文献量の増大に対処するため，アーカート博士（Dr.Donald J.Urquhart）を責任者として1961年に設立された。博士は資料を倉庫業の物品のように管理し，主として郵送貸出による運営で実績を上げた。時代の変化に合わせ，研究調査，貸出，全国書誌という基本的な機能を中心に据え，「図書館の図書館」として全国の図書館網の頂点としての全国的な協力システムを形成していった。この運営方法は，フランス，ドイツにも影響を与えている。

(2) フランスの図書館

a．フランス図書館協会

第一次大戦前後からモレル（E. Morel）たちは過去の民衆図書館とは異なる

図書館運動を起こし，英米の public library の影響を受けて「公読書委員会」を組織した。民衆図書館は労働者階級を対象としてはいたが，社会秩序を維持する方便の道具と化していた。フランス図書館協会が発足したのは1906年である。

19世紀，ドリルによって近代化された国立図書館は，1921年，「全国書誌」に納本図書番号を付与するようになり，国内の書誌センター機能を充実させていく。しかし第一次大戦後の不況下の財政難に遭い，独立採算制に移行（1926）せざるを得なくなり，館長ロラン・マルセル（在職：1923-30）はマザラン図書館，サント・ジュヌヴィエーヴ図書館，現代国際ドキュメンテーション図書館，経済ドキュメンテーションセンターを結ぶ「パリ国立図書館連合」を組織しこの問題を打開しようとした。オペラ図書館，国立音楽院図書館が後にこれに加わる。

1930年に館長になったジュリアン・カーン（Julien Caen，在職：1930-1943，1945-64）は国の失業対策事業「マルケ」計画の一環として地下書庫や書誌室を増築し，1932年には雑誌の保存書庫としてヴェルサイユ分館を建てた。1938年にはソルボンヌ大学と共同で雑誌の総合目録に着手している。

b．ポンピドーセンター公共情報図書館（Bpi）

ポンピドーセンターはBpiを含め国立近代美術館／工業創造センター，国立音響音楽研究所などからなる総合芸術文化センターで，1977年に開館し2000年1月大改修工事を経て新装開館している。この図書館の開館以降，フランスの公共図書館はメディアの融合（図書，雑誌，音響資料，映像資料をミックスする）が顕著となり，図書館（bibliotheque）をメディアテーク（mediatheque）と称するようになる。さらに，Bpiの成功を踏まえ，1986年にラ・ヴィレット科学産業都市メディアテーク（Mediatheque de la Cite des sciences de l'industrie de la Villette）が開館した。科学と産業分野に特化し，映像資料を融合させコンピュータを駆使した図書館である。

c．フランス国立図書館（ビブリオテーク・ナショナル：BnF）

現在のフランス国立図書館（BnF）は1994年に設立されたが，王立図書館としての前史は古く14世紀半ばまでさかのぼることができる。図書館はルーヴル，アンボワーズ，ブロワ，フォンテーヌブローなどを経て，パリの現在のリシュ

リュー館がある場所に置かれた。その後，フランス革命を経て国立図書館となり，聖職者や亡命貴族から没収した蔵書が数多く加えられた。

1988年7月14日，ミッテラン大統領は大図書館の建設宣言を行い，「世界で最大級の，最高に近代的な図書館をつくる。あらゆる知識分野をカバーし，あらゆる人が利用可能で，データ処理の最先端の技術を用い，遠隔地からもアクセスでき，欧州の他の図書館と連携する」と演説した。

これを受けて1994年，組織と名称が政令により定められ，新館（フランソワ・ミッテラン館。「トルビアック」とも呼ばれる）が建設され，1996年に一般向け部門，1998年に研究者向け部門が開館した。ビブリオテーク・ナショナル（Bibliothèque Nationale de France，フランス国立図書館）はリシュリュー通りにある旧館と，13区のベルシー地区（トルビアック地区）にある本館（フランソワ・ミッテラン図書館）からなり，電子図書館『ガリカ』も運営されている。

(3) ドイツの図書館

a．ベルリン王立図書館

普仏戦争に勝利したドイツは，1871年ビスマルクによる新ドイツ帝国を成立させ，目ざましい経済成長を遂げ1910年にはアメリカに次ぐ第二の産業国となった。

ドイツは長い間分立した連邦国で，中央集権的な組織をもたず，国立中央図書館をもたなかった。ベルリン王立図書館の館長ヴィルマンス（A. Wilmanns, 在職：1886-1905）とハルナッタ（A.Harnack, 在職：1906-1921）は中央図書館機能を充実させ，図書館活動の標準化を推進し，1919年この図書館を「プロイセン国立図書館」とした。第一次大戦敗戦後の経済危機や国家社会主義台頭の中においてもミルカウ（Fritz Milkau, 在職：1921-25）などの努力によってこの図書館は発展を続け，1937年には国際間相互貸借センターとなっている。一方，図書館職員養成のために図書館学校がベルリン大学内に開設され（1928），『図書館学ハンドブック』も刊行されている。

連邦内で永い伝統がある図書館は，州の図書館として衣替えをする。ミュンヘン宮廷図書館は1919年に「バイエルン州立図書館」に，ドレスデン宮廷図書

13-2図　バイエルン州立図書館（撮影：佃　一可）

館は「ザクセン州立図書館」に，その他ヴュルツテンベルク州立図書館，ヘッセン州立図書館，バーデン州立図書館など，地域文化の中心となって歩みはじめたが第二次大戦で大きな被害を蒙った。

　ドイツ書籍商組合は1912年に，ライプチヒ市，ザクセン州との協定で国内の全出版物及び国外のドイツ語文献の収集・保存・利用を目的としてドイッチェ・ビューヘライを成立させた。この図書館は，書誌センターの機能を果たし，第二次大戦後は東ドイツの国立図書館となった。

b．ドイツ国立図書館（DDB）

　現在のドイツ国立図書館は，ライプチヒ，フランクフルト，とベルリンの音楽図書館3か所に分散している。ドイツ再統一後，東ドイツに属していたもっとも古いライプチヒとベルリン，フランクフルトが合併した。ドイツで出版された資料は2部収集され目録やインデックスの作成は共同で行い，その後は2館で保存している。

　ライプチヒ国立図書館は，資料保存と管理に責任を持ち，フランクフルト国立図書館は，全国書誌の作成，整理及び通信・情報システム開発を業務としている。楽譜やレコードといった音楽資料の整理はベルリンの音楽図書館で行われている。

(4) アメリカの図書館

a．アメリカ議会図書館

　アメリカの公共図書館は，1911年に設立されたカーネギー財団の支援で着実に裾野を広げ，また議会図書館も中央館としての地位を築いていく。

　第8代目館長に就任したパトナム（George H. Putnam, 1861-1955；在職：1899-1939）は，ボストン市立図書館長の実績をもつスペシアリストとして初めての館長だった。1896年，議会のJoint委員会が新図書館建設条件聴聞会を開いた際，パトナムはALAの証人としてデューイとともに参加し，図書館行政における国家の役割について述べている。

　パトナムは館長に就任すると，委員会で主張した通り立法考査局を創設する。議会における図書館の役割を明確にする一方，新たに展開される学問知識に適した議会図書館の独自分類を完成させた。議会図書館の蔵書に合わせて，政治，経済，法律の分野を詳細に展開し，将来の学問展開にも適応できるよう工夫された分類であった。また，印刷目録カードの販売を軌道に乗せ，総合目録の販売と配布を始める。1901年次報告では現代の図書館にも通じる実践「マニュアル」を作成した。図書館の活動に対するセオドア・ルーズベルト大統領の支持を受け，著作権法の改正を手がけた。外国資料，特にスラブとアジアのコレクション基盤を確立するため，ロシアと日本の重要なコレクション購入などによって蔵書は300万冊に，組織部門も35部門に成長させた。職員も1,300人と一挙に世界最大の図書館となり，世界の指導的な図書館となったのであった。

b．アメリカの図書館員教育

　図書館員教育は，19世紀のドイツやフランスで書誌学を中心として始まった。19世紀末，デューイは図書館経営学 library economy を学校教育に取り入れ，多数の卒業生が専門司書として各地の図書館経営に当たった。1923年，「ウィリアムソン・レポート」は図書館学を大学教育レベルに引き上げるべきと報告し，翌年ALAは図書館教育委員会BEL（Board of Education for Librarianship）を設置して認定校制度を開始した。シカゴ大学は大学院課程GLS（Graduate Library School）を設け，バトラー（Pierce Butler, 1886-1953）は図書館学の科学的方法論を説き，1930年代にはコロンビア大学で，その後各地で大

学院図書館教育が行われるようになっている。

(5) 社会主義圏の図書館

　1917年のロシア革命により誕生した社会主義国家では，いわゆるマルキシズムによるイデオロギーの支配と国家（共産党）主導の文化形成が行われた。図書の生産は国家統制下の出版社で行われ，製紙から出版，流通まで計画経済の統制のもとに置かれた。図書館は国家理念に従属し，図書館の役割も限定させられた。他面，図書館は国家理念を浸透させる役割を果たすのものとして利用される側面もあった。レーニン（Vladimir Iliich Lenin, 1870-1924）やクルブスカヤ（N.K.Krupskaya, 1869-1939）は民衆教化や識字普及を文化政策の中心に据え，図書館を自己教育の場として重視した。したがって出版物は優先して図書館に配布されている。

　社会教育が重視された結果，図書館は仕事の場と居住の場に重複してつくられ，1950年代後半になって図書館の数は急速に伸びていった。1955年以降，社会主義体制における図書館学研究が行われる。図書館学のカリキュラム構成・基本教科書がまとめられ，蔵書理論や社会主義における書誌学，利用者分析，仕事マニュアルなどの研究がなされた。

　社会主義体制で図書館は，蔵書構成から参考業務まですべて，中央指導体制のもとにあった。これは思想統制の一環ではあったが，図書館の社会的認知には役立った。また自由主義経済下の国では，読書指導に重きを置いていた利用者サービスに対し，書誌業務を重視し，あらゆるトピック，利用者の読書程度に合わせた推薦図書目録が，繰り返し刊行されている。一方，サービスを支える職員は，官僚体制のもと厳密なノルマが課せられ配置の合理化が図られていた。ソ連では，保存と書誌機能だけを受け持つ「図書院」という機関を設置していた。これは，出版物の保存と利用は共産圏では矛盾するものであったからである。

a．ベルリンの壁崩壊とメロン財団の支援

　1989年，ソビエトの崩壊によりベルリンの壁は打ち壊された。東ヨーロッパの学術研究図書館の多くは，国家のプロパガンダの役割をもたらされていたため，その発展は西欧諸国に較べて大きく屈折していた。これらの東欧図書館の

改善に最も大きな働きをしたのは MELLON 財団である。これは銀行家であり長らく米国財務長官を務めたアンドリュー・ウィリアム・メロン（Andrew William Mellon, 1855-1937）を記念する財団で，図書館の支援のプログラムの実績を持った基金であった。当時の東欧図書館は収納スペース不足もさることながら，プロパガンダのための資料で覆われ，図書館は現実を議論する所ではなく社会から隔絶された知識を保存する場所として認識されていた。財団は莫大な資金を投入し，それぞれの図書館が必要とする必要なモノグラフ，参考図書，ジャーナル，および CD-ROM を用意し，かつオートメーション・システムの導入のための援助を行った。チェコ，スロヴァキア，ポーランドからは多数の図書館員がアメリカの図書館，関係機関を訪れて研修を受け，それぞれが自国にあった図書館の再生を行っている。

（6）現代のイスラム図書館

19世紀までは手書きによって複写されていた『クルアーン』だが，現在ではCDやDVD，iPod用の電子化など，急速に変化する時代のニーズに即した近代化が進められている。2010年，エジプトでは「聖クルアーンの啓示から1400年を祝う国際会議」が開催され，あらゆるアラブ・イスラーム国家で聖クルアーン本の統一を行うことや，『クルアーン』の暗誦コンテストの組織拡大などが提唱された[1]。イスラム社会は，ともすれば神秘のヴェールの向こう側にあり，非イスラム教徒には窺い知ることのできない世界と見なされがちである。ここではイスラム教を国教に掲げたサウジアラビア王国のアブドゥル・アジィーズ国王記念図書館の例を挙げて，21世紀におけるイスラム図書館のサービスの実態を紹介しよう。

アブドゥル・アジィーズ国王記念図書館は1985年，サウジアラビアの首都リヤードに創設された。2010年現在の蔵書数は約100万冊を数え，その内訳は7割強がアラビア語文献，3割弱が外国語文献となっている。書籍検索を簡単にするためのインターネットルームなど近代的設備を完備し，年間の利用者は約40万人である（注：同国の人口は2500万人強）。サウジアラビアでは家族以外

1：" アル・アラハーム紙 "．2010-09-09．

の男女が同席することが固く禁じられているため、図書館は男性用図書館と女性用図書館に分けられている。このほかに、主として4歳以上の子どもを対象とした児童用図書館もある。開館時間は男性図書館が午前8時（金曜日のみ午後4時）から午後10時までで、女性図書館と児童図書館の開館時間はそれぞれ男性図書館よりも短い。いずれの図書館にも曜日による休館日はない[2]。

イスラム社会においては今なお、あらゆる書籍の中で『クルアーン』の重要度が絶対である。たとえば上に挙げた児童用図書館の場合、閲覧室、プレイルーム、視聴覚室などのほかに、子どもたちに対して説教活動を行うための劇場が設けられているのが特徴的だ。ここでは『クルアーン』の暗記や啓蒙活動のほか、イスラムの宗教祝賀行事なども定期的に実施されている。単に本を貸し出す場としての役割を超えて、図書館は21世紀の今日もなお、宗教活動に資したプログラムを提供する場としての大きな役割を担っているといえるだろう。

（7）近現代インドの図書館

17世紀初頭までにムガル帝国は衰退し、時を同じくしてイギリスがインド進出を開始した。イギリスの属領となったインドには、東インド会社とキリスト教ミッションによってカルカッタ大学やバラナシ・サンスクリット大学をはじめとする数多くの教育機関とその附属図書館が設立された。1808年、ボンベイ（現ムンバイ）政府は公共図書館の設立を提案し、これがインドにおける公共図書館の萌芽を促すこととなった。19世紀前半にはカルカッタ、ボンベイ、マドラスに暮らすヨーロッパ人からの出資でそれぞれの都市に図書館が建てられた[3]。このうち1835年に設立されたカルカッタ公共図書館は、後にインド国立図書館（National Library of India）へと発展し、2011年現在はインド各地の言語による出版物を収蔵したインド最大の図書館となっている。

1924年、ロンドン大学で図書館学を学んだ数学者のランガナタンが帰国して

2：アブドゥル・アジィーズ国王記念図書館2010年版パンフレットおよび公式ウェブサイト（http://www.kapl.org.sa/eindex.php）.
3：Wani, Zahid AshrafWani, Zahid Ashraf. Development of public libraries in India. 2008, ISSN 1522-0222. English, http://unllib.unl.edu/LPP/wani.pdf,（参照 2012-02-13）.

マドラス大学の司書に就任すると，図書の貸出サービスや蔵書目録サービス，開館時間の延長（従来は午前7時開館〜午後4時閉館だったところ，閉館時刻を午後6時に延長）などの図書館改革が次々に行われた[4]。彼の名を世界的に知らしめた「図書館学五原則」（1931）と「コロン分類法」（1933）が考案されたのもこの時期である。

第二次世界大戦後の1947年，インドはイギリスから独立した。この時点でインドの大学数は18校，専門学校は600校であった。これらの数は21世紀初頭までに大学が約430校，専門学校が約2万校へと飛躍的に伸びている[5]。識字率も1947年にはインド全体で約12％だったものが，2001年には約65％に達した。しかしこれを地域・年齢別で細かく見ると，都市部に暮らす男子の識字率が87％であるのに対し，都市部の女子73％，農村部の男子71％，農村部の女子45％と著しい地域差・性差があることがわかる[6]。15歳〜24歳の若年層だけに限って見た2007年の識字率は，男子87％，女子77％であった[7]。

インドは極端な多言語国家であり，公用語のヒンディー語以外に，ベンガル語，マラーティー語，タミル語など22に及ぶ地方言語がほぼ準公用語としての扱いを受けている。このような言語バリアに加え，すでに述べたような地域間・男女間の教育格差，さらには道路やインターネット回線におけるインフラの地域格差など，早急に解決すべき課題は山積している。広大な土地に12億の人口を抱えるインドにおけるこれからの図書館運営には，遠隔地からでも24時間アクセス可能なインターネットによる電子図書館や，ある言語から他の言語への翻訳など，IT技術を駆使したより一層のサービスが必要となるだろう。

インド政府は2007年，「ナーランダ大学構想を具体化するための賢人会」を発足させた。これは仏教の教育機関として多大な実績を残したナーランダ大学の偉業を現代に再現しようとする試みで，大学跡地に教育学術研究拠点を再び

4：R.K. Bhatt.Academic Libraries in India: A Historical Study.http://crl.du.ac.in/ical09/papers/index_files/ical-10_180_494_2_RV.pdf，（参照2012-02-13）．

5：A.C. Tikekar.Towards 21st Century Academic Libraries and Librarianship. http://crl.du.ac.in/ical09/papers/index_files/ical-8_235_527_1_RV.pdf，（参照2012-02-13）．

6：Union Budget & Economic Survey, Ministry of Finance, Government of India.

7：UNICEF, Info by Country, India Statistics.

設置し，文化遺産としての復旧・保存を行い，周辺地域のインフラ整備を行うことなどを目的としている[8]。構想には日本，シンガポール，中国も参画の予定である。温故知新のことばどおり，これからの時代にはナーランダ大学の古い智恵に21世紀の新しい技術を融合させた，広い視野に立っての図書館運営が求められるのではないだろうか。

3．国際協力の動き

（1）国際書誌学会

「国際書誌学会」IIB（Institut Internationalde Bibliographie）は，国際的な2人のベルギー人弁護士オトレ（P.Otlet，1868-1944）とラ・フォンテーヌ（Henri La Fontaine，1854-1943）によって設立された。彼らは，社会科学参考文献一覧を作成しはじめたが，IIBを設立しその目標を「あらゆる分野，あらゆる時代，あらゆる言語」の活字遺産をすべて記録することとした。オトレは図書や雑誌記事に限らず絵画や影像も含めたDocumentの組織化（分類と目録）を行い，それらの知識を個々に3×5インチのカードに記録し目録化した。そのカードには，英・仏・独などの国立図書館の蔵書目録や各種の書誌から各記入を加えていった。1点のカードを人間の知識の1単位とみなし，知識の組織化を試みた。活動を広げ世界的な国際学会を形成するため当時盛んであった，万国博覧会に合わせ，各国に支部を置き，支部の協力によって世界書誌を作成しようとした。しかし，第一次大戦はベルギー政府の財政援助を不可能にし，その理想は実現を見ずに終わっている。

各国の参加と協力のもとに記録を残す仕組みが実行に移されたのは，第二次大戦後である。ユネスコは，各国の自国の文献の記録を正確に残す書誌センターとしての国立図書館の設立を求めた。

国際書誌学会のもう一つの功績は，『国際十進分類法UDC』を作り上げたこ

8：日本外務省．"プレスリリース「ナーランダ大学構想賢人会第2回会合の開催について」"．外務省．2007-12-14．http://www.mofa.go.jp/mofaj/press/release/h19/12/1176641_818.html，（参照2012-02-13）．

とである。この分類法では，分類区分（主標数）のほかに共通補助標数や特定分野で用いる固有補助標数を使って複数のカテゴリを表わしたり，時間，言語，形式などを記述することができ，多くの学術論文を所蔵する大学図書館に採用された。

　国際書誌学会 IIB は，1931年に IID，1937年からは国際ドキュメンテーション協会 FID（Federationinternationale de documentation）と改称され，情報単位での書誌コントロールの課題に取り組んでいる。

（2）図書館国際協力機関

　図書館国際協力の動きは，1877年，ロンドンで開かれた6か国（イギリス，アメリカ，ベルギー，デンマーク，フランス，イタリア）の図書員会議に始まる。その後会議が重ねられ，1904年，国際図書館協会の理念がまとめられた。第一次大戦後の国際連盟の設立のもとには，ユネスコの前身である「国際知的協力委員会」(International Committee on Intellectual Cooperation：ICIC) が設置された。この委員会には，国際連盟事務局次長の新渡戸稲造が幹事長の任に着いている。同委員会はアインシュタイン，キュリー夫人等，蒼々たるメンバーで大学，図書館，知的財産，芸術，情報，メディア等の分野を扱ったが図書館協力機関としては未成熟で特段の成果は得られなかった。

　国際図書館連盟 ILBC は，1926年のプラハ会議とアメリカ図書館協会50周年記念大会（アトランテイク）における各国図書館協会会議を経て，英国図書館協会創立50周年記念総会（エディンバラ，1927）で参加した15か国代表の署名により「国際図書館および書誌委員会」として創設された。1928年，ローマで第1回総会。1929年，第2回総会をベネチアで開催して定款を採択，国際図書館協会連盟と改称した。戦時下で活動は阻害されるが，1953年に国際図書館連盟 IFLA（International Federation of Library Associations）と名称を変え活動を展開する[9]。

9：2000年3月現在144か国から17の国際協会会員，137の国家図書館協会会員，1,087の機関会員および331の個人会員で構成されている。その他，34の後援機関と16の諮問役割をする機関が参加している。国際図書館連盟は各国の図書館協会および図書館情報専門職，情報関連機関を網羅した世界的規模の専門・専門職団体となった。

1970年代に会員の増加により既存の定款を大幅に改訂し，1976年にローザンヌで開催された第42回総会で新しい定款を採択。表決権のなかった準会員の図書館，図書館学校，書誌機構および図書館類縁機関にも表決権を付与し，既存の名称に機関（Institutions）を追加し，現在の名称である国際図書館連盟（International Federation of Library Associations and Institutions：IFLA）と改称した。国際図書館連盟は，非営利・独立の国際的非政府組織として本部はオランダのハーグにある。

（3）ユネスコの公共図書館宣言

第二次大戦後，アメリカ合衆国，イギリス，ソビエト連邦，中国（中華民国）などの連合国は，1945年サンフランシスコ会議で国連憲章に署名し国際連合が発足した。

ユネスコ（United Nations Educational, Scientific and Cultural Organization：国際連合教育科学文化機構）は，国際連合の下に世界平和と人類の幸福促進を目的として1946年に発足した。1949年に「ユネスコ公共図書館宣言（UNESCO Public Library Manifesto）」を採択し，公共図書館の基本的使命や役割，運営の原則を表明する。公共図書館は民主主義を支える存在であり，民主主義を支える普遍的な知識を生涯にわたって学ぶことのできる自己教育機関であるとの理念が強調されている。さらに文化や情報提供，識字率と教育の向上は国家の義務で不可欠の要素であり，そのための活動は中央および地方政府機関の財源によって保障されなければならないという論理も規定されている。

この宣言は公共図書館活動の発展に伴って，1972年と1994年に改訂されている。1972年には国際図書年を記念して改訂され，趣味や娯楽等の文化的要求に応える文化センターとしての図書館の活動もその範囲に含め，さらに1994年では，公共図書館は地域の情報サービス拠点として位置づけている。情報センターとしての公共図書館とは，「あらゆる種類の地方行政情報へのアクセスを市民に保障する機関」という意味で，具体的には，地方の公文書や大量の未公刊資料（企業や役所の事務文書等）を収集し，情報アナリストの専門家をおくことを意味している。

14章 第二次世界大戦後の日本社会の動きと図書館

1. 占領下の図書館から『市民の図書館』まで

(1) GHQ による図書館政策

　第二次世界大戦後，連合軍最高司令官総司令部（GHQ）は軍国主義と超国家主義を廃する目的で教育制度に対する管理政策をはじめ，教育に関する四つの指令を発した。1946年には「日本国憲法」が制定され，その後，1950年までの間に教育および図書館関連の主要な法規が次々と制定された。1947年に「教育基本法」および「学校教育法」，1948年に「国立国会図書館法」，1949年に「社会教育法」，「国立学校設置法」および「私立学校法」，1950年に「図書館法」が制定され，1953年には「学校図書館法」が制定されている。

　GHQ 内で教育関係の民主化政策を担当したのは民間情報教育部（Civil Information and Educational Section：CIE）であった。1946年，CIE は米国からイリノイ大学総長のストッダード（George D. Stoddard）を団長とする専門家使節団を招聘し，その報告を受ける形で改革を進めたが，図書館に関しては米国図書館（American Library Association：ALA）が関与した。教育使節団は教育政策に関する報告書を提出し，成人教育に関する第5章で公共図書館について，「税金によって維持される公共図書館もまた思想の普及を助成する一つの施設である。公共図書館は階級，貧富，信条等に関し如何なる差別をも認めない。即ち其れを利用したいと願う者は誰でもが自由に利用し得る。」とし，公費による運営および一般公開の重要性を指摘している。1946年2月，CIE の図書館担当者キーニー（Philip Olin Kenney）が着任し，教育使節団報告書の実現化が始まる。キーニーはアメリカ議会図書館の特殊資料部長の地位にあり，前職はモンタナ州立大学の図書館長兼，同大学図書館学校の校長であった。

CIEは，米国の文化や思想を普及することを目的に，戦後すぐに東京にCIE図書館を設置し，1951年のサンフランシスコ講和条約締結直前までに全国に20館以上設置した。CIE図書館の影響については諸説あるが，開架方式の採用や児童サービスの提供など，「近代公共図書館のショーウインドー」としての役割を果たしたといえよう。また，1951年に慶應義塾大学に専門職図書館員の養成を目的とするジャパン・ライブラリ・スクール（Japan Library School：JLS）を設置するなど，米国型の図書館学教育が推進された。1952年4月，日米講和条約が発効すると，23あったCIE図書館は米国国務省に移管替えされ，アメリカ文化センターとして13の都市で発足する。センターは一般図書，参考図書を備えるほか多くの医学書を所蔵していた。名称は変わったが運営方法に変わりはなかった。

（2）「図書館法」の制定

1950年4月30日の「図書館法」公布は，日本の図書館界の新たな幕開けとなった。図書館を制度的に保障する「図書館法」の制定は，近代公共図書館の基盤が欧米と比して脆弱であった日本において，図書館発展に特に重要であった。また，『図書館法成立史資料』（日本図書館協会，1968）を編んだ裏田武夫は，「わが国における戦後の図書館の発展は，公共図書館はいうまでもなく，大学図書館，学校図書館，専門図書館をも含めて，すべてその根源を多かれ少なかれ図書館法制定にさかのぼるといっても過言ではあるまい」と述べている。図書館法そのものは，公共図書館を対象とした法律であるが，他の館種に与えた影響も大きい。

CIE，文部省，日本図書館協会などの図書館関係者が密接にかかわりながら策定された「図書館法」であるが，その制定への道のりは平坦なものではなかった。「難産の末誕生した」と表現される「図書館法」は，日本の公共図書館（公立図書館および私立図書館）の設置・運営について定められた法律であり，第1章総則，第2章公立図書館，第3章私立図書館および付則からなる。その特徴としては，①「国民の教育と文化の発展」が目的とされたこと，②国民のための「図書館奉仕」が明記され「住民本位の図書館」への転換が図られたこと，③司書および司書補の資格と養成について定められたこと，④地方自治の

原則が明確にされたこと，⑤公立図書館における無料利用原則が確立されたこと，⑥図書館設置を許可制から報告・届出制にあらためられたことなどを挙げることができる。「図書館法」の規定を参考としてその後，開架方式，移動図書館，レファレンス・サービスが，公共図書館の近代化として実践されるようになった。

「図書館法」が公布された翌々月，朝鮮戦争が勃発した。アメリカではマッカーシー旋風が吹き荒れ，日本では公務員・報道人に対するレッドパージが起こった。この世評に対してアメリカ図書館協会・アメリカ出版会議は1953年6月，「読書の自由」の声明を発した。1954年の全国図書館大会及び，日本図書館協会総会において採択された「図書館の自由に関する宣言」はこのような時代背景を持っている。

「図書館法」により「図書館奉仕」の理念による新しいサービスが試みられたが，直ちに図書館が大きく発展したということはなかった。地方自治体の財政基盤は依然として弱体であったのと，社会教育分野では「公民館」との競合により国庫補助に十分な手当がなされる環境ではなかった。公民館はGHQの教育政策にはなかった構想であったが，図書館法の上位法である1949年に制定された社会教育法に規定されている。公民館は地域社会に存在していた村屋・行屋・若者宿と呼ばれた青年の寄合が地域コミュニティー形成に寄与すると考えられ，日本民俗学者等に強く支持された。

（3）専門図書館とレファレンスサービス

1953年，小規模ながら日本研究のための専門図書館である国際文化会館図書室が開設された。この図書室の初代室長であった福田直美は米国での豊かな図書館員経験を生かし，アメリカ型図書館活動の紹介に尽力し，その一環として『日本の参考図書』を創刊する。日本図書館へのレファレンスサービスの導入と定着に力を尽くしている。

1958年には，神奈川県立図書館の2番目の図書館として県立川崎図書館が開館する。京浜工業地帯の中心である川崎に設置されたことで，開館当初から工業・産業に特化した資料収集・サービス方針を掲げ，それを実践した。1961年には京浜地区資料室運営研究会を設立し，京浜工業地帯とその後背地である神

奈川県東部地区の企業（工場や研究所等），大学，公共機関等の図書館や情報部門からなる地域情報団体をつくった。この団体はその後京浜工業地帯の産業構造の変化に伴い，その活動内容や会員機関に若干の変化はあるものの活動が続けられ，名称も神奈川県資料室研究会として現在に至っている。日本における公立図書館と地域産業界との連携の先駆例，代表例である。

（４）『中小レポート』と『市民の図書館』

　1960年，日本図書館協会は「公共図書館の中核であり，第一線に立って直接民衆に触れるべき中小図書館－中小都市の図書館－の在り方について，一つの拠り所を打ち出そうという意図」で，中小公共図書館運営基準委員会を設置した。同委員会は，全国71館の中小公共図書館の実態調査を行い，1963年に「具体的な図書館運営の指針」として『中小都市における公共図書館の運営』，通称『中小レポート』が発表された。『中小レポート』では「資料を求めるあらゆる人々やグループに対し，効果的にかつ無料で資料を提供するとともに，住民の資料要求を増大させる」ことを公共図書館の本質的機能として位置づけた。館内奉仕から館外奉仕への転換など，その後の公共図書館の運動に大きな影響を与えた報告書である。

　『中小レポート』が提起した「公共図書館の本質的機能は資料提供である」という提言は東京都日野市で具現化される。1965年，元日本図書館協会事務局長であり，同レポートの提案者でもあった有山崧（ありやまたかし）が日野市の市長となる。自動車図書館からその活動を開始した日野市立図書館は，図書館は建物ではなく，サービスという機能が重要であるという考え方を実証した。初代館長前川恒雄のもと日野市立図書館は，活発な図書館サービスを展開し公共図書館の先導的役割を果たすことになる。

　日本図書館協会は，1968年，さらなる実践化をめざして公共図書館振興プロジェクトを発足させる。このプロジェクトには，日野市のほか，上田市，七尾市，平塚市，防府市が参加し，翌1969年には『市民の図書館：公共図書館振興プロジェクト報告；1968』，さらに1970年には『市立図書館の運営：公共図書館振興プロジェクト報告；1969』が発表された。1970年に発表された報告書は同年，『市民の図書館』というタイトルで新書判の単行本として発行された。

『市民の図書館』では、『中小レポート』における公共図書館の考え方を継承しつつ、さらに発展させている。公共図書館を「国民の知的自由を支える機関であり、知識と教養を社会的に保障する機関」であるとし、その基本的機能を「資料を求めるあらゆる人々に、資料を提供すること」であるとした。「当面の最重点目標」としては、(1)市民の求める図書を自由に気軽に貸出すこと、(2)児童の読書要求に応え、徹底して児童サービスすること、(3)あらゆる人々に図書を貸し出し、図書館を市民の身近に置くために全域サービス網を張り巡らすこと、を挙げ、『中小レポート』より目標を明確化している。また、個人貸出の重視、図書館サービスとしての貸出とレファレンスの関係性、本館・分館・移動図書館からなる組織など、さらに前進した公共図書館像を提供している。一方で、「市町村立の図書館の中心は市立図書館である」とするなど、その限界も指摘されている。

2. 1970年から1980年代まで：市場化の時代を迎えた公共図書館

(1) 高度経済成長と公共図書館

1970年代から80年代、日本の公共図書館は経済成長に伴ってその数を増やしてゆく。日本の実質国内総生産は、1971年から1991年までの20年間で約235%の伸びを示しており、同時期の公共図書館数の増加率224%と近似値である（内閣府と日本図書館協会調査による）。実数では、1,000余の公共図書館がこの間につくられた。

初めて図書館を設置する地方公共団体には、図書館建築や運営に関する経験や知見の蓄積が少ないため、先行する地方公共団体の事例に学び、日本図書館協会や都道府県立図書館の指導や助言を受け、時には図書館設置業務の経験者を他の地方公共団体から招聘するなどして図書館を設置していった。また、図書館建設の専門知識を有した建築事務所が果たした役割も大きい。

図書館の利用者数と資料の館外貸出数は図書館数の増加に比例して伸び、市民の行政への要望事項には図書館建設が常に上位を占めるなど、新しい図書館が建設されることは、多くの国民に支持された。

(点, 万冊)

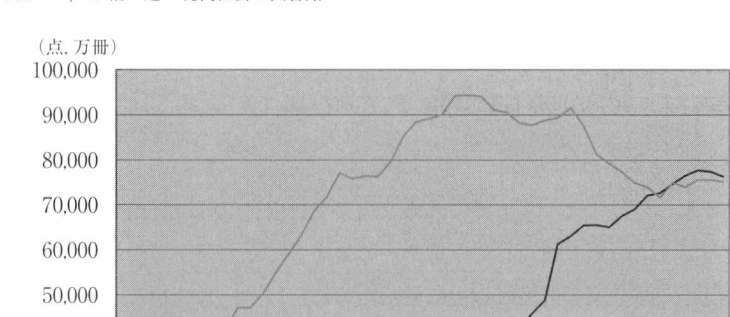

14-1図 新刊書籍販売部数（『2009年出版指標年報』出版科学研究所より）

　一方，わが国の新刊書籍販売部数は，1988年にピークを迎えるまで一貫して増加し，その後は減少に転じたものの，年間ほぼ7億冊台で推移している。これは1988年を境に，需要と供給のバランスが逆転したと考えることができ，需要が供給を上回っていた時期は，公共図書館にも書籍の供給者としての役割が求められていたとみることができる。

　そのため，この時代の図書館サービスは資料の館外貸出が重視され，図書館評価の指標として登録者数，貸出点数や予約数などがしばしば利用された。この評価指標は，図書館の創意工夫や努力が評価点の向上に直結しやすく，また過去の数値との比較や，他の図書館との相対化が比較的簡単にできるという利点がある一方で，図書館サービスが貸出に固定化し硬直化するという危険も内包していた。貸出点数の増加を目標とするあまり，「図書館法」第3条で公共図書館に課せられた使命，たとえば「郷土資料，地方行政資料」などの収集や，「図書館資料についての十分な知識を持ち，その利用のための相談に応ずる」こと，などに十分な力を注げないという弊害をもたらしたともいえる。

（2）図書館と出版流通業界

　図書館の資料収集は出版流通業界と非常に密接な関係がある。出版社は出版物を刊行し，取次が全国の書店に配本し，書店が販売する。これら3業態は一括して出版流通業界と呼ばれるが，図書館はこの業界の機能に沿って出版物を収集している。

　出版流通業界は，委託販売制度と呼ばれる商習慣によって成り立っている[1]。この制度は，出版社が制作した出版物を取次に販売し，取次が書店に販売する行為において，一定期間はその商品を販売価格と同価格で返品可能とするものである。これによって書店には常時新刊が供給され，消費者は常に新しい商品に接することができる。消費者の手に渡らなかった商品は，取次を経由して出版社に返品される。取次と書店はこの制度によって仕入れと在庫リスクを減じている。

　また，1953年の「私的独占の禁止及び公正取引の確保に関する法律（独占禁止法）」改正により，出版流通業界内で出版社が商品の定価を決定し，定価販売を流通業者に遵守させる再販売価格維持契約の締結が例外的に認められた[2]。出版流通業界のビジネスモデルは，この委託販売制度と再販売価格維持契約によって成立している。

　公金で運営される図書館は，商品価格または商品の付加価値の優劣の競争によって発注先を決定する。競争により購入価格は実質的に定価を下回ることが多く，代金は後日決済である。また，発注先の在庫の有無とは無関係に必要な商品を発注し，受注者は発注された商品を図書館に納入しなければならない。これを出版流通業界側から見ると，一般の消費者とはまったく異なる消費行動

1：委託販売制度は，1909年に実業之日本社が刊行した雑誌『婦人世界』から始まり，その後書籍にも拡大した。
2：「独占禁止法」第23条。同法は再販売価格維持契約の締結を禁止しているが，著作物（書籍，雑誌，新聞，レコード盤，音楽用テープ，音楽用CDの6品目）に限り，例外的に適用を除外している。業界内での価格統制（＝カルテル）を容認するという例外規定であり，本来独占禁止法の精神に反するものである。したがって公正取引委員会は，この適用除外の見直しを進めてきたが，平成13年3月に，著作物の例外規定を撤廃した場合の文化・公共面への影響を考慮し当面存置するという判断を下し現在に至っている。

であり,これまでに培ってきたビジネスモデルが通用しない顧客ということになる。

　このような新たな図書館という顧客に,出版流通業界は「見計らい」や目録カードの添付などによって対応した。「見計らい」とは取次が図書館を新たな書店とみなして新刊書を仮納品し,図書館がここから選定・発注して受入を完成させる方法である。図書館で受入される図書には目録カードが付加されることが一般的となり,それぞれの図書館で行ってきた整理業務を軽減することができた。

　1970年代後半には,図書館専用の出版流通システムができ上がる。1977年に取次大手の日本出版販売株式会社（日販）が株式会社日本図書館サービス（現:株式会社日販図書館サービス）を設立,1979年には出版社,取次各社の出資による株式会社図書館流通センター（TRC）が設立された。

　このような企業は,さらに MARC（Machine Readable Cataloging, 機械可読目録）と見計らいに代わる出版情報の提供,そして ID ラベル・請求記号ラベル・フィルムコーティングなどの加工をパッケージ化した新たなビジネスモデル[3]を作り上げ,公共図書館専用の書籍流通ルートを確立し,図書館市場と出版流通業界の中で次第にその存在が認知されていくことになる。

（3）公共図書館の業務とコンピュータと MARC

　コンピュータは1970年代末から80年代に急速に普及した。図書館がコンピュータを導入する初期の動機は,貸出・返却処理の合理化にあった。当時のコンピュータの処理能力は現在に比べ非常に低かったが,資料と利用者の ID 番号を関連づけることで貸出処理を行うことはできた。これによって公共図書館は貸出・返却処理の大幅な省力化をはかることになる。この段階での書誌情報は簡素なもので,資料検索の用に足るものではなかった。

　日販は1980年に「NIPPAN MARC」を,TRC は1982年に「TRC MARC」

3：図書館流通センターは週刊情報誌で新刊書籍を網羅的に紹介し,発注可能性の高い書籍を在庫する。公共図書館からの新刊書オーダーに対する在庫品引当率は平均98％以上であり,加工された新刊書は受注後1週間以内に納品される。同社の Web サイトでは,発注履歴などをリアルタイムで確認することができる。

の販売を開始した。この商用MARCの導入によって書誌目録の電子化が急速に進んだ。国立国会図書館は，1981年より「JAPAN/MARC」の頒布を開始したが，新刊書籍発行から制作までのタイムラグが大きいこと，物流管理などの拡張的な利便性が望めないことなどから，公共図書館の資料管理用データベースとして利用されることはほとんどなかった。

　これは，MARCを制作する目的の相違に起因するものである。JAPAN/MARCは国立国会図書館が収集整理した国内刊行出版物の全国書誌を電子化された情報として提供することが目的であるのに対し，商用MARCは資料供給・資料整理と目録作成を包含した図書館支援サービスプログラムの中核に位置づけられている。

　すなわち，JAPAN/MARCは，網羅的な収集資料と永久的な資料保存のための道具であり，MARC提供の即時性はない。一方で，商用MARCは公共図書館支援ビジネスの中で開発され，ユーザーの利便性と顧客満足度がもっとも優先されてきた。

　MARCの導入は，図書館からそれまでの図書館職員の手によるデータベース作成の業務を不要としただけでなく，MARC制作者によってカタロギングルールが統一され，データレベルを一定の品質に維持することが可能になった。またMARCの導入によって，コンピュータによる書誌検索が可能となり，利用者用の検索機の普及とともに一般化していく。1980年代はまだMARCに記述された情報をすべて活用できるほどコンピュータの処理能力は進化しておらず，MARCをコンピュータシステムのフォーマット用に縮小し，そこに収まらない項目は削除せざるを得なかった。しかし，技術の進歩に伴いその問題も解消されていく。オリジナルフォーマットで提供されたMARCにコンピュータが対応できるようになると，書誌検索の精度が飛躍的に向上する。またMARC制作者側も入力項目の拡大や周辺ファイルを拡充していった。そしてより多くの角度から書誌検索が可能になっていく。

　商用MARCは書誌目録の電子化だけではなく，コンピュータシステムの中で図書館業務を支援する役割を果たす。公共図書館では，書籍の選定，発注管理，受入，予算管理などにまでMARCが使われている。このように，総合的に図書館業務を支援する体制を整えることによって商用MARCは多くの図

館に支持されていった。

　この時期は，図書館業務支援ビジネスのサービスレベルが高度化し，それが受け入れられることによって，図書館業務の外部化が進行した。商業出版物の収集と，ラベル貼付など書籍の加工，MARCの作成という業務はほぼ外部化が実現した。それによって，図書館業務は効率化や省力化・低コスト化され，それがさらに多くの地方公共団体に新しい図書館設置をもたらした。

3．1990年以降：行財政改革と公共図書館

（1）行財政改革と図書館業務のアウトソーシング

　1989年12月29日に最高値をつけた日経平均株価は，その後9か月ほどで半値近くまで値を下げた。いわゆるバブル景気の終焉である。これ以降，地方公共団体の税収は年々少しずつ減収に転じていくが，多くの人はまだこの時点で日本経済が後退しているという認識に立つことは困難であっただろう。1990年代に入っても，新しく計画された図書館は大型化が進みその運営に多くのマンパワーを必要としたが，人員削減を推し進める地方公共団体にそれをまかなう余裕はなかった。

　1996年，福岡市は総合市民図書館（延床面積24,120㎡）を開館すると同時に，図書館業務の大幅な外部委託に踏み切った。これは，公共図書館が本格的で大規模な業務委託を導入した初めての事例となった。この時点での委託内容は，資料の配架や書架整理など図書館のごく限定された業務となっていたが，それは，業務の外部化に対する関係者からの抵抗を予測し，それに対応するためにとられた措置であったと考えられる。

　1999年に「民間資金等の活用による公共施設等の整備等の促進に関する法律」（PFI法）が制定されたことを受け，三重県桑名市は，2001年6月に「桑名市図書館等複合公共施設特定事業」の実施方針を公表し，2002年4月には落札者を決定した。2004年10月に桑名市立中央図書館を含む複合公共施設「くわなメディアライヴ」が開業し，日本に初めてPFI手法による公共図書館が誕生した。

14-2図 日本初のPFI図書館「くわなメディアライヴ」
(株式会社図書館流通センター提供)

　PFI（Private Finance Initiative）は，地方公共団体が保有する用地に民間企業が公共施設を建設し，その施設の運営を行い対価を得ることによって公共サービスを提供する仕組みである。1992年にイギリスで考案されたのち日本にも導入され，地方公共団体が直接建設，運営を行うよりもコストを抑えること，より高次な公共サービスを提供することを目的とした。

　桑名市に続き，東京都稲城市（2006年7月），東京都府中市（2007年12月），長崎県長崎市（2008年1月），埼玉県さいたま市（2008年5月），埼玉県富士見市（2009年1月）などがPFI法の下で公共図書館を整備した。この手法による公共施設整備は，発注者，受注者双方の便益がリスクを上回ることで成立する。発注者側には，PFIによる施設整備の可能性調査，募集要項や要求水準書の作成など通常発注に比べ煩雑な事務が発生し，受注者側にも異業種業者間での特定目的会社の設立など多くのリスクが発生する。しかし，2010年代に入ってからも，少数ながらPFIによる図書館整備は進行している。PFIが官民共同による新しい図書館整備の方法として日本にも根づいていることは認識しておく必要があるだろう。

（2）公立図書館の設置責任と執行責任の分化
　　（指定管理者制度の導入）

　2003年，地方自治法の改正により，議会承認を受けた民間企業や法人が公の施設の管理運営を行うことができるとする「指定管理者制度」が導入された。地方自治法は1947年の施行以来数次の改正が行われてきたが，公の施設の管理運営者に対する制限が徐々に緩和され，この改正によってその制限が事実上撤廃されたことになる[4]。

　行政機関が図書館を設置する法的な根拠は，「教育基本法」第12条の2にある「国及び地方公共団体は，図書館，博物館，公民館その他の社会教育施設の設置，学校の施設の利用，学習の機会及び情報の提供その他の適当な方法によって社会教育の振興につとめなければならない。」である。地方公共団体が「図書館」を「設置」し「社会教育の振興につとめ」るに当たり，従前は設置者＝執行者であり，地方公共団体が設置責任と執行責任の双方を担っていた。しかし指定管理者制度を導入する場合は，設置責任は地方公共団体が，執行責任は指定管理者が負うことになる。

　設置責任は，社会教育の振興という図書館の設置目的を達成する責任である。具体的に列挙すれば，条例を制定すること，予算編成すること，施設を設置し維持管理に最終責任を負うこと，文化・教育政策を立案し執行すること，図書館の使命を明確化し声明を出すこと，市民と議会に対する説明責任を負うこと，図書館協議会や都道府県立図書館や他の行政機関・教育機関との連携を行うこと，指定管理者に対して明確な業務要求水準を示し，成果について公正な評価を行うこと，などである。一方執行者には，設置者がその目的を達成できるように，要求水準を満たす業務を遂行することが課せられる。ここでもっとも重要なのは，最終目的達成のため設置者と執行者は同等のパートナーとしての協

---

4 ：「地方自治法」第244条の2の3は以下のとおり。
　　普通地方公共団体は，公の施設の設置の目的を効果的に達成するため必要があると認めるときは，条例の定めるところにより，法人その他の団体であつて当該普通地方公共団体が指定するもの（以下本条及び第244条の4において「指定管理者」という。）に，当該公の施設の管理を行わせることができる。

力関係を築くことである。

　これら業務委託，PFI，指定管理制度は，いずれも地方公共団体が直接住民に提供していたサービスの実施者を外部化するものである。そのとき地方公共団体に求められるのは，より良いサービス提供者を選択する能力である。そして，その能力が備わったとき，地方公共団体は住民サービス実施機能を外部に移管し，自らはより高次元の政策立案集団として精鋭化していくことができるだろう。

（3）学校図書館と公共図書館

　公共図書館は，行政機関の垣根を越えて学校図書館を支援すべきだ，学校図書館と公共図書館はもっと連携すべきだ，とこれまで多くの主張がなされてきている。「図書館法」第3条，「学校図書館法」第4条で，図書館と学校が緊密に連絡し，協力することを明文化していることが，その根拠となろう。そもそも行政機構が学校教育と社会教育に分かれていることと，個人の学び方に関連性はない。人々が学ぶことにおいて，自分のステージが学校教育にあるのか社会教育にあるのかという意識は希薄だと思われる。

　行政機関が機能分化している限り，両者の提携には困難が伴うことは事実であるが，当事者に強い動機づけがあり，行政機構の壁を取り払う強い情熱とリーダーシップが備わっていればその実現は可能である。もちろん当事者の所属先によってその動機づけは異なるはずである。それが学校の場合は，学校教育の充実のために公共図書館の力を利用したいという動機があるだろう。行政組織の場合は政策的な立場から，教育の振興がその自治体を豊かにするといった動機付けがあるかもしれない。公共図書館ならばその目的である社会教育の振興を達成するために，将来の図書館利用者を育成するため学校図書館を支援しようという考え方もあるだろう。

　いずれにせよ，子どもたちが学校図書館と公共図書館を自由に行き来し，自分の知的関心を拡げたり，空想と想像の世界で豊かな時間を過ごすことのできる環境を整えることが，図書館に与えられた使命のひとつである。

（4）社会資本としての公共図書館

　公共図書館は「社会教育の振興」を目的とした公の施設であるが，その目的遂行能力とは別の集客力や機能に注目や期待が高まっている。かつて公共図書館は大型化に伴いその立地を郊外に移していったが，2000年代に入り町の中心部や駅の周辺部に設置される事例が現れる。図書館が大規模な市街地再開発計画のなかに位置づけられることも増えており，商業施設や住居との併設や，駅と連結した公共図書館が新たに生まれている。これらは，公共図書館の集客力を利用し，経済的波及効果を誘発しようとする試みである。外部の眼には，広告や宣伝をしなくても，1日に数百人から数千人もの利用者が自発的に訪れる公共図書館は，驚異的な集客力を持つ施設と映っている。

　しかし公共図書館の目的は，「図書館法」に規定された通り社会教育の振興である。したがって，これからはその目的達成を第一義としたうえで，図書館の持つ多くの機能を活用しながら，新しい社会教育施設のあり方を模索していかなければならないだろう。

4．第二次世界大戦後の大学図書館と学術情報政策

（1）大学図書館近代化の基盤形成

　第二次世界大戦終了時から1960年代半ばは大学図書館にとって，その近代化の基盤を形成する時期であったといえる。教育政策として学制改革が進められるなか，大学図書館の設置根拠が整えられ，新学制に適合する近代的な大学図書館の運営がめざされた[5]。

　1949年，「国立学校設置法」および「私立学校法」が施行され，旧制大学お

5：第1節で述べたように，1945年の第二次世界大戦終了から1952年のサンフランシスコ講和条約まで，日本は連合国軍の占領下におかれ，民主化改革が行われた。連合国軍最高司令官総司令部（General Headquarters, supreme Commander for the Allied Powers：GHQ/SCAP）民間情報教育局（Civil Information and Education Section）が教育政策を担当し，1947年の「教育基本法」や「学校教育法」の交付など，急速に法整備がなされた。

よび高等専門学校から新制大学への移行や再編成が行われた。同法第6条では「国立大学に，附属図書館を置く。」と定められ，2004年の国立大学の法人化に伴い同法が廃止されるまで，国立大学附属図書館の設置根拠となった。他方，公立大学の図書館に関しては，その多くが地方自治体の条例を，私立大学に関しては，1956年に定められた大学設置基準をその設置根拠とした。同基準第36条では「大学は，その組織及び規模に応じ，少なくとも次に掲げる専用の施設を備えた校舎を有するものとする。」と定め，同条第3号で，医務室，学生自習室，学生控室とともに図書館が列挙されている。

1951年，文部省（当時）は，国立大学の図書館を整備するべく国立大学図書館改善研究委員会を発足した。1953年に同委員会は，その後の国立大学図書館運営の指針ともいうべき「国立大学図書館改善要項及びその解説」を発表し，新学制における大学図書館の使命を認識することを促した[6]。

1960年には，当時，東京大学附属図書館長であった岸本秀夫によって「大学図書館の近代化をめざして」が発表され，通称岸本改革と呼ばれる東京大学の図書館改革が進められた。また，1964年には日本学術会議が「大学図書館の近代化について」を内閣総理大臣に提出し，図書館業務およびサービスへのコンピュータ導入を促した。

（2）学術情報システムの構築

1965年には大学図書館の近代化を推進することを目的に，文部省大学学術局（当時）に情報図書館課が設置された。情報図書館課の設置を持って，日本の大学図書館行政が始まったとみる向きもある。翌1966年に，情報図書館課は「大学図書館実態調査」を開始し，日本の大学図書館の基礎データの収集および提供を開始し，1970年に情報図書館課は，「大学図書館の管理運営の改善について（中間報告）」を発表し，この報告書を受ける形で1971年には国立大学附属図書館にコンピュータ導入予算が組まれ，初めに大阪大学附属図書館に図

6：1958年に私立大学図書館協会によって「私立大学図書館改善要項」が，1961年に公立大学図書館協議会によって「公立大学図書館改善要項」，日本私立短期大学協会によって「私立短期大学図書館改善要項」が，1978年に公立短期大学図書館協会によって「公立短期大学図書館改善要項」が発表されている。

書館専用端末機が設置された[7]。図書館業務へのコンピュータ導入は「機械化」や「電算化」と呼ばれ，目録業務や図書の貸出返却業務などの管理業務から導入が開始され，その後，資料の検索，データベースの検索など，利用者サービスへ広がっていく。

また，同時期に高度経済成長に後押しされるように大学図書館の新築・改築が行われている[8]。

1973年には学術審議会学術情報分科会によって「学術情報流通体制の改善について（報告）」が発表され，学術情報処理体制の当時の現状と問題点が検討され，これに対する施策が示された。1980年には，日本の学術情報システム構築の基礎となる「今後における学術情報システムの在り方について（答申）」が出される。この答申では，学術情報システムのあるべき新しい考え方と整備の方策が示され，大学図書館は学術情報システムの重要な構成要素として位置づけられた。また，学術情報センター（NACSIS）の設置や日本初の書誌ユーティリティであるNACSIS-CATをもたらしたという意味で大きな役割を果たした答申である。NACSIS-CATは1988年には図書所蔵レコードが100万件を超え，その後，短期大学および高等専門学校に，さらには高等教育機関以外の図書館に門戸を開いたことによって，今日最大の総合目録を維持している。

（3）電子図書館の振興

インターネットの爆発的普及のきっかけとなったブラウザであるMosaic（モザイク）のリリースは1993年であるが，その頃より大学図書館界にもデジタル化の大きな波の兆しがみられる。1990年代は，電子図書館の時代であったといっても過言ではないだろう。

1994年には日本初の電子図書館プロトタイプ「アリアドネ」の公開が行われ，翌1995年には学術情報センターによって電子図書館実験サービスが開始される。電子図書館の動きは，1996年に文部省学術審議会によって発表された「大学図

7：1975年に広島大学や長崎大学，1976年に東京学芸大学や香川大学，1978年に横浜国立大学や千葉大学，と次々に図書館専用端末機が設置されることとなる。

8：1971年に大阪大学，1972年に九州大学や新潟大学，1973年に同志社大学や大谷女子大学，1974年に東京学芸大学や奈良女子大学がそれぞれ，新築・改築されていく。

書館における電子図書館機能の充実・強化について（建議）」によって加速された。

1997年以降，文部省（当時）は，学術情報の収集・発信機能を中心とした大学図書館の電子図書館的機能を整備することを目的に，1995年度以降，15の国立大学に予算措置を講じた。1996年度，奈良先端科学技術大学院大学に「印刷物のない附属図書館」として電子図書館サービスを開始した[9]。この頃より電子図書館プロジェクトが推進され，大学図書館による「発信機能」に着目されるようになる。

2000年には，京都大学附属図書館・英国図書館・米国国立科学財団の主催により，京都大学において「京都電子図書館国際会議：研究と実際」が開催され，電子図書館を中心とする研究および実践の国際交流が行われた。

（4）学術情報基盤の形成

2000年代は，政策としての学術情報基盤が形成された時期であるといえるだろう。

2002年には，科学技術・学術審議会研究計画・評価分科会情報科学技術委員会デジタル研究情報基盤ワーキング・グループによって，「学術情報の流通基盤の充実について（審議のまとめ）」が発表された。この報告書では，学術情報流通体制の現状を分析した上で，学術情報の流通基盤に関する基本的方策として，1)学術情報を体系的に収集する体制の整備，2)大学等からの学術情報発信機能の整備，3)学協会からの学術情報発信機能の整備，4)日本発の学術情報を世界に向けて発信する機能の整備，5)電子化情報のアーカイブ機能の整備，が挙げられた。電子ジャーナルの整備や，機関リポジトリの構築などを提言し，その後の大学図書館の方向性に大きな影響を与えた。

2003年には，文部科学省研究振興情報課に設置された「学術情報の発信に向けた図書館機能改善連絡会」によって，「学術情報発信に向けた大学図書館機能の改善について（報告書）」が発表された。これは，大学図書館に電子図書館的機能を整備することを目的に予算措置がなされた15の国立大学に関する報

9：1997年度には京都大学や筑波大学，1998年度には図書館情報大学，東京工業大学，神戸大学においてそれぞれ，電子図書館システムが導入された。

告書であり，「学術情報発信機能強化の観点から，電子図書館的機能の改善に必要な取組」を促すものであった。

　2004年には国立大学が法人化され，国立学校設置法は廃止された。このことによって，国立大学附属図書館の法的設置根拠がなくなった。2005年には，科学技術・学術審議会学術分科会研究環境基盤部会学術情報基盤作業部会によって「学術情報基盤としての大学図書館等の今後の整備の在り方について（中間報告）」が発表され，学術研究活動を支えるための学術情報基盤として大学図書館を捉えるとともに，その文脈での大学図書館の在り方や役割について検討が行われた。翌2006年には同部会によって，「学術情報基盤の今後の在り方について（報告）」が発表され，その第2章「学術情報基盤としての大学図書館等の今後の整備の在り方について」では，2005年の中間報告において「今後更に検討を進めるべき課題」とされた課題を中心に検討が行われた。これらの報告書では，学術情報基盤として「学術研究全般を支えるコンピュータ，ネットワーク，学術図書資料等」を挙げており，大学図書館を学術情報基盤の構成要素として再認識したところにその特徴のひとつを見出すことができるだろう。

　日本学術会議による「要望：電子媒体学術情報の恒久的な蓄積・保存・利用体制の整備・確立」や，国立大学図書館協会による「学術情報資源の安定確保に関する声明」にみられるような，学術情報流通に関する危機感とその恒久的な維持に関する高い要望の中，「学術情報基盤の今後の在り方について（報告）」は，その後の学術情報流通政策において大きな指針となっている。また，2010年には，「大学図書館の整備について（審議のまとめ）：変革する大学にあって求められる大学図書館像」が発表されている。

　なお，1966年から文部省（2001年より文部科学省）によって毎年実施されてきた「大学図書館実態調査」は，2005年度より，従来の大学図書館に関する実態調査に，大学におけるコンピュータおよびネットワークに関する調査を加えた「学術情報基盤実態調査」となっている。

5. 第二次世界大戦後の学校図書館

(1) 教育改革と新しい学校図書館像の普及

　初等・中等教育機関に設置される「学校図書館」が制度的に確立されたのは，第二次世界大戦後のことである。戦前において「学校図書館」ということばは，大学などの高等教育機関に設置された図書館を指すことが一般的であった。

　1946年の第一次米国教育使節団の報告書をうけて，文部省によって示された「新教育指針」は，国家主義的教育体制を廃し，「児童・生徒の個性に即した自発的自主的学習」をすすめ，民主主義的教育体制の確立をめざすものであった。教育改革は急速に推進され，1947年3月には「教育基本法」，「学校教育法」が公布され，同年4月進学制（六・三制）が開始された。翌5月には「学校教育法施行規則」が制定され，学校に図書館が必要であることが法規で定められた。この規則では，第1条で「学校には，その学校の目的を実現するために必要な校地，校舎，校具，運動場，図書館又は図書室，保健室その他の設備を設けなければならない」とされている。学校図書館の設置を初めて義務づけた点において，重要な法規である。

　このような急速な教育改革を背景に，学校図書館についても「新教育」に沿った設置・運営が必要となった。そこで1948年，文部省（当時）は『学校図書館の手引』を編み，師範学校教科書株式会社（当時）から出版した。この手引書は，CIEが学校図書館専門家として米国から招聘したメアリ・グラハム（Mary Graham）やバーネット（Paul J. Burnett）など助言を受けて編集された。新教育に沿った学校図書館の意義や役割を示した初めての手引書として重要な出版物であり，学校図書館運営の重要な指針として活用された。また同年，文部大臣の諮問機関として学校図書館協議会が設置され，「学校図書館基準」が答申されている。

　『学校図書館の手引』刊行の翌1949年に文部科学省は，その刊行趣旨と普及方法について，次官通達を行った。教科書配給ルートを通して各学校に1冊，日本図書館協会を通して各公立図書館へ有償配布するとともに，教育委員会事

務局，教員養成機関にも送付し，同手引を通じて新しい学校図書館像の普及を図った。さらに同年，千葉県の県立長狭高校と，奈良県の天理会場の二会場において，この手引の趣旨の普及を目的とした，学校図書館講習協議会を開催した。この協議会には，全国から数多くの学校図書館関係者が参加し，後の学校図書館を先導する指導者を輩出した。

(2)「学校図書館法」の成立

　1947年の函館市学校図書館研究会の発足を皮切りに，新潟，京都，大阪など地方に学校図書館を研究するための組織が立ち上げられ，1950年には49団体にまで増加した。このような流れの中で全国組織結成が提案され，1950年に全国学校図書館協議会（Japan School Library Association，全国SLA）が設立された。全国学校図書館協議会は，まず機関誌『学校図書館』を発行するとともに，学校図書館向けの基本図書目録を刊行した。

　このように，教育改革を背景に普及していった学校図書館であるが，その運営にあたって経費と人の確保が最重要課題とされた。そこで，経費の公費支弁や専任の司書教諭を掲げた答申「学校図書館基準」の法制化を実現すべく，全国学校図書館協議会を中心に学校図書館運動が展開された。

　紆余曲折を経たのち，1953年に公布された「学校図書館法」は，3章15条と附則からなる。第3条において学校図書館の設置を義務づけたこと，第5条において司書教諭制度を確立したこと，第7条において経費の国庫負担の途を開いたことなど，同法の意義は大きい。同法の公布後，学校図書館の設置率は急速に伸び，1989年には小学校，中学校，高等学校ともにほぼ100パーセントに達した。また，1954年に文部省は，全国の大学に学校図書館司書教諭講習を委嘱し，司書教諭養成を開始している。

　しかし，司書教諭の配置については課題を残した。学校図書館の専門的職務を担当する司書教諭について，同法附則第2項において「第5条の規程にかかわらず，当分の間置かないことができる」という特例措置が講じられたためである。これは，有資格者養成を考慮した緩和措置であったが，「当分の間」とされることによって司書教諭の発令の促進をはばむ結果となった。

（3）資料センターからメディアセンターへ

　1950年代中頃より，学校教育の中へ学校図書館を定着させる動きがみられるようになる。いわゆる学校図書館資料センター論である。

　1958年に施行された「小学校学習指導要領」および「中学校学習指導要領」では，「各教科，道徳，特別教育活動および学校行事等の指導を能率的，効果的にするため」に，「教科書その他の教材，教具などについて常に研究し，その活用に努めること。また，学校図書館の資料や視聴覚教材等については，これを精選して活用するようにすること。」として学校図書館の資料の活用について言及し，学校図書館を資料センター（learning resources center），あるいは教材センター（instructional material center）として位置づけた。

　さらに1960年，文部省は『学校図書館における図書以外の資料の整理と利用』を刊行した。この手引書は，学校図書館を図書だけではなく，視聴覚資料などの図書以外の資料を統合的に収集し利用するための資料センターとしての方向性を強化したものであった。同書の第2章では，「資料センターとしての学校図書館」として，「学校図書館は印刷媒体による資料はもちろん，それ以外の媒体による資料も収集し，それらを教育課程の展開に応じて，教材として提供すべきである。」としている。

　その他，1963年に『学校図書館の管理と運用』，1964年に『高等学校における学校図書館運営の手びき』，1970年に『小中学校における学校図書館利用の手びき』などが刊行され，資料センターとしての学校図書館という考え方が普及した。

　学校図書館資料センター論はその後，学校図書館メディアセンター論へと発展する。

　学校図書館メディアセンター（school media center）とは，学校に対してあらゆるメディアやメディアを活用するための設備，メディアスペシャリストによるサービスを提供する機関である。1960年代後半より，米国の学校図書館界において従来の「学校図書館」ということばにかわって使用されるようになった。日本においても，米国の学校図書館基準を邦訳した『アメリカの学校図書館基準』（全国学校図書館協議会，1966），『メディア・プログラム：アメリカ

の学校図書館基準』(全国学校図書館協議会，1977)，『インフォメーション・パワー』(全国学校図書館協議会，1989) が刊行され，大きな影響を受けている。

15章 これからの図書館

1. コンピュータと図書館

(1) コンピュータ技術の導入

　図書館がコンピュータ技術を導入して劇的に変化したのは機械による目録編纂である。導入前の図書館では図書館入り口近くに目録カードが並び，それを検索して求める資料に到達した。アメリカ議会図書館の機械可読目録 MARC (Machine Readable Cataloging) は1966年に開始され，1969年にこのテープが頒布される。出版物の書誌記述が提供され，英語圏，フランス語圏，ドイツ語圏，また漢字圏にもそれぞれの MARC がつくられるようになる。MARC は書誌のみならず図書の貸出・返却，資料の発注などでも応用され図書館を一変させた。

　コンピュータ技術は，目録編纂や管理業務にとどまらず，他館とのネットワークに活用され情報の共有化・図書館間協力を推進させた。

　OCLC (Ohio College Library Center) は，1967年にオハイオ州内の図書館ネットワークで始まったが，全米に広がって OC の意味は Online Computer と変わり，OCLC (Online Computer Library Center) と概念を変え，目録システム，逐次刊行物管理，相互貸借，受入管理，を行っている。同じく，学術公共図書館などで結ぶ RLIN (Research Libraries Information Network) は1978年に，ワシントン州の図書館共同機械化ネットワーク WLIN (Washington Library Network) は1977年に始まっている。

　カナダではトロント大学を中心にして UTLAS (University of Tronto Library Automation System) が始まり，書誌情報のネットワーク化が進みカード目録はオンライン閲覧目録，いわゆる OPAC に変わっていった。

(2) Web アーカイビング

「インターネット」は1990年代にアメリカで始まり，急速に全世界にひろがった。コンピュータのメモリー容量は急速に拡大し，同時に通信速度が劇的に進歩した。コンピュータは書誌情報のみでなく，全文（フルテキスト）情報や事実（ファクト）情報をも取り込み，さらにこの変化に関連して映像情報や音声情報といったマルチメディア情報が同時に扱えるようになった。

Webアーカイビング（Web Archiving）とは，Web全体もしくはその一部を収集し，そのコレクションを後世の研究者，一般大衆のために保存して伝える作業である。米国で1996年に設立された非営利団体インターネット・アーカイブ（Internet Archive）が先駆的な試みを行い，現在世界最大規模のアーカイブ作成を行っている。各国の国立図書館もまた選択的に特定のWebコンテンツをを保存するプロジェクトを実施し，日本でも2004年にアーカイブを検討するという方向が小泉内閣で打ち出され，国立国会図書館による事業が始まった。

2003年7月，全世界のインターネット情報資源の収集・保存，国際標準や共通で使えるツールの開発，各国図書館のサポートなどを任務とする国際インターネット保存コンソーシアム（IIPC）がフランス国立図書館（BnF）において設立された。当初のメンバーは12機関だったが，現在では日本の国立国会図書館はじめ世界各国から多くの機関が参加し協力してこの問題に取り組んでいる。

また，法定納本制度の対象をWebコンテンツにまで広げようとする動きがある。フランスでは，2006年に文化財法（Codedupatrimoine）を公布し，法定納本制度をインターネットにまで広げることが定められた。またカナダ国立図書館公文書館は，電子情報の収集・保存・提供に積極的に取り組み，2004年にウェブサイトの選択的収集を，2007年からは納本によるオンライン電子出版物の収集を開始している。

(3) Web 百科事典　ウィキペディア

20世紀の百科事典はエジンバラの『ブリタニカ』から始まる（p.110参照）が，インターネット上で最もよく使われている百科事典がウィキペディアである。

ウィキペディアは誰でも無償で自由に利用（複製・改変・頒布・販売など）することができるフリーのサイトで，非営利団体のウィキメディア財団（Wikimedia Foundation）が主催し，執筆や編集は世界中の無償のボランティアによって行われている。2001年1月15日に英語で開始され，現在，世界中の200を超す言語で作成され，2008年7月現在，英語約246万，ドイツ語約77万，フランス語約68万，ポーランド語約52万，日本語約50万，イタリア語約47万，オランダ語約46万，ポルトガル語約41万，スペイン語約38万の項目がある。「Wikipedia」の名称は，「Wiki」と「Encyclopedia」（百科事典）の造語で，姉妹プロジェクトとして辞書・シソーラス（類義語辞典）の「Wiktionary」，電子書籍・教科書「Wikibooks」，引用句事典「Wikiquote」，著作権フリーな文章のコレクション「Wikisource」，生物種についての情報を集める「Wikispecies」，ニュースサイト「Wikinews」，著作権フリーな画像や音声のコレクション「Commons」などがある。

（4）Web 図書館

　IT（情報技術）化によって紙ベースの資料が電子媒体に移行してくると，インターネット上にある電子化テキストやデータベースを集積して Web 上に図書館をつくることが可能になる。1971年アメリカイリノイ大学の学生であったハート（Michael S. Hart）はプロジェクト・グーテンベルクを立ち上げ，著作権が消滅したり，著者が著作権を放棄した文学作品やエッセイなどを収録したライブラリーをつくった。日本でも1997年，富田倫生の呼びかけによって青空文庫が創始される。青空文庫の収録のための活動はボランティアによって行われ，文庫は無料公開のテキストと有料（会員制）のテキストがある。後者では，研究用として Questia のような有料ライブラリーがある。300以上の出版社の協力により，著作権がまだ消滅していない学術書も無数に収録されている。

　Web 図書館は「著作権法」に妨げられ提供できない情報が存在し，コンテンツはパブリックドメインのものか自分自身で作成したものか，あるいは著作権法外の著作を電子化したものに限られる。もちろん商業的にコンテンツの権利を得て配布する Web 図書館もあり，著作権使用料の支払いやコンテンツの複製配布がシステム化されている。

従来の図書館と較べて，Web 図書館には利点と弱点がある。利用者はインターネットに接続できるかぎりどこからでもいつでもアクセスでき，同じ情報を得ることができる。目次から読みたい章に直接アクセスができ，全蔵書から特定の語句を検索してその本にクリックするだけでテキストにアクセスできる。情報は何度でもオリジナルを複製でき，電子情報は物理的なスペースをほとんど必要としない。リンクを利用すると図書館連携が容易で，資源共有のシームレスな統合が実現できる。

　Web 図書館には，テクノロジーの発展がかえって足かせになるという矛盾する弱点がある。テクノロジーはたゆまなく進歩し，時代遅れになった形式のコンテンツはやがてアクセスできなくなる可能性が存在するということである。また，IT インフラ環境が整備されてないところでの利用は困難であり，現状では地域的な格差が生じている。維持コストは従来の図書館より低いと理論上考えられているが，数年ごとに最新のメディアに移行する（データマイグレーション）処理に要する機器および人件費は現在のところ不明であり，巨額になる可能性もある。

　図書の電子化計画は，Google や Million Book Project，MSN，Yahoo! などによって進められている。OCR 技術の向上や電子書籍の普及は，Web 図書館の規模を急成長させている。

2. 新しい公共空間

（1）媒体変化がもたらすもの

　情報の主要な保存形態が紙から電子媒体へ変化し，この変化に関連して従来のテキスト，グラフィックス，音といったバラバラの媒体がマルチメディア・リソースに収斂（しゅうれん）していく。集積する記録媒体が文字，もの，絵画，音などによって図書館，文書館，博物館，美術館というように分かれていた施設がインターネット上では統合されていく。

　博物館も図書館も，あるいは文書館も同根から出発したことは大英博物館の発展史（p.140 参照）においても明らかである。現存する修道院図書館の中で

最古の起源を有するベネディクト派アドモント修道院図書館（オーストリア・アドモント）のコレクションは，図書と大量の動植物の標本で構成されている。大航海時代に新たに得られた情報が集積され，「ライブラリー」の意味は文字情報のみを対象とした意味ではなく「物」を含んだ概念である。これは古代アリストテレスのリュケイオンについても同様である。今日の情報施設，博物館（Museum），図書館（Library），文書館（Archives）にはそれぞれが取り扱う資料の特性や組織の枠を超えた連携が求められており，さらには融合化も視野に入れる必要が生じている。

文字媒体はメソポタミアでまずタブレット（粘土板）が一般化され，エジプトでパピルス，そしてペルガモンでパーチメント（羊皮紙）と変化してルネッサンス期に紙が普遍化する。東洋では甲骨，青銅を経て簡策，絹布が一般化し，隋唐時代にいたって紙が主流になる。紙は西洋ではグーテンベルグ活版印刷の普及に繋(つな)がり東洋では宋代の木版印刷の勃興を見た。歴史上，いずれの媒体変化も情報生産・情報蓄積の大量化，読者の大衆化を起こして社会変革に繋がっている。一方，紙媒体の普及は印刷技術の普及に繋がり印刷技術は文字情報を他の博物資料から分離させた。図書の固有性が失われ「物」としての意味が希薄になったため，「物」の価値を占有する博物には博物館や美術館という新しい施設が用意されライブラリーから離れた。

電子媒体は紙媒体に比べると情報発信が簡便で，伝達・通信が容易で速度も速く，情報の複写が容易である。これは紙が出現したときの，パピルス・羊皮紙と比較したときと同じ状況である。電子媒体は今までの文字媒体の発展の延長線上にある動きで，紙出現時と同じように社会の同時性が一段と進むと考えられる。さらに電子媒体は「物」の複写も容易にし，現象的には博物館，図書館の再融合の動きに関連している。

（2）情報の公共制と図書館

図書館の形はさまざまに変遷し今日に至っている。現代の図書館には主として国立図書館，公共図書館，大学図書館，学校図書館，専門図書館などがあるが，今日では市民の不特定多数をサービスの対象とする公共図書館が一般的で

ある[1]。公共図書館は19世紀以降，近代国家に不可欠の社会施設とされ急速に発展し，公共（public）の概念として公開性，公費負担，無料制を要件とした。歴史上，公共図書館はギリシャ・ローマの時代にも存在する。もちろん古代公共図書館は奴隷制を社会基盤としている時代の施設で利用対象者・目的も異なるが，ギリシャは厚篤家の寄付，ローマは皇帝あるいは有力者の資金提供により無料制が維持され市民に公開された図書館であった。ギリシャの公共性は神に捧げるギリシャ劇の脚本を国家で管理する目的で担保され，ローマでは浴場に併設されたレクレーション図書館が一般的であったが，ローマ帝国崩壊によって財源も利用者も失い姿を消した。

公共図書館に限らず図書館の維持は，国家・社会体制の枠組みによって決定づけられる。中国の歴代国家蔵書は集合しては離散の繰り返しであり，このことはルネッサンス以降近代に至るまでの西欧図書館についても同じことがいえる。近代公共図書館の発展で最も危ぶまれたのは，世界大戦後の財政難である。各国はそれぞれの工夫を凝らして維持継続させたが，今日の図書館には経済危機によりまた新たな経営難が押し寄せている。さらにインターネットで得られる情報が図書館で得られる情報よりも質・量ともに優れているという認識が拍車をかけ，図書館を公で経営することの是非をも含んだ議論になっている。

現代は，情報開示責任（accountability）を求める声が強い時代である。行政・企業の活動，あるいは個人の社会的活動に対しそれぞれのミッションの達成度の評価と基準，改善の継続性，ベンチ・マーキングや顧客あるいは利用者についての情報要求が頻繁に行われ，当事者はそれに応じなければならない仕組みになっている。情報先進国における社会の仕組みにおいて，情報は行政・企業に専ら占有されることはなく，情報の公共性は保たれようとしているともいえる。

公共性とは時代により社会に連動して変容してきた。公共図書館（public library）の概念では3要件，すなわち公開性，公費負担，無料制を必要としているが，その運営をすべて公費によって支弁するには困難な時代になってきている。3要件の中で何を優先させるか，最も重要なのは公開制であろう。従来

1：その他にサービスの対象別に点字図書館，病院患者図書館，船員図書館，刑務所図書館，教会図書館，自衛隊図書室，幼稚園図書室，大統領図書館などが挙げられる。

は公的セクターが中心となって運営されている公立図書館が主流であったが，私有財（財団）が中心となって運営される私立図書館も社会に開かれている公共図書館としてその活動の場を広げることが可能である。情報やその媒体を流通させ資料や情報の集積する拠点となり，知識や文化を交流させ市民の生活の自立に作用する拠点に成りうる存在である。これからの時代においては，社会の基盤づくりを基本とする公立図書館に比して，個性的に運営できる私立図書館の可能性が広がる可能性がある。

（3）変わるモノと変わらないモノ

　図書館活動には利用者，資料・情報，建物，図書館員の4要素があるとされる。利用者は紆余曲折はあったものの歴史が下るにしたがい幅広い市民へと拡大し，対象資料・情報も広範囲な分野へと展開してきた。図書館員の業務，すなわち，図書館機能の原型が形づくられたのはアレクサンドリア図書館で，ここでは正本を定める校正が活発に行われ情報の収集，保存，提供，生産，加工，組織化が行われていた。

　情報・データはただ単に蓄積し羅列しただけでは知識にはならない。知識化するためには情報を組織化（構造化）することが必要であり，主に図書館業務として行われてきたのは目録作業と分類作業である。アレクサンドリア図書館では，カリマコス（Callimachus）によって編集された『ピナケス』（Pinakes）と呼ばれる目録が知られ，この時代にすでに高度な目録・分類作業が行われている。ピケナスの分類は大きく詩文と散文に分けて，その中をさらに細分化したものだったらしい。歴史に名を残した図書館員はそれぞれが秀でた目録作業を行っている。

　人間の思考には分類操作というものが伴う。学問・科学をするときには高次元に発達した大脳によって，複雑な分類をしながら思考をしている[2]。インスピレーションが起こる瞬間とは，新たな分類操作がひらめいたときといってもよいだろう。また，ある時代に大勢の人に共通して自然に受け入れられている分類体系は，その時代のその地域の人々の思想を表している。逆に整った分類体

2：一般に学問は論理的な分類を援用するが芸術は個人の感覚による類型によって分類創作される。

15-1図 ハンティントン図書館（The Huntington Library）のレファレンスルーム

(撮影：佃　一可)

系は，その時代の人々の思索の手助けにもなり思考の補完にもなる。しかし現代の図書館で多く見られる分類作業は，できあがった分類表の規格に図書をあてはめていく作業である。本来の分類作業は類型・系統を見極めながら進め，結果として分類表ができあがるものであるが，今日のように対象となる分野が広範囲になりすぎた場合にはその分類作業は難しい。専門図書館あるいは分野を絞った図書館においてのみそれが可能となる。

　図書館職員の役割は利用者と情報・資料を結びつけることである。インターネットで競合するこの分野で図書館が優位に立つためには，インターネットで得られない情報を提供できる機関になることである。仮に「図書館」というテーマを利用者が学習しようとしたとき，インターネットで得られる情報は「図書館」「司書」などのキーワードの検索で得られる論理的な集合内の情報に限られている。私たちが思考するときに真に必要な情報，価値の高い情報，必要な情報とは，単に「図書館」のことについて書かれた情報だけではない。むしろ，宝はその外側に隠れていることの方が多いはずである。図書館が情報の質の高さで勝負するには，一見して非論理的な動き方をしながらも鋭い切り口を

もった柔軟な図書館員が必要になる。いわば造形的な編集技術を持った知識化が必要である。

(4) 図書館・図書館員の課題

電子媒体は複写が容易である。したがって，Web 上には一つのテキストからコピーされた多数の情報が蔓延する。通常の検索エンジンでは何が正当な情報かが判断不能となり，少数の情報は埋没し情報は多数説に画一化される。社会思潮が安易に流され，社会が必ずしもよい方向に向かわないという可能性もでてくる。

社会全体の情報を公共化させるためには，情報全体を見渡す図書館の存在が必要である。図書館は社会全体に対する情報の役割を理解し，情報ニーズ・利用ユーズ，およびニーズ・利用が発生するコンテキストを，全体的に把握する必要がある。また，図書館は視点の異なった情報・知識を集積・保存し，利用に供するという本来の機能が重要である。

図書館の役割は，利用者に対して効率的・効果的な情報サービスを提供することにある。また，利用者を適切な情報資源に結びつけることと同じように，入手可能な最良の出版物や電子的な情報資源を案内することも含まれてる。さらに電子情報時代には，図書館は情報の利用だけではなく情報の生産にも新たなチャンスがある。図書館員は情報市場を熟知し新たな需要を予測できる立場にあり，情報プロダクト，マーケティング，利用の分野において新たな活動範囲を広げることができる。

参考文献
(より進んだ勉強のために)

■図書館史一般
Murray, Stuart A P. 図説図書館の歴史. 日暮雅通監訳. 原書房, 2011.
大串夏身. これからの図書館. 青弓社, 2011.
根本彰. 理想の図書館とは何か. ミネルヴァ書房, 2011.
小黒浩司編著. 図書及び図書館史. 日本図書館協会, 2010, (JLA図書館情報学テキストシリーズ, 2-12).
Casson, Lionel. 図書館の誕生:古代オリエントからローマへ. 新海邦治訳. 刀水書房, 2007, (刀水歴史全書, 76).
小川徹, 山口源治郎編著. 図書館史:近代日本篇. 教育史料出版会, 2003, (新編図書館学教育資料集成, 7).
Samek, Toni. 図書館の目的をめぐる路線論争:アメリカ図書館界における知的自由と社会的責任:1967-1974年. 川崎良孝, 坂上未希訳. 京都大学図書館情報学研究会, 2003.
Chartier, Roger. 読書の文化史:テクスト・書物・読解. 福井憲彦訳. 新曜社, 1992.
Grolier, Eric de. 書物の歴史. 大塚幸男訳. 白水社, 1992, (文庫クセジュ).
Blasselle, Bruno. 本の歴史. 荒俣宏監修. 木村恵一訳. 創元社, 1998, (「知の再発見」双書, 80).
Vorstius, Joris.; Joost, Siegfried. 図書館史要説. 藤野幸雄訳. 日外アソシエーツ, 1980.
岡田温. 図書館:その本質・歴史・思潮. 岡田温先生喜寿記念会編. 岡田温先生喜寿記念会, 1980, (図書館の歴史と創造, 2).
北嶋武彦編著. 図書及び図書館史. 東京書籍, 1998, (新現代図書館学講座, 13).
小野泰博. 図書館学の源泉:小野泰博図書館学論文集. 小野泰博先生図書館学論文集刊行会編. 小野泰博先生図書館学論文集刊行会, 1991.
寺田光孝, 藤野幸雄. 図書館の歴史. 日外アソシエーツ, 1994, (日外教養選書).
図書館情報学ハンドブック編集委員会編. 図書館情報学ハンドブック. 第2版, 丸善, 1999.
日本図書館協会図書館年鑑編集委員会編. 図書館年鑑. 日本図書館協会, 1982-.
Vernet, André.; Jolly, Claude. *Histoire des bibliothèques françaises / sous la direction d'André Vernet*. Promodis, 1988-c1992.

■日本
草野正名. 図書館の歴史:日本および各国の図書と図書館史. 3訂版, 学芸図書, 1975.
岩猿敏生. 日本図書館史概説. 日外アソシエーツ, 2007.
加藤一夫, 河田いこひ, 東條文規. 日本の植民地図書館:アジアにおける日本近代図書館史. 社会評論社, 2005.

裏田武夫, 小川剛編. 図書館法成立史資料. 日本図書館協会, 1968.
森耕一, 川崎良孝著. 公立図書館原論. 芦谷清ほか編. 全国学校図書館協議会, 1983, (図書館学大系, 1).
佐藤政孝. 図書館発達史. みずうみ書房, 1986.
石井敦. 図書館史：近代日本篇. 教育史料出版会, 1989, (新図書館学教育資料集成, 4).
小川徹, 山口源治郎編著. 図書館史：近代日本篇. 教育史料出版会, 1998, (新編図書館学教育資料集成, 7).
石井敦. 図書館を育てた人々　日本編1. 日本図書館協会, 1983.
塩見昇. 日本学校図書館史. 全国学校図書館協議会, 1986, (図書館学大系, 5).

■ヨーロッパ

加藤隆. 歴史の中の『新約聖書』. 筑摩書房, 2010, (ちくま新書, 864).
原著：Busse, Gisela von.；Ernestus, Horst. 改訂：Plassmann, Engelbert.；Seefeldt, Jürgen. ドイツの図書館：過去・現在・未来. 都築正巳監訳, 竹之内禎, 渡邊一由, 伊藤淳, 佐々木秀憲編訳. 日本図書館協会, 2008.
河井弘志. ドイツ図書館学の遺産；古典の世界. 京都大学図書館情報学研究会, 2001.
宍道勉. イタリアの図書館. 今井書店鳥取出版企画室, 2008.
福井憲彦. フランス史. 山川出版社, 2001, (新版世界各国史, 12).
日仏図書館情報学会編. フランス図書館の伝統と情報メディアの革新. 勉誠出版, 2011.
Naudé, Gabriel. 図書館設立のための助言. 藤野幸雄監訳, 藤野寛之訳. 金沢文圃閣, 2006, (図書館学古典翻訳セレクション, 1).
阿部謹也. 物語ドイツの歴史：ドイツ的とはなにか. 中央公論社, 1998.
El-Abbadi, Mostafa. 古代アレクサンドリア図書館：よみがえる知の宝庫. 松本慎二訳. 中央公論社, 1991, (中公新書).
田川建三. 書物としての新約聖書. 勁草書房, 1997.
Le Goff, Jacques. 中世の知識人：アベラールからエラスムスへ. 柏木英彦, 三上朝造訳. 岩波書店, 1977, 岩波新書.
Verger, Jacques. 中世の大学. 大高順雄訳. みすず書房, 1979.
本田実信. イスラム世界の発展. 講談社, 1985, (〈ビジュアル版〉世界の歴史, 6).
天満隆之輔. ノーデ研究. 天満先生の古希・退職を祝う会, 1996.
Kelly, Thomas.；Kelly, Edith. イギリスの公共図書館. 原田勝, 常盤繁訳. 東京大学出版会, 1983.
小林章夫. コーヒー・ハウス：都市の生活史-18世紀ロンドン. 駸々堂出版, 1984.

■アメリカ

川崎良孝. 図書館の歴史：アメリカ編. 日本図書館協会, 2003, (図書館員選書, 31).
Bertrand, Anne-Marie. *Les bibliothèques*. La Decouverte, 2004.

Wiegand, Wayne A. 手に負えない改革者：メルヴィル・デューイの生涯. 川崎良孝, 村上加代子訳. 京都大学図書館情報学研究会, 2004.

Whitehill, Walter Muir. ボストン市立図書館100年史：栄光, 挫折, 再生. 川崎良孝訳. 日本図書館協会, 1999.

Van Slyck, Abigail Ayres. すべての人に無料の図書館：カーネギー図書館とアメリカ文化：1890-1920年. 川崎良孝, 吉田右子, 佐橋恭子訳. 京都大学図書館情報学研究会, 2005.

川崎良孝. 図書館の歴史：アメリカ編. 増訂版. 日本図書館協会, 1995, (図書館員選書, 31).

藤野幸雄. アメリカ議会図書館：世界最大の情報センター. 中央公論社, 1998, (中公新書).

■中国

呉建中, 邱五芳, 金暁明, 範并思, 沈麗云. 中国の図書館と図書館学：歴史と現在. 沈麗云, 櫻井待子, 川崎良孝訳. 京都大学図書館情報学研究会, 2009.

謝灼華. 中国図書和図書館史. 武漢大学出版社, 1987.

■インド

Bhatt, Rakesh Kumar. *History and Development of Libraries in India*. Mittal Publications, 1995.

Wani Zahid Ashraf. "*Development of Public Libraries in India*". 2008. http://www.webpages.uidaho.edu/~mbolin/wani.pdf, (参照2012-04-09).

■イスラム

Murray, Stuart A P. *The Library: An Illustrated History*. Skyhorse Publishing, 2012.

さくいん

あ行

アーカート　171
アーリア人　41
アイルランド　64
アウグストゥス　20, 21
アウトソーシング　192
青空文庫　207
青柳文庫　122
青柳文蔵　122
アカデミーフランセーズ　105
アカデメイア　14, 15, 62
秋田図書館　156
足利学校文庫　88
阿閦寺　57
アダムズ報告　170
阿直岐　50
アッカド帝国　9
アッシュールバニパル　9, 10
アッシリア帝国　9
アッタロス　22
アッタロス朝　19
アッティクス　20
アッパース　75
アドモント修道院図書館　209
アブドゥル・アジーズ国王記念図書館　177
アベラール　68, 69
アペリコン　20
アポロニウス　18
アメリカ議会図書館　175, 205

アリアドネ　198
アリスタルコス　18
アリストテレス　14, 15, 20, 70
アリストファネス　18, 19
有山崧　186
アルクイン　65
アルバート・マンスブリッジ　170
アレクサンドリア　16
アレクサンドリア図書館　16, 211
アレクサンドロス　16
アレクサンドロス大王　15, 16
安世高　46
アントニウス　18
アンナディーム　76
イエズス会　97
伊学協会　153
射和文庫　122
石川県図書館協会　165
石川照勤　158
イシドール　64
韋述　39
『医書全書』　87
イスラム図書館　177
伊勢神宮　118
イソクラテス　14
委託販売制度　189
市川清流　148
市島謙吉　152, 158
一条兼良　90

一切経　51
伊東平蔵　158, 159, 160
今井貫一　157, 160
今澤慈海　159
伊存　46
イルネリウス　69
いろは屋　151
岩倉具視　149
岩瀬文庫　159
岩瀬彌助　159
インカ帝国　3
インキピット　25
インターネット・アーカイブ　206
インダス文字　7, 41
インド国立図書館　178
ヴァチカン文庫　99
ヴァリニャーノ神父　112
ヴァロ　20, 21
ウィーン王宮図書館　100
ヴィヴァリウム修道院　63
ウィキペディア　206
ヴィクラマシラー　44, 46
ヴィスコンテ　98
ヴィッテンベルク大学　100
ウィドマンステレ　100
ウィリアムソン・レポート　175
ヴィルマンス　173
『ヴェーダ』　41, 42, 43
Webアーカイビング　206
Web図書館　207

ウォルムスの帝国議会 96
ウスマーン 74
ウマイヤド・モスク 74
裏田武夫 184
芸亭 57, 58

英国図書館協会 141
永楽大典 123
エヴァレット 135
エウセビウス 67
エウリピデス 14
エサルハドン 9
エジプト 11
エスコリアル 101
エステ 98
エドワーズ 139, 140
淮南子 33
江原素六 159
エフェソス 23
絵文字 4, 5
エラトステネス 18
延閣 29
円型閲覧室 142
袁渙 34

王允 33
王宮図書館 11
王鉄臣 83
王粲 38
王室図書館 144
王象 34
王禎 80
王弼 38
欧陽 37
王立アカデミー 104
大江匡房 59
大倉精神文化研究所附属図書館 162
大阪大学附属図書館 197
大阪図書館 157
大橋図書館 158
大原社会問題研究所 162
岡田健蔵 158
奥御文庫 115
オクタウィア図書館 21
オクタヴィアヌス 20
オックスフォード大学 70
乙部泉三郎 163
オトレ 180
小山田与清 122
オリゲネス 24, 66
折本 79

か行

カースト制度 42
カーネギー・フォーミュラ 138
カーネギー財団 170
カーネギー図書館 137
ガーネット 169
カアバ神殿 73
カーライル 141
カールⅤ世 96
カール大帝 63, 65
カーン 172
開館時間 22
外国人ライブラリー 147
開成石経 38
懐徳堂 121
開版事業 114
カエサル 21
カエサレア 24, 66
『科学技芸事典』 107
花華聖経書房 130

『学芸論』 68
学術情報基盤 199, 200
学術情報基盤実態調査 200
学術情報センター 198
学術審議会学術情報分科会 198
学堂 129, 130
学寮 70
家刻本 80
貸本屋 120, 149
嘉則殿 36
片山潜 157
学会誌 104
学校図書館 195, 201
学校図書館基準 201
学校図書館資料センター論 203
『学校図書館の手引』 201
「学校図書館法」 183, 202
カッシオドルス 63, 64
金沢文庫 87, 88
カペラ 65
紙 33, 209
紙屋院 53
賀陽豊年 58
カリマコス 18, 211
カルカッタ公共図書館 178
カルタゴ宗教会議 25
カルデア 10
ガレノス 70
カロリング小字体 65
カロリング朝ルネッサンス 65
川崎図書館 185
館外貸出 188

さくいん | 219

館閣　81
桓玄　34, 38
官刻本　80
関西文庫協会　152
顔師古　37, 38
『漢書』　29
巻子本　56
観文殿　35, 36
咸陽宮　28
翰林院　123, 124

キーニー　183
議会図書館分類表　139
キケロ　20
記号　3
祁氏三代　128
岸本秀夫　197
祁承㸁　128
義浄三蔵　44
キダー　148
北野天満宮文庫　58
契丹文字　82
紀伝道　54
魏徴　37
熹平石経　30
ギムナシオン　15
木村蒹葭堂文庫　121
牛弘　35
宮廷四閣　126
宮廷図書館　65
教育会附属図書館　154
教育使節団　183
教育友好会　144
杏雨書屋　162
共益貸本社　151
教会法　70
仰韶　5

経蔵　52
京都帝国大学附属図書館　151
京都図書館　150
京都府教育会附属図書館　156
向朗　38
御史中丞　30
ギリシャ　14
ギリシャ語　7
ギリシャ人奴隷　20
キリスト教　24
麒麟閣　29, 30
『ギルガメシュ叙事詩』　10
金　82
金匱　29
キングス・ライブラリー　141
金属活字印刷機　112
今文　28, 30

クウィンシー　134
グーテンベルク　95
虞世南　37
クユンジク　10
グラティアヌス　69, 70
グラハム　201
『クルアーン』　72, 73
クルプスカヤ　176
クレオパトラ　18
グレンダロッホ　64
蔵人所　56
クロンマクノイズ修道院　64
くわなメディアライヴ　192
『群書捜索目録』　122

慶應義塾図書館　152
慧皎　47
『経国集』　56
経済文庫　163
繋鎖式　71
恵施　32
経史子集　37
奎章閣　123
経籍志　40
京兆韋氏　36
芸文志　29
芸文類聚　37
ゲスナー　102
結縄　3
ゲッチンゲン大学　110
ケニヨン　169
ケルスス　23
ケルン大学　71
元　82
『蒹葭堂目録』　121
阮元　129
玄元皇帝廟　49
建康　35
阮孝緒　39
『元治増補御書籍目録』　115
玄奘三蔵　44, 47
原文字　3, 4
原文字期　3
乾隆帝　124

項羽　29
光悦本　113
講会　85
公開制　210
工会図書館　131
康熙帝　124

公共　210, 213
公共図書館　14, 21, 134, 195, 209
黄居中　128
黄虞稷　128
江家文庫　59
香山寺　48
孔子　28
皇史宬　123
高士廉　38
江正　83
黄宗義　128
弘道館　115
公読書委員会　172
広内　29
江南三閣　126
光武帝　32
弘文院　58
弘文館　37
『古文孝経』　112
興文署　83
神戸市立図書館　161
尤袤　84
公民館　185
皇覧　34
紅栗斎文庫　116
ゴータマ・シッダールタ　43
コーヒーハウス　108, 109
古活字版　112
呉兢　39
五経正義　36, 38
五経博士　30
国学　54
国際インターネット保存コンソーシアム　206

『国際十進分類法 UDC』　180
国際書誌学会　180
国際知的協力委員会　181
国際ドキュメンテーション協会　181
国際図書館協会　181
国際図書館協会連盟　181
国際図書館連盟　181
国際文化会館図書室　185
国子監　80, 124
「国立国会図書館法」　183
国立大学附属図書館　197
国立中央図書館　170
国立図書館　168
『語源考』　64
五山版　86, 89
五山文庫　89
コジモ　97
御書所　53, 56
古代バビロニア　8, 9
蝴蝶装　79
国家図書館　27
ゴットランド　131
コデックス　25, 65
後藤新平　162
ことば　2, 3
古文　30
古文書学校　144
コルヴィヌス　98
コルドバ　76
コルベール　109
コロン分類法　179
コンスタンティヌスⅠ世　24
コンスタンティヌス帝　66
近藤重蔵　117

さ行

再販売価格維持契約　189
蔡文姫　33
西明寺　48
蔡邕　31, 33, 38
蔡倫　8, 33, 34
ザウスキ図書館　145
佐伯文庫　115
嵯峨院　56
佐賀図書館　163
嵯峨本　113
左丘明　28
策　8
作冊　12
作冊尹　13
冊子本　56
冊子　79
佐野友三郎　156
ザビエル　89
サルゴンⅠ世　9
サルゴンⅡ世　9
三学部図書館　151
三館　36, 37
『三経義疏』　52
三康図書館　158
三十帖策子　56
算道　54
三要元佶　114

士　27
CIE 図書館　184
寺院図書館　8
『ジェントルマンズ・ジャーナル』　108
『然りと否』　68
史官　12, 13
史館　37

さくいん | 221

司教座教会　68
司経局　123
始皇七刻石　28
四庫　36
四庫書　37
『四庫全書』　124, 126
四庫全書薈要　126
『四庫提要』　125
『四子真経』　49
『死者の書』　11, 12
司書　22, 27, 149
司書職　148
閑谷学校　120
市政専門図書館　162
自然学　15
『七略』　31
執行責任　194
シッパル　9
指定管理者制度　194
信濃図書館　163
不忍文庫　117
司馬睿　35
司馬遷　32
四部　37
四部分類　57
四部分類法　40, 125
『市民の図書館』　186
ジャーティー　42
ジャーナリズム　108
釈迦　43
社会教育機関　156
社会事業図書館　162
社会主義　176
写字士　22
シャルルⅤ世　71
ジャントークラブ　110
上海図書館　131

周　13, 27
周永年　128
自由学芸　65
宗教改革　96
集賢殿書院　37
集書院　150
修道院図書館　63, 100, 144
修文殿　36
朱熹　84, 85
綜芸種智院　57, 59, 60
朱士行　46
守蔵史　27
守蔵室　27
儒蔵説　128
出版流通業界　189
シュメール　4
シュメール人　8, 9
詢　37
淳于越　29
荀勗　39
絮　33
書院　84, 129
書院蔵書目録　85
書院本　85
商鞅　28
簫何　29
象形文字　5
彰考館文庫　115
昭仁殿　124
小説　108
小篆　28
聖徳太子　51, 52
少府　29
小プリニウス　22
昌平坂学問所　119
情報開示責任　210
情報図書館課　197

逍遥学派　15
商用MARC　191
請来目録　57
定林寺　47
徐家匯天主堂蔵書楼　131
『諸原理について』　24
書肆　33
書籍館　148, 149
諸新聞縦覧茶亭蝼蟻
　　　　　　　　　150
女性特別閲覧室　169
書物奉行　117
秦　28
神官文字　4
仁寿閣　32
神殿図書館　11, 18
真福寺文庫　117
新聞紙博覧所　150
新聞縦覧所　149
人文主義者　95
新聞図書館　169
仁昉　39

崇文院　81
崇文閣　123
鄒平丁家村　5
菅原道真　58
スコットランド国立図書館
　　　　　　　　　110
スコラ学　68
スコラ神学　71
図書寮　53
スタイン　78
スッラ　20
ストッダード　183
ストロガノフ　145
スフィヤモスク図書館　74

スフォルツァ　98
『スペクテーター』　108
スポフォード　138
摺経　59

聖アウグスティヌス　67
静嘉堂文庫　162
靖康の変　83
聖刻文字　4, 7
製紙技法　51
聖書　25
青裳文庫　121
『聖俗学問指南』　64
青銅器　7
成都草堂書院　86
聖墳墓教会図書館　66
『世界の鏡』　68
石渠閣　29, 30
石渠閣会議　30
石室　29
瀬木博尚　162
設置責任　194
『節用集』　87
セナケリブ　9
セネカ　20
ゼノドトス　18
セラペイオン　18
『千頃堂書目』　128
全国学校図書館協議会　202
全国経済調査機関連合会　161
全国書誌　172
全国図書館員大会　155
『千書』　66
線装　79
セント・パンクラス　170

『仙洞御所目録』　90
旋風葉　79
千一夜一夜物語　76

宋　81
蔵　27
装潢手　53
倉頡　5
相互協力　168
相互向上協会　170
総司教図書館　66
蔵室　27
宋綬　83
増上寺　118
曹操　33, 34
宋版　80
曹丕　34
ソーテール　17
続鈔堂　128
ソクラテス　14
ソコローフ　145
蘇秦　32
ソルボンヌ・カレッジ学寮　71
尊経閣文庫　116

た行

大英博物館　141
大英博物館図書館　169
太学　30
大学　53
大学図書館　196
大学寮　54
台記　58
泰山　48
太史　12
太政官文庫　153

太清楼　81
大惣　120
大惣本　121
『大日本史』　115
大本堂　123
大浴場図書館　21
宝塚文芸図書館　163
竹川竹斎　122
竹貫直次　159
竹林熊彦　154
『タトラー』　108
田中稲城　154, 155, 156, 157
田中不二麻呂　150
ダニエル　130
タブレット　9, 209
ダマスス I 世　67
タラス　75
『陀羅尼経』　78
檀渓寺　47
ダンテ　94

智恵の家　76
千草文倉　59
知識の大衆化　168
中央図書館制度　164
中経　34
『中経新簿』　34, 39
『中興館閣書目』　82
『中小レポート』　186
チュービンゲン　99
張延玉　124
張華　34
張九齢　37
晁公武　84
張説　37
張蒼　29
趙孟頫　84

張陵　47
勅撰漢詩集　55
勅撰和歌集　55
「著作権法」　104
千代田図書館　153, 165
沈約　39

『通憲入道蔵書目録』　57
通俗図書館　159, 160
ツェツェス　66
坪谷善四郎　160

ディアスポラ　24
ティクナ　135
ティグラト・ピレセルⅢ世　9
帝国公共図書館　145
帝国図書館　149
帝国図書館の開設　154
帝室図書館　66
鄭樵　84
丁申　127
ディダスカレイオン　24
丁丙　127
鄭黙　34
デイントン　170
データマイグレーション　208
テオドシウス帝　25
『デカメロン』　95
デカルト　103
デメトリオス　17
デモステネス　14
デューイ　136, 175
テユランニオン　20
天一閣　125, 127
天海　118

電子図書館　199
電子媒体　209, 213
天正遣欧少年使節団　112
典籍　123
典薬寮　54
天禄閣　29, 30

『ドイツ国民のキリスト者
　貴族に告ぐ』　97
ドイツ国立図書館　174
ドイッチェ・ビューヘライ　174
東亜経済調査局　161
東欧図書館　176
頭音法　5
桃華坊文庫　90
東観　32, 34
東京市政調査会　162
東京書籍館　149
東京書籍館　149
東京府書籍館　149
東佳書堂　39
東書文庫　163
董仲舒　30
東福寺海蔵院文庫　90
東福寺普門院文庫　90
東洋文庫　162
徳川頼倫　115, 157, 158
『読書指導図書目録』　165
独尊儒術　30
独立民衆　144
図書院　176
図書館員教育　175
図書館学五原則　179
図書館学校　135
図書館教育　176
『図書館研究』　163

『図書館雑誌』　155
図書館総裁　22
図書館の役割　213
「図書館法」　134, 184
図書館流通センター　190
図書館令　155, 165
富田倫生　207
豊宮崎文庫　118
トラヤヌス浴場　21
トリテミウス　99
ドリル　145, 172
曇徴　8, 51
トンプソン　169

な行

ナーランダ　44, 45
ナーランダ大学構想　179
内閣　124
内閣情報部　164
内史　12
中田邦造　165
中務卿　53
長野図書館　163, 164
名越文庫　87
名古屋図書館　160
七十人聖書　18, 25
鉛活字印刷術　130
奈良先端科学技術大学院
　大学　199
成田図書館　158
南葵文庫　115, 158, 162
南三閣　126
南朝　35
南陽杜　36

ニコラウスⅤ世　99
日英文庫　159

ニッコリ　97
ニネヴェ　10
日本アジア協会　148
『日本国見在書目録』　57
日本図書館協会　157, 165, 186
日本図書館サービス　190
日本盲人図書館　163
ニュートン　104

粘土板　7, 8, 9

ノアの箱船　10
納本制度　102, 104, 138, 142, 145, 146
ノーデ　104

は行

パーチメント　8, 209
ハート　207
バーネット　201
バイエルン国立図書館　100
バイエルン州立図書館　173
裴炬　37
媒体変化　208
貝多羅の葉　79
貝多羅葉　8
ハイデルベルク大学　71, 100
バイト・アル＝ヒクマ　76
白居易　37, 39
白馬寺　47
『博物誌』　24
バクル　74
白鹿洞　85

白鹿洞書院　84, 85
函館図書館　158
パコミウス　63
八戸書籍縦覧所　150
パックス・ロマーナ　20
ハットゥサ　9
パトナム　139, 175
バトラー　175
パニッツィ　142
羽田八幡宮文庫　118
パピルス　7, 8, 11, 17, 19, 26, 209
ハムラビ法典　10
林述斎　119
パラティヌス図書館　21
バラモン教　41, 42
パリ国立図書館　145
パリ国立図書館連合　172
パリ司教座教会　69
パリ大学　69
ハルジー　45
ハルナツタ　173
范蔚　38
范欽　127
班固　32, 33
半坡　5
パンフィルス　67
『萬有文庫』　102

ピアソン　148
ピーターロボ図書館　134
ヒエリニムス　67
ヒエログリフ　7
秘閣　35, 81
美華書館　130
眉山七史　123
秘室　29

秘書閣　34
秘書監　31, 32, 34, 35, 36, 37, 83
秘書省　35, 82
秘書令　34
畢昇　80
ヒッタイト　9
『ピナケス』　17, 18, 211
ビニョン　109
日野資業　59
日比谷図書館　159, 166
ヒポクラテス　14, 70
『百万塔陀羅尼経』　55, 78
『百科全書』　106, 107
白虎観会議　30
表意文字　4, 5
表音文字　5, 7
表語文字　5

フィールディング　108
フィチーノ　97
フィラデルフィア　110
フーゴ　68
武英殿　124
武英殿聚珍版衆書　126
フェデリーコ　98
フェニキア文字　6, 7
フェリペⅡ世　101
フェルディナンドⅠ世　100
武王　13
フォティオス　66
フォンテーヌブロー図書館　102
府学　54
福岡市総合市民図書館　192

さくいん | 225

福田直美　185
富士見亭文庫　114
藤原通憲　59
藤原三守　60
藤原頼長　58
フッガー　100
仏教　43
仏教図書館　44
武帝　30
文殿　56
プトレマイオスⅠ世　17
プトレマイオス王朝　8, 16
プトレマイオス朝　17
普遍学　106
プライア　148
プラティナ　99
プラトン　14
プラハ大学　71
フランクフルト国立図書館　174
フランクリン　110
フランス王室図書館　109
フランス国立図書館　172
フランス図書館協会　171
フランソアⅠ世　102
プランタ　141
フランチェスコ修道会　94
フリードリヒⅡ世　94
『ブリタニカ』　110
プリニウス　24
フルニヴァル　71
プルンクザール国立図書館　100
ブロア図書館　102
プロイスカー　143
プロイセン国立図書館　173

プロジェクト・グーテンベルク　207
プロティウス　100
文淵閣　123, 124, 125
文献学　17
文源閣　126
文庫私令　122
文宗閣　126
焚書坑儒　29
文津閣　126
文溯閣　126
文瀾閣　126, 127
文楼　124
文匯閣　126

米国議会図書館　138
米国図書館協会　135, 136
ペイシストラトス　14, 17
ベーコン　103
壁蔵　52
『別録』　31
ベネディクト　62, 63
ヘボン　148
ペルガモン図書館　19
ペルシャ軍　16
ベルリン王立図書館　173
ベルリン科学アカデミー　106
ベルリン民衆図書館　144
ヘレニズム　16
ペンブロークカレッジ　99

方　8
法界寺文庫　59
法学部理学部文学部図書館　151
法学校　68

坊刻本　80
逢左文庫　115
法定　8
北条実時　88
宝台　36
法難　48
包背装　79
放馬灘紙　33
墨子　32
北四閣　126
卜占　8
卜占師　12
母昭裔　78
ボストン・スパ　171
ボストン公立図書館　134, 135
北向堂山　48
ホノリウス　68
ポリオ　21
ポリュクラテス　14
ボレマエアヌス　23
ボローニャ大学　69
『本朝書籍目録』　57
ポンピドーセンター　172

ま行

前川恒雄　186
マグナウラ宮殿　66
マザラン　105
マスジド　74
町田久成　148
マッカーシー旋風　185
『マッコルビン報告』　170
松平定信　119
マヌッツィオ　96
間宮不二雄　163
マリソン　130

マルキオン　25
マルセル　172
マルチアーナ図書館　98
マルティン修道院　99
万巻堂　127
マンチェスター　140
満鉄調査部　161

箕作秋坪　149
ミッテラン大統領　173
三手文庫　118
宮武外骨　162
ミューズ　17
ミュンヘン　99
妙楷台　36
明経道　54
ミラー　169
ミラノ勅令　24
民衆文字　4
明朝体　130, 131

ムセイオン　17
無料民衆図書館　144

明史館　124
明治新聞雑誌文庫　162
明堂　28
明倫堂　120
メガ・ディダスカリオン　66
メソポタミア　3, 4, 7, 8
メディチ　97
メリティネ　23
メロン財団　176
MELLON財団　177

毛晋　127

モーゼ　25
黙読　65
木版印刷　78
『目録の書』　76
文字　3, 7, 50
文字体系　4, 5
文字媒体　7
モスク　74
モスク図書館　75, 76
モスク附属図書館　74
紅葉山文庫　114
モレル　171
文章博士　54, 55, 58, 59
モンテ・カッシーノ　62, 63
モンペリエの王令　102

や行

屋代弘賢　117
訳経館　47
山口図書館　156

ユアート　139
ユグノー　97
ユスティニアヌス帝　66
ユニバーシティーカレッジ　99
ユネスコ公共図書館宣言　182
ユマニスト　68
擁書樓文庫　122

煬帝　35
羊皮紙　8, 19, 26, 209
楊雄　30
浴場図書館　22
吉野作造　162

『42行聖書』　95
四大書院　85
四大叢書　80

ら・わ行

ラ・フォンテーヌ　180
ライプチヒ　99
ライプチヒ国立図書館　174
ライプニッツ　104, 105
ラウマー　144
楽亭文庫　116
ラスカリス　98, 102
ラテン文字　7
ラブルースト　145
ランガナタン　178
蘭台　32

リキニウス帝　24
陸九淵　85
陸軍文庫　153
陸修静　47
李公択　84
李斯　28
リシュリュー　105
李沁　39
李清照　83
リチャードソン　108
劉安　33
劉向　30, 31, 32, 33
劉歆　31, 33
柳公綽　39
竜山　5
龍樹　44
柳宗元　39
柳仲郢　39
劉徳　33

劉邦　29
龍猛　44
リュケイオン　14, 15, 16
遼　82
両道場　36
輪蔵　52

ルイⅩⅡ世　102
ルイⅩⅣ世　109
類書　37, 38
ルーボア神父　109
ルクルス　20
ルター　96
ルネッサンス　94
ルミャンツェフ図書館
　　　　　146

隷書　28
冷然院　56
レーニン　145, 176
『レクシス』　18
レファレンス・デスク
　　　　　142

レプシウス　11
蓮華王院宝蔵　90

魯　28
老子　27
労働者教育協会　170
労働者図書館　169

ローマ　19
ローマ教会図書館　67
ローマ法　70
『ローマ法大全』　66
六閣　81
ロゼッタストーン　7
ロヨラ　97
ロレンツォ　98
『論語集界』　87
ロンバルドゥス　70

和凝　78
早稲田大学　152
和田萬吉　151, 161
王仁　50

欧文

BL　171
BnF　172, 206
Bpi　172
GHQ　183
ICIC　181
IFLA　181
IIB　180
IIPC　206
ILBC　181
JAPAN/MARC　191
Library Journal　136
MARC　190, 191, 205
Mosaic　198
NACSIS　198
OCLC　205
OPAC　205
PFI　192
RLIN　205
UTLAS　205
WLIN　205

[シリーズ監修者]

高山正也　前国立公文書館館長
たかやままさや　慶應義塾大学名誉教授

植松貞夫　跡見学園女子大学文学部教授
うえまつさだお　筑波大学名誉教授

[編集責任者・執筆者]

佃　一可（つくだ・かずよし）

1949　大阪府大阪市に生まれる
　　　東京教育大学文学部卒業
　　　横浜市文化財係長，横浜市瀬谷図書館長，横浜市中央図書館サービス課長，調査資料課長，神奈川県図書館協会企画委員長を歴任
現在　一般社団法人知識資源機構代表理事，公益財団法人税理士共栄会文化財団理事，中国法門寺（唐王朝菩提寺）博物館名誉教授

[執筆者]

久野淳一（くの・じゅんいち）

1954　神奈川県平塚市に生まれる
1979　早稲田大学第一文学部卒業
　　　横浜市図書館に勤務
1994　横浜市中央図書館を経て
現在　横浜市史資料室
主著　「昭和前期・港北の土地模様─出版物が語る記憶」（『横浜港北の地名と文化』大倉精神文化研究所），「幻の「開国動機記念碑」─生麦事件碑その後」（『郷土つるみ』第67号・鶴見歴史の会・2009年11月），「鎌倉郡大正村・一号国道ダブルウェイの誕生」（『郷土神奈川』第49号・神奈川県立図書館・2011年3月）

鈴木良雄（すずき・よしお）

1949　東京都に生まれる
1975　立教大学大学院文学研究科修士課程修了
1976　図書館短期大学別科修了
　　　神奈川県立図書館，神奈川県立川崎図書館，神奈川県教育庁生涯学習課勤務を経て
　　　秋田大学非常勤講師，2008〜2011：文部科学省「これからの図書館の在り方検討協力者会議」委員などを歴任
現在　専門図書館協議会常任理事・事務局長，相模原市立図書館協議会会長
主著　『フランスの図書館の伝統と情報メディアの革新』（共著）日仏図書館情報学会編・勉誠出版，ほか

佐藤達生（さとう・たつお）

1960　新潟県村上市に生まれる
1983　武蔵大学人文学部卒業
　　　株式会社図書館流通センター入社
2001　図書館総合展運営委員（2010まで）
2006　株式会社図書館総合研究所代表取締役
2009　財団法人図書館振興財団常務理事，特定非営利法人図書館の学校常務理事，図書館を使った調べる学習コンクール審査委員
現在　株式会社図書館流通センター調べる学習推進室長
主著　『市場化の時代を生き抜く図書館　指定管理者制度による図書館経営とその評価』（共著）時事通信出版局

呑海沙織（どんかい・さおり）

　　　京都大学附属図書館などの図書館員を経て
2007　大阪市立大学より博士号（創造都市）取得
現在　筑波大学図書館情報メディア系教授
主著　『図書及び図書館史』（共著）日本図書館協会，ほか

中田節子（なかだ・せつこ）
　國學院大學文学部史学科（日本史）卒業，埼玉大学大学院理学部生物学研究生修了，放送大学文化科学研究科文化情報学修士全科生修了（考古学，文化人類学）
　東京都教育庁担当遺跡調査団調査員，株式会社電通・学芸員を経て
現在　帝京大学山梨文化財研究所客員研究員，暮らしの文化研究舎代表
主著　『広告でみる江戸時代』角川書店，『大江戸なんでもランキング』小学館，『広告の中のニッポン』ダイヤモンド社，『江戸びとの情報活用術』教育出版，『考古学ハンドブック』（共著）新書館，ほか

山田真美（やまだ・まみ）
1960　長野県長野市に生まれる
1983　明治学院大学経済学部経済学科卒業
　　　ニュー・サウス・ウェールズ大学海洋学科，デリー大学大学院哲学科を経て
2009　高野山大学大学院修士課程修了（密教学修士），インド文化交流評議会（I.C.C.R.），インド国立文学アカデミー・フェローなどを経て
現在　作家，日印芸術研究所言語センター長，公益財団法人日印協会理事，博士（人文科学）
主著　『吉祥天と行くインドの旅』インド政府観光局，『インド大魔法団』清流出版，『マンゴーの木』幻冬舎，『死との対話』スパイス，"Wheel of Destiny" Mudra Books，ほか。1996年以降，『ブリタニカ国際年鑑』の「インド」記事を担当

現代図書館情報学シリーズ…11

図書・図書館史

2012年4月25日　初版第1刷発行
2023年2月13日　初版第5刷

〈検印廃止〉

著者代表 ⓒ 佃　一可
発行者　　大塚栄一
発行所　株式会社 樹村房 JUSONBO

〒112-0002
東京都文京区小石川5-11-7
電　話　03-3868-7321
FAX　　03-6801-5202
振　替　00190-3-93169
https://www.jusonbo.co.jp/

印刷　亜細亜印刷株式会社
製本　有限会社愛千製本所

ISBN978-4-88367-211-0　乱丁・落丁本は小社にてお取り替えいたします。

高山正也・植松貞夫　監修　**現代図書館情報学シリーズ**

[全12巻]

各巻Ａ５判　初版・改訂版 本体2,000円（税別）／三訂版 本体2,100円（税別）

▶本シリーズの各巻書名は，平成21(2009)年4月に公布された「図書館法施行規則の一部を改正する省令」で新たに掲げられた図書館に関する科目名に対応している。また，内容は，「司書資格取得のために大学において履修すべき図書館に関する科目の在り方について（報告）」（これからの図書館の在り方検討協力者会議）で示された〈ねらい・内容〉をもれなくカバーし，さらに最新の情報を盛り込みながら大学等における司書養成課程の標準的なテキストをめざして刊行するものである。

1　改訂 図書館概論　　　　　高山正也・岸田和明／編集
2　図書館制度・経営論　　　糸賀雅児・薬袋秀樹／編集
3　図書館情報技術論　　　　杉本重雄／編集
4　改訂 図書館サービス概論　高山正也・村上篤太郎／編集
5　改訂 情報サービス論　　　山﨑久道・原田智子／編集
6　児童サービス論　　　　　植松貞夫・鈴木佳苗／編集
7　三訂 情報サービス演習　　原田智子／編集
8　改訂 図書館情報資源概論　岸田和明／編集
9　三訂 情報資源組織論　　　田窪直規／編集
10　三訂 情報資源組織演習　　小西和信・田窪直規／編集
11　図書・図書館史　　　　　佃　一可／編集
12　図書館施設論　　　　　　植松貞夫／著

樹　村　房